ミネルヴァ日本評伝選

天下諸侍、御主に候

足利義輝・義昭

山田康弘著

ミネルヴァ書房

刊行の趣意

「学問は歴史に極まり候ことに候」とは、先哲荻生徂徠のことばである。

歴史のなかにこそ人間の智恵は宿されている。人間の愚かさもそこにはあらわだ。この歴史を探り、歴史に学んでこそ、人間はようやくみずからの正体を知り、いくらかは賢くなることができる。新しい勇気を得て未来に向かうことができる。徂徠はそう言いたかったのだろう。

「ミネルヴァ日本評伝選」は、私たちの直接の先人について、この人間知を学びなおそうという試みである。日本列島の過去に生きた人々の言行を、深く、くわしく探って、そこに現代への批判を聴きとろうとする試みである。日本人ばかりではない。列島の歴史にかかわった多くの異国の人々の声にも耳を傾けよう。

先人たちの書き残した文章をそのひだにまで立ち入って読み、彼らの旅した跡をたどりなおし、彼らのなしとげた事業を広い文脈のなかで注意深く観察しなおす――そのとき、はじめて先人たちはいまの私たちのかたわらによみがえってくる。彼らのなまの声で歴史の智恵を、また人間であることのよろこびと苦しみを、私たちに伝えてくれもするだろう。

この「評伝選」のつらなりのなかから、列島の歴史はおのずからその複雑さと奥ゆきの深さをもって浮かび上がってくるはずだ。これを読むとき、私たちのなかに新たな自信と勇気が湧いてきて、その矜持と勇気をもって「グローバリゼーション」の世紀に立ち向かってゆくことができる――そのような「ミネルヴァ日本評伝選」にしたいと、私たちは願っている。

平成十五年（二〇〇三）九月

上横手雅敬
芳賀　徹

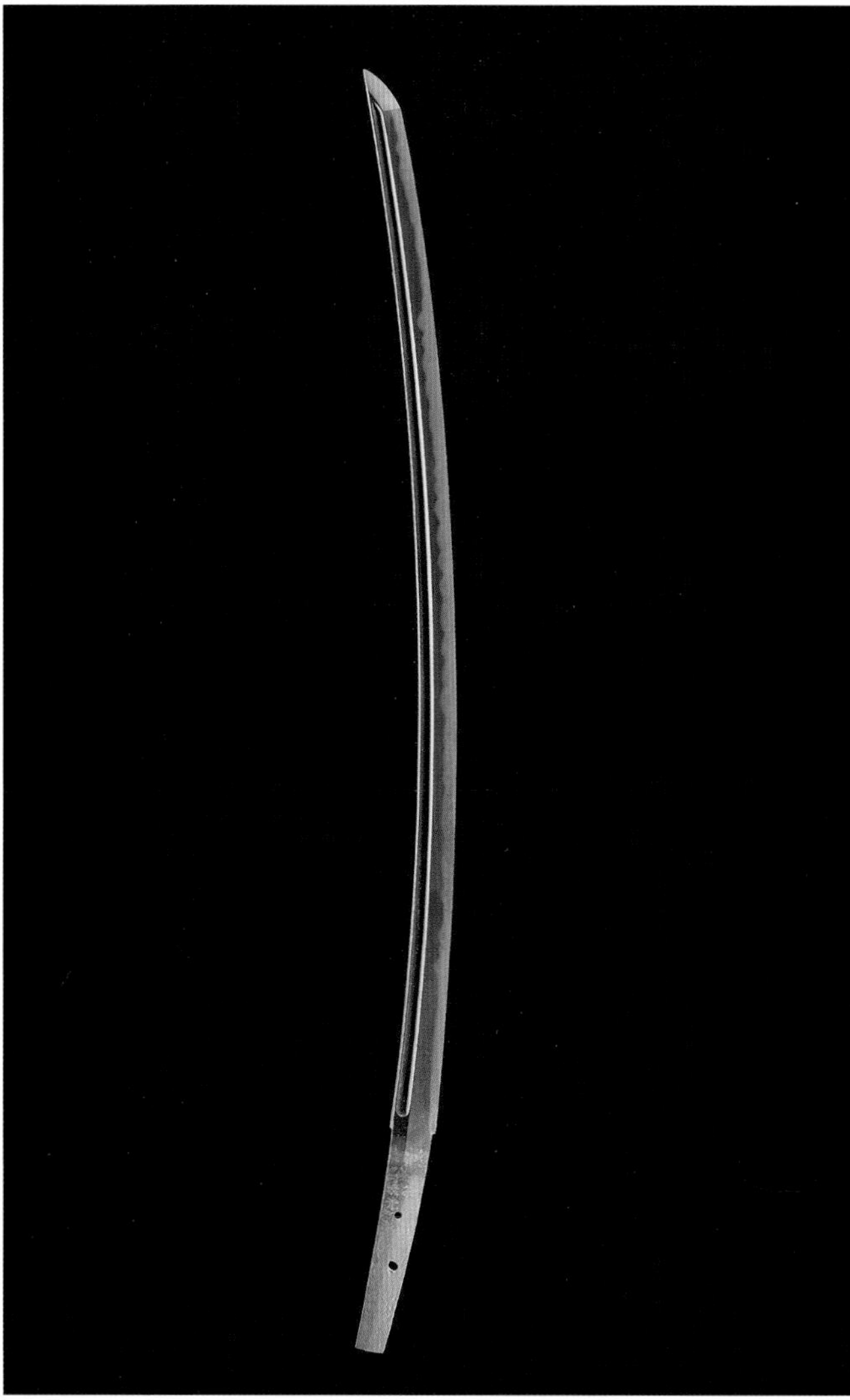

名刀・大般若長光《だいはんにゃながみつ》（東京国立博物館蔵／Image: TNM Image Archives）
13代将軍・義輝が所持していたと伝えられる。

足利義輝（国立歴史民俗博物館蔵）

13代将軍。中途で斃《たお》れた未完の英主（本書第Ⅰ部）。

足利義昭（京都市・等持院蔵）
15代将軍。信長を悩ませた希代の梟雄《きょうゆう》（本書第Ⅱ部）。

織田信長

義昭に苦悶させられた天下の英傑（本書第Ⅱ部／愛知県豊田市・長興寺蔵，豊田市郷土資料館提供）。

三好長慶

義輝とある時は激突し，ある時は協力し合った畿内の有力大名（本書第Ⅰ部／堺市・南宗寺蔵，堺市博物館提供）。

はしがき

本書は、足利義輝《よしてる》・義昭《よしあき》を、多くの人に知ってもらうために書かれたものである。

この二人は戦国時代の足利将軍である。よく、この時代の将軍というと「もはや権力をすっかり失い、有力家臣たちの傀儡《かいらい》（＝あやつり人形）に過ぎなかった」などといわれる。しかし、それはまったくの誤りである。将軍たちは決して無力ではなかった。また、誰かの傀儡になっていたわけでもなかった。これは、現代の歴史学によってほぼ確定された結論といってよい。

だが、一般にはいまだに「傀儡だった」と信じられている。そして、それゆえに今日、戦国の将軍たちに対する関心はすこぶる低い。戦国時代には七人の将軍が登場したのだが、彼らの名前を全部いえる人は、相当の歴史好きであっても、おそらくほとんどいないだろう。

それでも、本書で取り上げる足利義輝・義昭は、歴史好きの人ならば、その名前くらいは聞いたことがあるのではないか。

最初に名を出した義輝というのは、第一三代の足利将軍である。彼は戦国時代後半に活躍した。この義輝について有名なエピソードといえば、壮烈な討死を遂げたことだろう。彼は永禄《えいろく》八年（一五六五）五月、逆臣どもに将軍御所を急襲され、奮戦の末に殺害されたのだ。もっとも、義輝についてよく知られているのは「壮烈な討死を遂げた」といったことくらいかもしれない。彼がどのような生涯を送ったのか、といったことについては、あまり知られていないのではないか。

一体、義輝という将軍は何に苦悶し、何と戦ったのだろうか。また、なぜ逆臣どもに殺害されるに至ったのか。こういった疑問を、本書では第Ⅰ部で考えていくことにしよう。

さて、本書で取り上げるもう一人の人物は、足利義昭である。彼は義輝の弟で、最後の足利将軍（一五代将軍）である。この義昭は歴代の足利将軍中、最も著名な人物といえよう。それは、あの織田信長と戦ったからである。義昭は、最初は信長と連携していたのだが、その後激しく対立した。そうしたことからこの義昭は、信長を扱ったＮＨＫの大河ドラマには必ず登場する。それゆえ、一般にもその名がよく知られている。

ただし、大河ドラマでは義昭は、どうしようもない愚者として描かれる。ご承知のように、大河ドラマでは信長は「英雄」として描写されることが多い。そして、義昭はその信長に刃向かったがゆえに「愚人」とされ、信長を引き立てるピエロとして描かれることが多いのだ。しかし、義昭というのはそのような庸劣《ようれつ》な人物だったのだろうか。本書では、この点を第Ⅱ部で考えていくことにしよう。

ところで、本書では義輝と義昭を二人まとめて取り上げた。これは、あえてそうしたのだ。というのは、義昭を理解するためには、兄である義輝を理解することが欠かせないからである。義昭の将軍としての地位や立場、権能といったものは、いうまでもなく戦国期における歴代将軍たちのそれを引き継いだものである。したがって、義昭の将軍としての立場などについては、義昭以前における歴代将軍たちの立場や権能をきちんと踏まえたうえで考えていかなくてはならない。

すなわち、「義昭以前の将軍たちは、どのような存在だったのか」、「将軍たちは、各地の大名といかなる関係にあったのか」――こういったことを十分に参照したうえで、義昭について考えていかないと、思わぬ間違いを犯すことになる。義昭を知るには、義昭を見ているだけでは不十分なのだ。そうしたことから、本書では義昭だけでなく、その少し前に将軍だった兄の義輝も併せて取り上げた。兄・義輝の生涯を知ることで、弟・義昭についていっそう理解が深まることだろう。

さて、本書では義輝・義昭兄弟の生涯について語る前に、序章において、二人の生きた戦国期日本列島全体の「見取り図」を描いた。

しばしば「戦国時代の将軍は弱体化し、京都とその周辺部だけの存在になってしまった」などといわれることがある。しかし、これも誤りである。将軍は、この時代であっても西日本を中心とした列島各地の大名たちとなお交誼《こうぎ》を結び、大名たちと補完し合い、互いに利用したり利用されたりしていた。そうした点からいえば、将軍は依然として「全国的な存在だった」といえよう。

したがって、戦国時代の将軍を考えるには「この時代の日本列島全体は、どのような「かたち」をしていたのか」ということが分からなくてはならない。そこで、序章では戦国期日本列島全体の「かたち」について、その見取り図を示していく。そしてそれを示したうえで、第Ⅰ部で足利義輝を取り上げ、第Ⅱ部では弟・義昭の生涯を描き、彼らの「生きざま」やその行動の「メカニズム」について語っていくことにしよう。

【補記】戦国武将たちはしばしば名前を変えたが、本書では煩を避けるため、原則として一般的に知られている名前で統一して表記している。また、名前の読み方は難しく、本書では一応名前に振り仮名を付けているものの、それはあくまで一般的に知られている読み方に過ぎない、という点はご承知おき願いたい。なお、本書に登場する者たちの年齢は、いずれも数え年で表記した。

足利義輝・義昭——天下諸侍、御主に候　目次

はしがき

序章 「戦国」とは、どのような時代であったのか……… i
——全体の見取り図を描く

1 なぜ足利将軍は凋落したのか……… i
戦国期の将軍　将軍と守護　大名化する守護たち
将軍存立の仕組みとは　対策はなかったのか

2 足利将軍家は、なぜすぐに滅亡しなかったのか……… 9
見取り図とは何か　〈天下〉と〈国〉　第一の側面——闘争・分裂
第二の側面——協調・まとまり　第三の側面——世論・規範の縛り
戦国全体の見取り図　なぜ将軍は存続したのか　将軍には利用価値あり
将軍たちの悩み

第Ⅰ部　一三代将軍・義輝——中途で斃れた未完の英主　31

プロローグ——最後の戦いに剣を取れ……… 33

目　　次

第一章　父はかく戦えり——父・義晴はどのようにして生き残ってきたのか……36

1　なぜ父・義晴は近江に亡命していたのか……36

応仁の乱のあと　まさかのクーデター　奮闘する義澄　二人の若君
義稙の出奔　将軍義晴が誕生す　細川高国の都落ち　細川晴元の登場
高国が憤死す　見捨てられた義維

2　父・義晴は、なぜ息子の政界デビューを早めたのか……49

義晴の不安　義晴の二枚看板とは　菊幢丸の誕生　なぜ隠居したのか
マイ・ホームを建てる　異例の政界デビュー　ライバル・義維の影
支柱・晴元の凋落　六角定頼を頼る　見捨てられた細川晴元
新将軍に武威あり　武威を演出すべし

3　父・義晴の失策とは何か……67

晴元の仕返し　「板ばさみ」の六角　六角定頼の造反
また夢破れた義維

第二章　三好長慶を討伐せよ——義輝は三好にどう立ち向かったのか……74

1　義輝はなぜ三好長慶と対立したのか……74

三好長慶とは何者か　御所の留守番を命ず　父・義晴の死

義晴は凡器にあらず　三好に大敗す　伊勢貞孝の離反
なぜ離反したのか　殺されかけた長慶　黒幕は誰か

2　義輝が帰京後、再び三好と対立した理由は何か……88
三好と和睦す　渦巻く三好への憎悪　三好か、細川か
迷ってしまった義輝

3　義輝はなぜまた京都を追われてしまうのか……96
敵は三好なり　伊勢貞孝の再離反　直臣衆も離反す

第三章　京都を奪い返せ――義輝はいかにして反撃したのか……101

1　義輝はどのようにして京都を奪還したのか……101
義輝は逼塞せず　朝倉の加賀侵攻　三好を包囲せよ　反撃の時は今
ついに京都に帰る

2　義輝は京都に戻った後、三好といかなる関係にあったのか……110
三好を厚遇す　三好は臣下なり　義輝は傀儡にあらず　相互に補完す

第四章　将軍殺害のミステリー――義輝はなぜ殺されたのか……115

1　義輝はどのようにして勢威を拡大させていったのか……115

ついに始動した義輝　伊勢を排斥せよ　伊勢貞孝の敗亡
大名間紛争に関与せよ　将軍上意の効力　英主の素質あり

2　義輝はいかにして斃されたのか……122
警戒する三好一門　直前まで変事なし　最後の剣を振るう
憤激する世間

3　義輝弑逆の原因は何か……130
なぜ「殺害」だったか　三つの謎　なぜ慰霊したのか
二つのシナリオあり

エピローグ――義輝はなぜ苦難の人生を歩むことになったのか……139
まさに艱難の生涯　連携は容易ならず　今に通じる難問

第Ⅱ部　足利最後の将軍・義昭――信長を悩ませた希代の梟雄……145

プロローグ――梟雄、静かに眠る……147

第五章　京都に旗を揚げよ――義昭は兄の死後、どう動いたのか……150

1　義昭はなぜ上洛断念に追い込まれるのか……150
まさに危亡の時　奈良から脱出す　諸大名に支援を求む
信長への期待　無念の北陸逃亡　義栄が先に将軍に
義維の宿願果たさる

2　信長はなぜ義昭と手を組んだのか……164
信長からの招き　信長の意図は何か　なぜ義昭を招いたか

3　義昭・信長はいかにして上洛したのか……169
すさまじき快進撃　畿内を席巻す　一五代将軍の誕生
信長の手抜かり　殿中掟の狙い　勝ち馬をアピールせよ
バンドワゴニング

第六章　信長包囲網を粉砕せよ……185
――義昭・信長は「元亀元年」をどう乗り切ったのか

1　信長・義昭は越前での大敗にいかに対処したのか……185
まさかの大敗北　敗戦でないと強弁す　信長の都落ち
反撃に転じる信長　義昭も出陣せんとす　姉川で大勝できず

義昭の孤軍奮闘　強大化する信長軍団
2　本願寺はなぜ戈矛を向けてきたのか……196
本願寺が挙兵す　包囲された信長　なぜ挙兵したのか
「一強他弱」への恐怖　信長はどう出たか　信長に貢献した義昭
信長大ピンチの一年

第七章　信長を討て――義昭と信長はなぜ対立したのか……209
1　信長は義昭の何に不満だったのか……209
相互に補完し合う　いつから対立か　五カ条の要求
信長の不満は何か　義昭にも言い分あり　義昭と断交せず
2　義昭はなぜ反信長の兵を挙げたのか……216
反武田同盟の形成　信長の怒り　義昭はなぜ挙兵したのか
信長譲歩の理由　義昭＝悪主説を流せ
3　義昭は信長になぜ勝てなかったのか……228
動かなかった朝倉軍　疑い合う反信長派　朝倉はなぜ来ないか
義昭がついに降伏す　不穏な動きあり
4　義昭はなぜ京都を追われたのか……237

なぜ再挙兵なのか　周知だった信玄の死　信長を信用できず
義昭の京都追放　将軍家を否定せず　朝倉・浅井の滅亡
和解を図った信長　秀吉の失敗

第八章　死中に活を求めよ――義昭はいかにして再起したのか……250
1　信長の「天正三年の飛躍」はどのようにして達せられたのか……250
本願寺を攻伐せよ　武田勝頼を討つべし　信長に屈した本願寺
高位を得た信長　信長「帝国」の出現
2　毛利氏はなぜ義昭に合力したのか……257
義昭と直臣衆　紀州での義昭の奮闘　突然現れた義昭
苦悩する毛利氏　信長と戦った場合　戦いを避けた場合
毛利挙兵の主因　義昭の賭け

第九章　信長を包囲せよ――義昭は信長とどう戦ったのか……273
1　反信長派はいかにして戦ったのか……273
上杉も反信長に転ず　立ち上がる大名たち
2　反信長派における義昭の役割は何か……278

正義と正義の戦い　知名度上昇と仲介　毛利を代弁する
義昭擁佑のメリット　デメリットは何か　荒木村重を調略せよ
新将軍を擁立せず

3　反信長派はどのように追い詰められていったのか……288
義昭という奇貨　うまくいかない連携　互いに信頼できず
共闘は至難のわざ　本願寺が力尽きる　敗亡寸前の反信長派

第十章　力戦するも、ついに及ばず――義昭・反信長派の敗因は何か……302

1　合従《バランシング》・連衡《バンドワゴニング》とは何か……302
蘇秦と張儀　団結できない理由　自己中心的メンバー
相手の真意分からず　強力なリーダー不在　義昭はリーダーか
シカ狩りの寓話　団結は無理なのか

2　信長側に問題はなかったのか……313
勝ち馬をアピールす　恐怖を与える　順服すれば庇護す
なぜ合従を選んだのか　独断専行する信長宿将　信長政権の欠陥とは

3　信長の死後、義昭はどうしたのか……325
毛利氏は動けず　柴田の義昭接近　秀吉も義昭に接近す
義昭の政治的価値　戦雲湧き上がる九州　義昭最後の一手

秀吉に諱を賜う　武将の血が騒ぐ
エピローグ――義昭はなぜ回天の望みを果たせなかったのか……………………341
義昭は愚将だったか　なぜ再興しなかったか　「利益」で凌駕さる
「価値」でも凌駕さる

主要参考文献　349
あとがき　355
足利義輝・義昭年譜　357
事項索引
人名索引

図版写真一覧

足利義輝（国立歴史民俗博物館蔵）……カバー写真、口絵2頁
名刀・大般若長光（東京国立博物館蔵／Image: TNM Image Archives）……口絵1頁
足利義昭（京都市・等持院蔵）……口絵3頁
三好長慶（堺市・南宗寺蔵／堺市博物館提供）……口絵4頁
織田信長（愛知県豊田市・長興寺蔵／豊田市郷土資料館提供）……口絵4頁

足利氏略系図……xix
戦国時代の足利将軍御所（「上杉本洛中洛外図屛風」（米沢市上杉博物館蔵）左隻部分）……xx
図A　中世の日本列島地図（『拾芥抄』行基図（早稲田大学図書館蔵））……10
図B　戦国時代の大名領国（尾藤正英ほか『新選日本史B』東京書籍、より）……13
図C　〈天下〉と〈国〉の次元……13
図D　〈天下〉における三つの側面、三つの論理……23
一〇代将軍・義稙の花押（サイン）……37
一一代将軍・義澄（京都市・等持院蔵）……39
細川高国の花押……40
一二代将軍・義晴（京都市立芸術大学芸術資料館蔵）……44
細川晴元の花押……46

南禅寺（京都市左京区南禅寺福地町）……50
義晴夫妻が結婚した桑実寺（滋賀県近江八幡市安土町桑実寺）……52
日吉大社（滋賀県大津市坂本）……62
六角定頼の花押……68
義晴が悶死した穴太の地（大津市）……77
伊勢貞孝の花押……82
清水寺（京都市東山区清水）……92
現在の朽木（滋賀県高島市朽木）……102
三好義継（京都市立芸術大学芸術資料館蔵）……125
義輝が弑逆された将軍御所跡（京都市上京区五町目町）……127
義輝の葬儀が催行された等持院（京都市北区等持院北町）……135
興福寺（奈良市登大路町）……137
義昭が滞在した和田の御座所跡（滋賀県甲賀市甲賀町和田）……153
矢島における義昭の御座所跡（滋賀県守山市の矢島町自治会館前）……153
義栄の一四代将軍宣旨案（宮内庁書陵部蔵）……162
義昭が滞在していたという一乗谷の御座所跡（福井市城戸ノ内町）……165
六角氏の本城・観音寺城跡（近江八幡市安土町）……170
一四代将軍・義栄の墓（徳島県阿南市那賀川町赤池・西光寺境内）……172
義昭の一五代将軍宣旨案（宮内庁書陵部蔵）……174

将軍御所跡（京都市上京区室町通下立売角）……181
浅井長政の花押……186
大阪城内にある本願寺跡（大阪市中央区大阪城）……200
三井寺（大津市園城寺町）……205
武田信玄の花押……217
朝倉義景の花押……230
義昭が籠城した真木島城跡（京都府宇治市槙島町）……238
堺の町並み（大阪府堺市）……246
紀州・興国寺（和歌山県日高郡由良町門前）……260
鞆の浦（広島県福山市鞆）……263
信長に破壊された旧将軍御所の復元石垣（京都市上京区・京都御苑内）……286
戦国時代の禁裏（天皇の住まい）（「上杉本洛中洛外図屛風」（米沢市上杉博物館蔵）右隻部分）……297
毛利輝元の花押……307
柴田勝家の花押……319
羽柴秀吉の花押……319
本能寺跡（京都市中京区油小路通蛸薬師下ル元本能寺町）……324
興福寺の大乗院跡（奈良市高畑町）……337

地図1……62

地図2……81
地図3……99
地図4……106
地図5……156
地図6……170
地図7……199
地図8……220
地図9……258
地図10……265
地図11……276
地図12……332

足利氏略系図

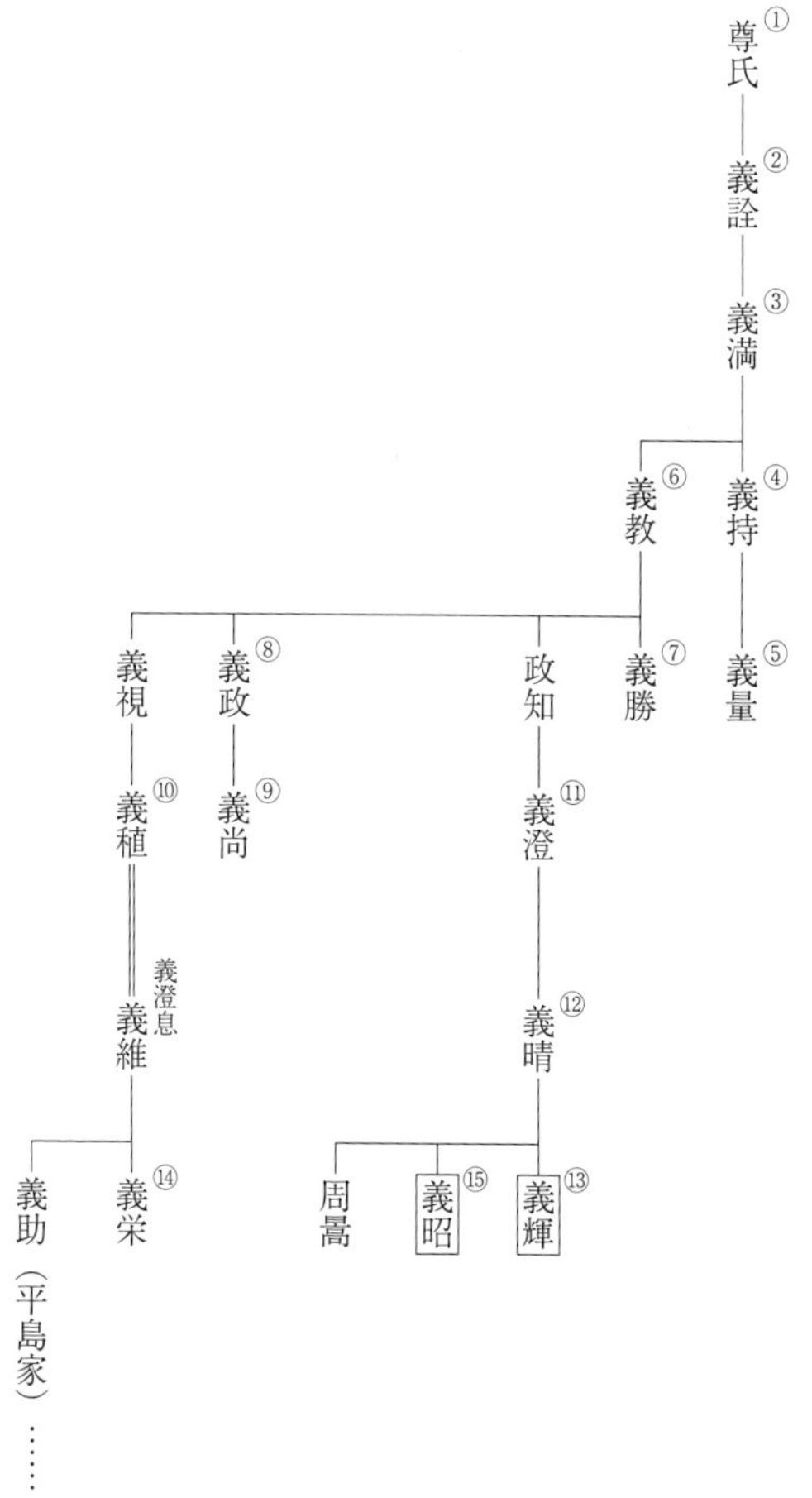
①尊氏
②義詮
③義満
④義持
⑤義量
⑥義教
⑦義勝
政知
⑧義政
⑨義尚
義視
⑩義稙
⑪義澄
⑫義晴
義澄息
義維
⑬義輝
⑮義昭
周暠
⑭義栄
義助（平島家）……

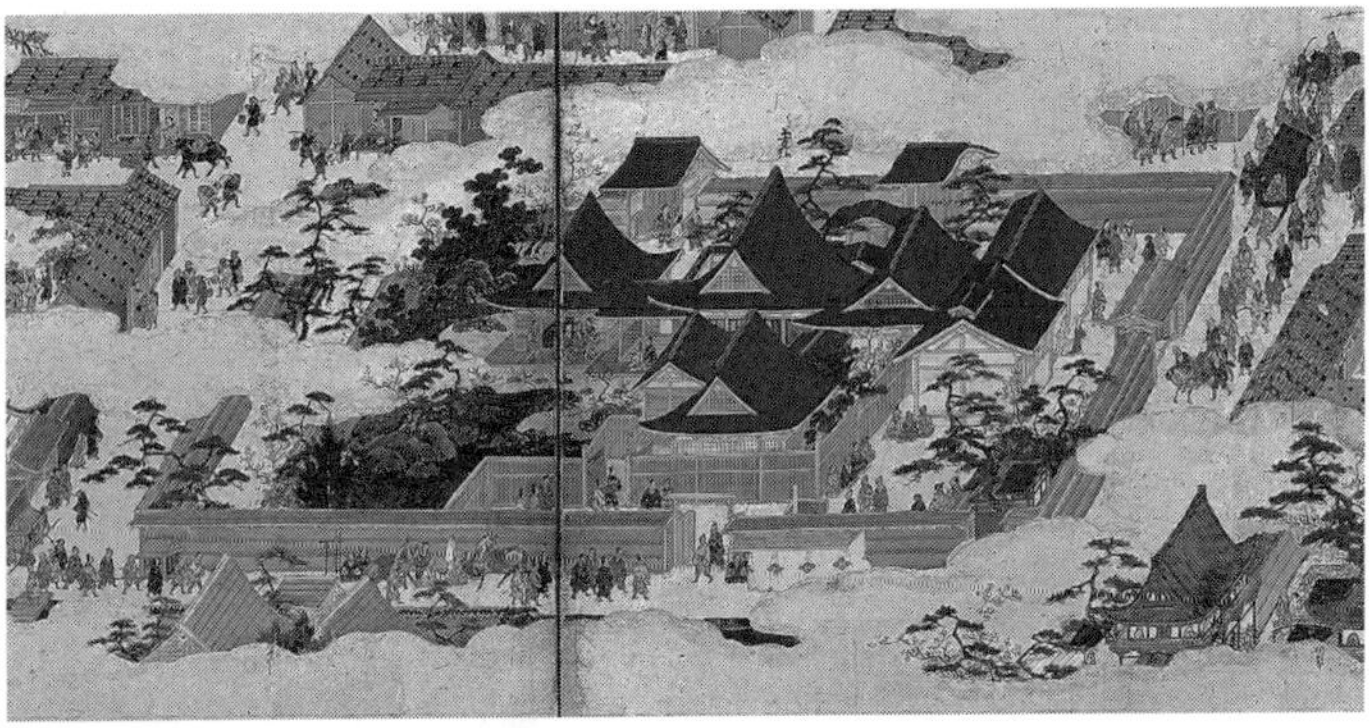

戦国時代の足利将軍御所

「上杉本洛中洛外図屛風」（米沢市上杉博物館蔵）左隻部分

12代将軍・義晴の建設した今出川御所（→56頁）を描いているとの説がある。

序章　「戦国」とは、どのような時代であったのか――全体の見取り図を描く

1　なぜ足利将軍は凋落したのか

戦国期の将軍

今から四〇〇～五〇〇年前の日本列島を、歴史学の研究者は「戦国時代」と呼ぶ。もっとも、「戦国時代はいつから始まったのか」については、研究者の間でも意見の一致を見ていない。「何をもって戦国時代（の始まり）とすべきか」という点について、意見がまとまらないのだ。とはいえ、戦国時代の始期が不明確だと論じにくい。そこで本書では、さしあたって「応仁・文明の乱」（一四六七～七七年）以降を、戦国時代と呼ぶことにしよう。

さて、この時代の日本列島における政治を左右していたのは、なんといっても列島各地に割拠していた有力大名たちである。上杉や北条《ほうじょう》、武田、今川、尼子《あまご》、毛利、島津といった、強大な武力と経済力とを併せ持った大名（＝戦国大名）たちが、列島の政治を動かしていた。

そうした中で、足利将軍の影はすこぶる薄い――

将軍には直属軍も直轄領もほとんどなかったからである。しかし、将軍がまったくの無力だったというわけではない。将軍は、大名たちに対してそれなりに影響力を有し、戦国列島政治において一定の役割を果たしていたのだ。ただし、もとより将軍が強力な存在だったのではない。将軍家の全盛期に比べれば、戦国時代の将軍が弱体化していたことは間違いない。将軍が京都に安座することができず、地方に流寓《るぐう》する、といったことも珍しくなかった。では、なぜ将軍家はこのように凋落《ちょうらく》してしまったのだろうか。

その大きな原因は、将軍存立の仕組みに問題があったことにある。具体的にどういうことだろうか。以下、ごくかいつまんで説明しておこう。

将軍と守護

一四世紀初頭、足利尊氏が後醍醐《ごだいご》天皇の政権を倒して覇権を握って以来、足利将軍家は「天下諸侍《しょざむらい》の御主《おんあるじ》」（武家の棟梁）として武士たちの頂点に君臨した。

尊氏が死ぬと、その息・義詮《よしあきら》が跡を継いで二代将軍となった。彼が没すると、その息・義満が継統して三代将軍となった。壮麗な金閣寺（京都・鹿苑寺《ろくおんじ》）を建てた将軍である。さて、この義満のあとはその息・義持《よしもち》が立って四代将軍となり、次いでその息・義量《よしかず》が五代将軍となった。そしてその後は、義量の叔父にあたる義教《よしのり》が六代将軍となった。

三代・義満から六代・義教の治世期までが、足利将軍家の全盛期であった。一三七〇年代から一四三〇年代までの、約七〇年間である。この頃、世の人々は足利のもとで閑安《かんあん》を楽しんだ。しかし、将軍家はその後次第に蕩揺《とうよう》が目立つようになった。六代将軍・義教は、嘉吉《かきつ》元年（一四四一）に宿将に弑逆《しいぎゃく》されてしまった。その後は幼少の義勝が七代将軍となったが、これもほどなくして病没した。そこで、弟の義政がやはり幼少のまま八代将軍となった。この義政の時代に「応仁・文明の乱」が惹起《じゃっき》し、将軍家の威勢はますます衰えていった。

なぜ、将軍家はかくのごとき衰運を迎えることになったのだろうか。将軍たちの資質に問題があったのだろうか。たしかに六代・義教は酷虐《こくぎゃく》であったし、八代・義政には失政があった。しかし、将軍家が次第に凋落していったのは、もう少し根本的な要因があったのだ。一体、それは何だろうか。

先にも述べたように、足利将軍家は一四世紀初頭に尊氏が登場し、日本列島における武士たちの頂点に立った。だが、将軍が一人で列島すべての武士たちを中央集権的に支配することはできない。そのような支配技術はまだ存在していなかったからである。そこで将軍は、足利一門の有力部将たちに各地を預けてそれぞれを支配させる、ということにした。

すなわち、まずは「国」（＝古代以来の行政単位。今の都道府県に相当する）ごとに「守護」というポストを設定した。そして、主として足利一門の功勲のあった有力部将たちを守護に擢用《てきよう》し、各国の支配を任せたのだ。ちなみに有力部将とは、細川、斯波《しば》、畠山《はたけやま》、山名《やまな》、赤松、一色《いっしき》、土岐《とき》といった諸氏たちである。

ただし、将軍側の認識ではこの守護は、あくまで「将軍の代理人」に過ぎなかった。将軍家の施政方針を定めた「建武式目《けんむしきもく》」（『中世法制史料集』第二巻）には「守護職は上古の吏務《りむ》なり」とある。将軍側では「守護は、古代における国司《こくし》（＝地方官）のようなものだ」と想定していたのだ。中央から派遣され、一定の任期が過ぎればまた中央に戻る地方官、という位置づけだったわけである。
したがって将軍側の認識は、守護に任じた部将たちに各国を預けたに過ぎない、というものであった。決して、部将たちに各国を分け与えた、というわけではなかった。だから、将軍家の直轄領は最初からあまり大きく設定されなかった。将軍にいわせれば、列島全国すべてが将軍家の直轄領という位置づけだったのである。

ところが、守護に任じられた部将たちのほうはそうは考えなかった。彼らは、自分たちが守護に任じられたのはこれまでの軍功に対する恩賞であり、守護となった国は将軍から自分たちに分け与えられた所領＝分国《ぶんこく》なのだ、と認識してしまった。そのうえ、この守護の地位や分国を子々孫々まで世襲したい、と要望した。というのは武門の世界では、主君のために命懸けで奉公し、功を樹《た》てたならば、主君から恩賞として所領を給付されるのは当然のことであり、そしてこの所領が子々孫々まで世襲される、というのもまたごく当然の慣行だったからである。

大名化する守護たち

将軍は、こういった部将たちの要望――守護に任じられた国は自分たちの分国であり、これを世襲したい、という要望を受け入れた。そうせざるをえなかったのだ。なぜならば、初期の頃の将軍家はその地位がまだ不安定だったからである。多くの政敵と対峙《たいじ》していたうえ、将軍家の内部抗争（「観応《かんのう》の擾乱《じょうらん》」）もあって、なかなか蕩揺《とうよう》が治まらなかった。それゆえ、将軍は一人でも多くの部将たちを味方にしていく必要があった。そしてそのためには、部将たちの要望を容認せざるをえなかったのだ。

こうして各国の守護ポストは、次第に特定の部将の家が独占して世襲していくことになり、いわゆる「守護家」が誕生していった。そして、守護家の当主たちは代々にわたり、分国内の有力武士たちと緊密な関係を構築していった。すなわち、守護家は有力武士たちにさまざまな便宜を与え、一方、有力武士たちは守護家に篤《あつ》い忠誠を誓ったのだ。こういったことが、何十年という長い時間をかけて繰り返し行われていった。

その結果、守護の分国はますます守護家の私領＝「領国」のような形になっていった。そして守護家の当主は、将軍の代理人という本来の姿から次第に離れ、こうした領国を支配する領主、すなわち「大名」となっていった。さらに、大名たちは時代が進み、代を重ねるにつれて、領国の有力武士との緊密な関係をいっそう強化した。それゆえ、ついには大名たちは将軍に頼らず、将軍から自立して領国を支配するようになっていった。

そして、その当然の帰結として大名たちは、次第に将軍の統制から離れ、将軍の命令であっても自分たちにとって不都合ならばこれを拒否する、といったことになっていった。しかし、これは将軍にとってはまことに由々しき事態だった。というのは、将軍存立の仕組みはすべて「将軍は守護たちに支えられる」という形になっていたからである。

将軍存立の仕組みとは

たとえば将軍の全国支配は、守護たちが将軍の代理人としてその命令をきちんと遵守し、これを各国に通達していく、ということで初めて機能するようになっていた。つまり将軍は全国支配において、守護たちを頼りにしなくてはならない仕組みになっていたのである。したがって、将軍が守護たちをコントロールできなくなると、将軍の全国支配はたちまち機能不全に陥ることになった。

また、将軍は軍事面でも、守護たちを頼りにせざるをえない仕組みになっていた。すなわち、将軍が叛乱などの軍事的危機に直面した際には、⑴守護たちが各国の大兵を率いて将軍のもとに駆けつける、⑵そして将軍はこれら守護兵を引率し、事変に対処する、ということになっていたのだ（だから、将軍のもとには、もともと少数の直属軍しか設置されなかった）。そのため、もし将軍が守護たちを制御できなくなり、万一の時に守護たちが将軍のもとに駆けつけてこない、などということになれば、将軍は即座に死地に陥ることになった。

しかし、なぜこのような「将軍は守護たちに支えられる」という仕組みになっていたのだろうか。それはおそらく、守護というのは将軍のあくまで代理人に過ぎないのだから、将軍はこの守護たちをきちんとコントロールできるはずだ、と考えられていたからだろう。これが、あらゆる将軍存立の仕組みの「前提」になっていたのだ。そしてこの前提は、将軍家がまだ威勢を保っていた頃は成り立っていた。

でも、この前提は次第に崩れ始めていった。本来守護たちは、将軍の代理人として各国を将軍から預かっているに過ぎなかった。ところが、その守護たちが、長い時間の間に各国の有力武士たちと緊密な関係を持つようになって大名化し、将軍から自立して勝手なことをし始めていたからである。こうなると、将軍の各地支配も、軍事的な危機への対応も、ともにいずれ崩壊せざるをえない。これは将軍としては困ったことであった。では、将軍はどうすればよかったのだろうか。

対策はなかったのか

最も適切な対策は「将軍がその存立を守護たちに支えられる」という、これまでの仕組みを改変することだろう。この仕組みに問題があることは明らかであった。「守護＝将軍の代理人」という前提は、もはや崩れかかっていたからである。したがって、これを前提にした従来の仕組みは改変しなくてはならない。では、どうすればよかったのだろうか。

それは、将軍が守護たちに支えられるのではなく、何でも自前でできるようにすればよかったのである。たとえば、徳川将軍のケースを考えてみよう。徳川将軍は、大名たちに各地を私領として分け与える一方、将軍自身も広大な直轄領を保有した。足利将軍の場合は、守護たちに全国をすべて預けてしまったわけだが、徳川将軍はそのようなことはせず、将軍自身が直接支配する領土をきちんと確保したのだ。こうした徳川の直轄領は実に四〇〇万石もあったといわれ、旗本らの所領も併せれば日本列島の四分の一を占めたという（大石学：二〇〇一年、九二頁）。

こうすることで、徳川将軍は広大な領域を大名たちに頼ることなく、自前で支配できるようになった。そしてまた徳川は、この直轄領によって生じた経済力を使って「旗本八万騎」と称される強大な軍事力を自前で維持し、万一の際にも大名たちに頼らずに事変に対処できるようになった。この結果、徳川将軍家は二世紀半にも及ぶ安定政権を維持したのである。

なお、広大な直轄領を持ったという点では、その前の豊臣（秀吉）政権でも同じであった。豊臣の直轄領は畿内を中心に二二二万石もあったとされている（山口啓二：一九七四年、四九頁）。さすれば足利将軍も、このような徳川や豊臣のようにすればよかったといえよう。

すなわち、たとえば畿内のうち、京都のある山城国（京都府）やその周辺の数カ国については、大名（守護）たちに預けず、足利将軍の直轄領にしてしまうのだ。そうすれば、足利将軍も京都近郊の枢要な地域を、大名たちに頼らず自前で支配できるようになる。そのうえ、この直轄領から生じた経済力によって強力な軍事力を維持し、事変が生じても自前でこれに対処できるようになっただろう。

その結果、足利将軍はきっと安定政権になっていたに相違ない。足利将軍にも全盛期はあったから、この時期ならば、こうした改革の断行もあるいは可能だったのではないだろうか。しかし、実際にはそのような改革はなされなかった。もはや改革を実施することができなかったのか、あるいは、そもそものような発想がなかったのか、よく分からない。

そしてこの間も、大名たちの自立化は進んだ。とりわけ、「応仁・文明の乱」以降、こうした自立化はますます亢進《こうしん》していった。というのはこの乱以降、次第に多くの大名たちが将軍のいる京都を去り、自分たちの領国に移住するようになったからである（これまでは大名たちは、京都に集住していた）。大名たちは将軍から距離的にも離れたがゆえに、いっそう将軍から自立していった。

そしてそれに伴って、大名の領国は今日における独立国家のようになり、大名たちはこの独立国家における元首のごとき様相を見せ始めていった。すなわち、大名たちは「国境」で他と区別された、「領国」という名の独立国家を支配し、家臣・領民を従えた。そのうえ、この領国内では将軍を含めたあらゆる上位者の介入を拒否し、「大名こそが、領国内で唯一最高な存在として君臨する」ことを主張したのだ。この結果、日本列島はこのような大名たちの独立国家に分裂していった。

その一方、将軍は大名たちの自立化に伴って、地方支配能力などを次第に喪失していった。そして、わずかな直属軍と直轄領を持つだけの、弱小政権に顚落《てんらく》した。本書の主人公、足利義輝・義昭兄弟が父祖たちから引き継いだ将軍家とは、およそこうしたものだった。それゆえ、二人はこの弱体化した将軍家をなんとか維持しようと格闘し、辛労を重ねることになる。そのあり様を、本書では語っていくことにしよう。

ところで、ここで一つ、奇妙なことに気づかないだろうか。なぜ、足利将軍はすぐに滅亡しなかったのだろうか。

2　足利将軍家は、なぜすぐに滅亡しなかったのか

見取り図とは何か

義輝・義昭兄弟がそれぞれ将軍家を引き継いだのは、戦国時代も末期の頃であった。すなわち、兄の義輝が将軍となったのは天文《てんぶん》一五年（一五四六）のことであり、弟・義昭のほうは永禄《えいろく》一一年（一五六八）である。つまり、応仁・文明の乱の終結（一四七七年）から、すでに七〇年から一〇〇年近くも経ったあとなのだ。

ということは、将軍家は弱体化しつつも、すぐには滅亡せず、戦国時代においてもしぶとく生き続

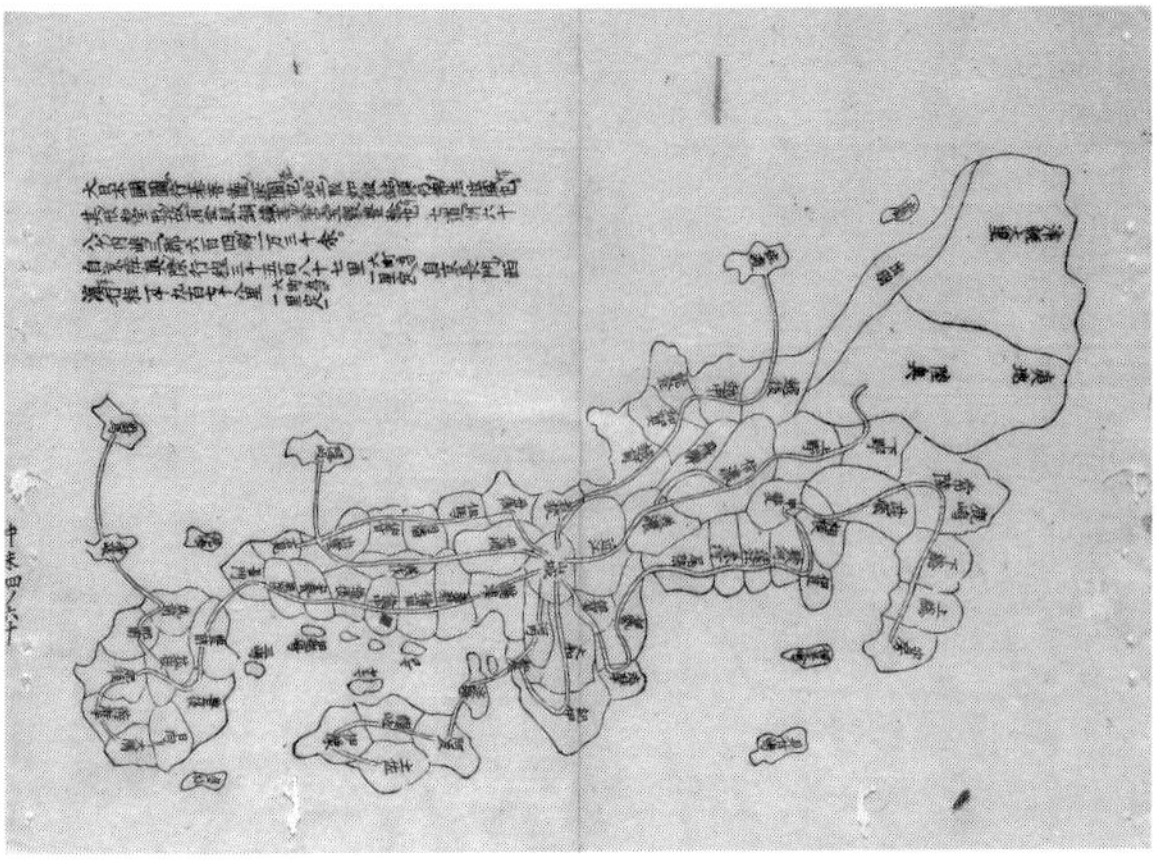

図A　中世の日本列島地図

『拾芥抄』行基図（早稲田大学図書館蔵）

けていたということになる。でも、これはなぜなのだろうか。

この問題を考えるには、戦国社会全体がどのような「かたち」をしていたのか、を考えなくてはならない。そしてそのためには、戦国全体を見通す「見取り図」がなくてはならない。では、見取り図とは何だろうか。

それは、一見するだけで全体の形をおおよそ把握することができる図、のことである。たとえば図Aを見てほしい。これは中世に描かれた日本列島の地図である。この地図は正確でも詳細でもない。しかしこれを一見すれば、列島全体の形をおおよそ理解できよう。こういったものが見取り図である。見取り図は、いかにうまく説明できているか、で価値が決まる。つまり、見取り図で求められるのは説明力だといえる。その意味で図Aは、見取り図としてはとても優れているといえよう。

さて、こういった見取り図は、戦国期日本列島全体を考えるうえで欠かせない。それはどうしてか。

そもそも、戦国時代を研究する者の多くは、戦国期日本列島の全体を、史料に基づいて完璧に正確かつ詳細に明らかにする、ということを究極的な目標にしている。しかし、戦国時代といってもきわめて複雑である。それゆえ、いきなり全体を正確・詳細に解明することはできない。そこで、研究者たちはまずは戦国時代を各部分——さまざまなテーマごとに切り分けたうえ、それぞれの部分を史料に基づいて明らかにし、然《しか》るのちに、それらをうまく繋ぎ合わせることで全体を明らかにしようとしている。

でも、全体を見通す見取り図がないと、各部分をいくら明らかにしても、これを全体のどこに位置づけるべきかが分からない。また最初に部分に注目してしまうと、どうしても各「部分」に囚われがちになる。そしてその結果、「全体は各部分の寄せ集めに過ぎない」といった結論になりやすい。部分に注視するあまり、全体を貫く骨格があってもこれを見失いやすいわけである。

こうしたことを防ぐには、戦国全体を見通す見取り図を作成し、部分からだけでなく、全体からも戦国社会を眺めていく必要がある。もちろん、細かな部分を実証的に解明する研究が不要というわけではない。部分について研究を進め、その成果によって全体の見取り図を修正して行く↓その見取り図によって、今度はどの部分を重点的に解明すべきかを方向づけ、部分の研究をさらに進めていく↓それによって全体の見取り図をさらに修正していく、といったサイクルの生まれるのが最適だろう。

つまり、部分と全体を同時に眺め、いわば「木も森も見ていく」のだ。全体から部分の位置を確かめ、部分から全体のイメージを修正していく、というわけである。では、こうした見取り図は、どのようにして描くことができるのだろうか。

全体を見通す見取り図を描くには、これまでの研究で実証的に解明された、各部分のデータを活用するのはもちろんである。しかし、たんにこういったデータを寄せ集めるのではなく、個別具体的な部分には拘《こだわ》らずにあえて思いきって単純化し（単純化しないと全体を描くことはできない）、「全体の骨格」と思われるものを大胆に抜き出していかねばならない（羽田正：二〇一一年、一七二頁）。見取り図で何よりも求められるのは、詳細さよりも、全体をうまく説明することだからである。

そこで以下、このような手法で、戦国列島全体を見通す見取り図を描いてみることにしよう。

〈天下〉と〈国〉

戦国時代の列島には、独立国家というべき色彩を帯びた大名領国が主なものだけで一〇〜二〇ほどあって、各地に割拠していた（図B。数は時期によって増減する）。こうしたあり様は、ちょうど今日の世界と近似している。今の世界にも二〇〇弱の独立国家があり、各地に割拠しているからである。

このような今日の世界を、私たちは「国内社会」と「国際社会」という二つに分けて考えることが多い。このうち国内社会とは、各国の政府が国民・国土を統治している次元のことである。たとえば、日本国政府は日本国内において日本国民を統治している。こういった「日本国内」という次元が国内社会に当たる。一方、国際社会というのは、世界に二〇〇ほどある各国（の政府）が互いに外交をしたり、貿易をしたり、戦争したりしている次元である。もちろん、この二つ（国内社会と国際社会）は

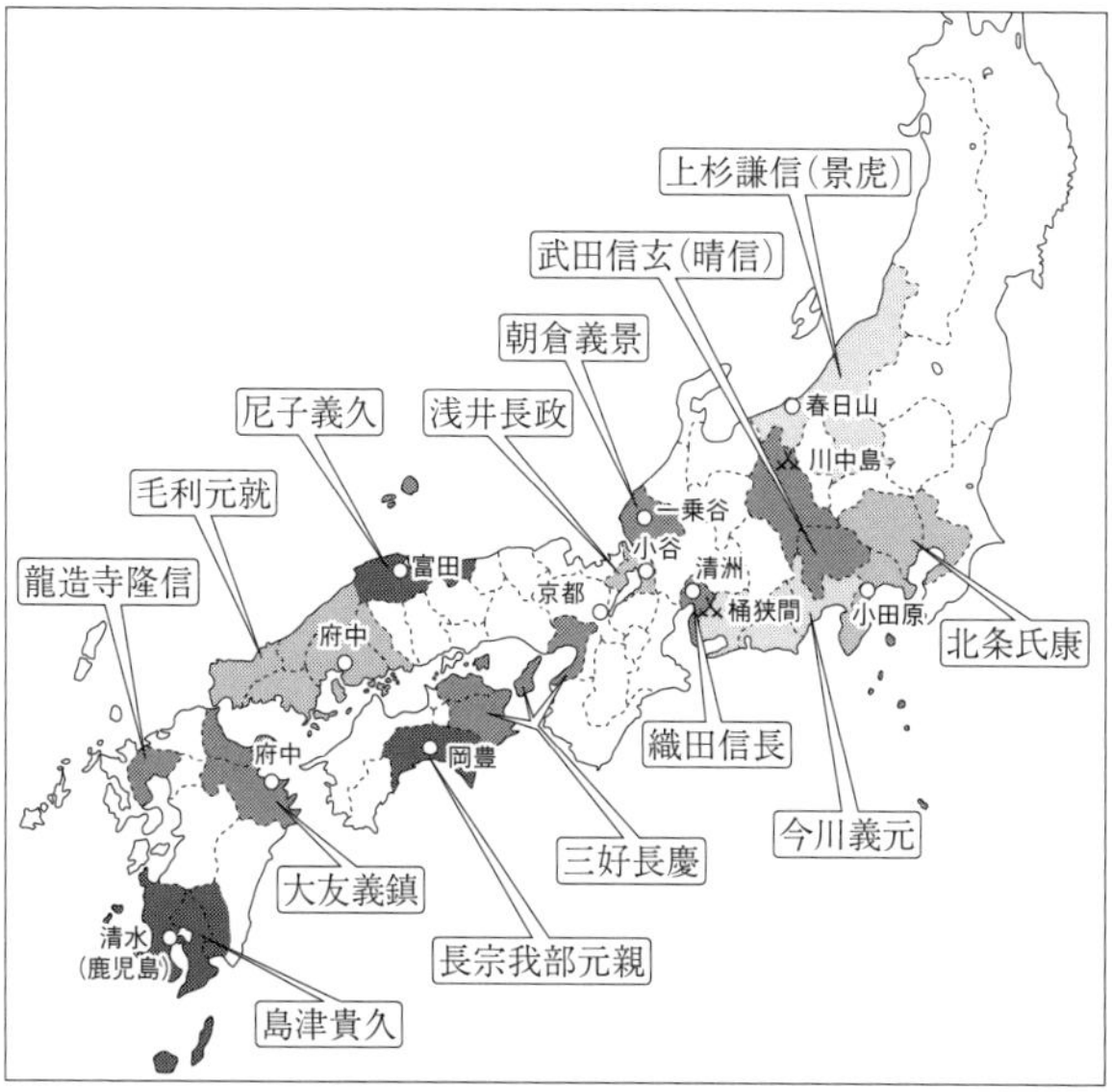

図B　戦国時代の大名領国
（尾藤正英ほか『新選日本史B』東京書籍，より）

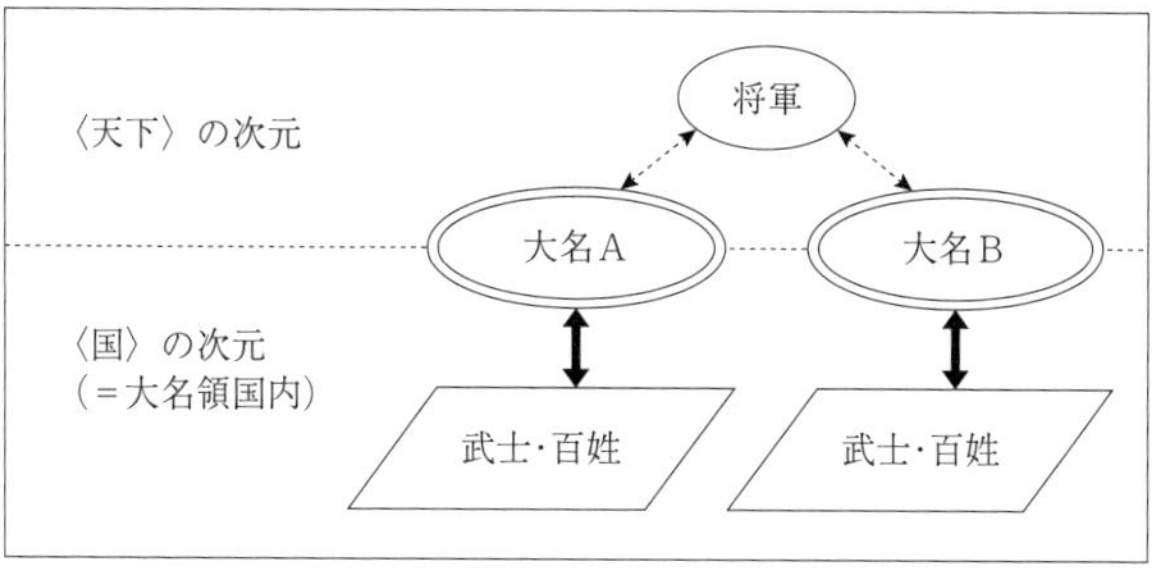

図C　〈天下〉と〈国〉の次元

明確に区切れるわけではない。しかし、区切ったほうが世界全体をより理解しやすい。

そこで、戦国列島も同じように二つに分けて考えよう。すなわち一つは、大名が自分の領国内における領土・領民（＝武士や百姓たち）を統治していた次元である。たとえば武田信玄でいえば、信玄と彼の統治する領国・領民とを合わせた「武田領国内」という次元である。ここではこれを〈国〉の次元と呼んでおこう。そしてもう一つは、主なものだけで一〇〜二〇ほどいた大名たちが、互いに外交や戦争をしていた次元である。ここでは、これを〈天下〉の次元と呼んでおく（図C）。

さて、私たちがいま注目しなくてはならないのは〈天下〉の次元のほうである。一体、この次元はどのような姿をしていたのだろうか。

第一の側面
――闘争・分裂

戦国時代では、独立国家の元首とでもいうべき存在となった大名たちが、互いに戦い合っていた。でも、なぜ大名たちは戦い合っていたのか。それは、大名たちを戦いに向かわせてしまう要素が三つあったからである。その三つとは、第一に、大名たちにとって最も重要な利益が、自分の「生存」だったことである。第二は、どの大名も、他の大名の生存を脅かしかねない武力を持っていたことである。そして第三は、どの大名も、互いに相手が何を考えているのか、その真意を正確には把握できなかったことである。

つまり、どの大名も「生き残りたい」と望むものの、相手の真意を正しくは知りえないまま、互いに武器を持って向かい合っていた、というわけである。このような状況では、どの大名も互いに「相手に攻撃され、自分の生存を脅かされるのではないか」という恐怖を抱かざるをえない。

では、この恐怖を消し去るにはどうしたらよいのか。その最も確実な方法は、相手が攻め込んでくる前にこちらから攻め込んで相手を倒してしまう、ということだろう。だが、相手もまた同じように考えるから、いわゆる「囚人のジレンマ」状態となり、その結果、大名たちは互いに戦い合うことになってしまった――やや単純化していうならば、以上のようにまとめることができよう。

ちなみにこうした、他大名に攻撃され、自分の生存を脅かされるのではないかという恐怖は、他大名すべてを倒してしまわない限り、完全には消し去ることができない。つまり、大名たちは自分が「天下人」（＝あらゆる大名の上に立ち、これを支配する覇者）にならない限り、この恐怖から最終的に解放されることはない。したがって、大名たちは好むと好まざるとにかかわらず、「天下人」を目指さざるをえない。それが論理的帰結である。最近、「大名たちは天下人を目指していなかった」などといわれることが多いが、それは正しくない。

またこのような、他大名に攻撃されて生存を脅かされるのではないか、という大名たちの恐怖は、自分以外の誰かが「天下人」になりそうな時、極大化することになる。そこで、大名たちは誰かの勢威が増進してくると、皆で連携してこれを武力で封じ込めようとした。織田信長が強盛になってくると、多くの大名たちが互いに団結して信長と戦い、これを封じ込めようとしたのはその一例である（そのあり様は第Ⅱ部で語る）。大名たちにとって天下統一は、自分が天下人にならない限り、危険に満ちた、避けるべき現象だったのだ。

このように、大名たちは互いに戦わざるをえなかった。かつて足利将軍が健在であった頃は、大名同士でこのような戦い合いが生起しても、将軍がいわば「中央政府」ないし「警察官」として大名同士の争いをうまく裁き、世の安寧《あんねい》を図っていた。しかし、戦国時代では、将軍は無力になったわけではなかったものの、こうした役割をもはや十分に果たしえなくなっていた。つまり、戦国時代における大名たちは、安全を提供してくれる警察官を失っていたのだ。そしてこの点こそが、〈天下〉の次元における大きな特徴の一つであった。どういうことだろうか。

そもそも、〈国〉の次元（＝大名領国内）では、最高権力者として大名がいた。そしてこの大名が、それぞれの領国内で領民たちの上に立ち、「警察官」としての役割も果たして領国内の治安を維持していた。それゆえ、領国内に住まう領民は、自分の身を自分で守るといった必要はあまりなかった。しかし、〈天下〉の次元では、大名たちの上にそのような警察官が存在しなかった。それゆえ、大名たちは自分の身は自分で守り、自らの生存のために自分で武器を取って戦わなくてはならなくなった。いわば自力救済《セルフ・ヘルプ》ということになったわけである。

こうした、中央政府が十分に機能しないという無政府状態《アナーキー》の中で、大名たちは戦い合い、そして「力」の強い者が弱い者を併呑《へいどん》する、ということを繰り返していった。なお、ここでいう「力」とは、軍事力とそれを支える経済力、さらには地政学的な要素を指している（地政学的な要素とは、たとえば、周囲に強力なライバルになりうる大名がいるかいないか、領国が京都から近いか遠いか、領国が豪雪地帯か否か、等々のこと）。こういった「力」の強い大名が、次第に各地方の覇者となっていった。関東の北条《ほうじょう》氏、中部の武田氏、東海の今川氏、北陸の上杉氏、中国の毛利氏、四国の長宗我部《ちょうそかべ》氏、九州の島津氏といった大名たちは、皆そうした覇者である。

そう考えれば〈天下〉の次元とは、大名たちの闘争と分裂、弱肉強食の状態にあり、「力」が強いか弱いかがすべてを決する、いわば「力」の論理が働いていた世界だったといってよいだろう（ミアシャイマー：二〇〇七年、第一章）。しかし、ここで注意しなくてはならないことがある。それは、大名たちは決していつも戦い合っていたわけではなかった、ということである。

第二の側面――協調・まとまり

実は戦国時代といっても、大名たちの間では大きな戦争はめったに起きなかった。もちろん、戦争になることはあった。だが、戦争は決して日常的に継起《けいき》していたわけではなかったのだ（山田邦明：二〇〇六年、一一二頁）。それは、戦争には大きなリスクがあったからである。

戦いに勝てばよいが、負ければ敵に城や領土を奪われてしまう。またたとえ勝利し、敵の城や領土を奪うことができたとしてもよいことばかりではない。なぜならば、奪った城は今度はきちんとこれを防衛しなくてはならないからである。また新領土を入手しても、この後これをしっかり経営していかなくてはならない。こういったことは大名にとって大きな負担だった。さらに、もし長期戦になってしまった場合、莫大な戦費が継続的に掛かることになる。これもまた、大名たちにとっては大きな負担であることはいうまでもない。

つまり、大名たちは自らの生存のために戦争をしたのだが、戦争はコストが大きく、かえって彼らの生存を脅かしかねなかったわけである。そして、とりわけ近隣大名と戦い合うことは、大名たちにとって大きなコストになり、生存を脅かしかねなかった。というのは、近隣大名とは（これを滅ぼさない限り）将来にわたって接していかなくてはならないので、それと対立してしまうと、対立によって生じるコストは将来にわたって積み重なり、膨大なものになってしまうからである。

したがって、大名たちにとっては近隣の大名と戦うよりも、友好関係を結び、共存共栄を図ったほうが長期的に見ればずっと「お得」だったといえよう。それゆえ、大名たちは自らの生存のため、できるだけ戦争になるのを避け、とりわけ近隣大名たちとは互いに協調し合おうとした。その結果、（大名たちの上に、彼らを統制しうる「警察官」（中央政府）が存在していなかったにもかかわらず）大きな戦争はめったに起きなかったのだ。

このように考えてみると、〈天下〉の次元は、先に述べた「力」の論理だけでなく、「利益」の論理（＝「得か損か」ということが大きな意味を持つ）も働いていたと見ることができよう。すなわち、〈天下〉はたんに大名同士の闘争と分裂、という世界だったわけではない。中央政府が十分に機能しない状態ではあったものの、大名同士が生存という共通した利益のために、戦争を避けて互いに協調し合い、「まとまり」が生み出される、という側面もあったのである。

ところで、このように大名たちの間で協調関係が成り立っていたのは、彼らの間で価値観の相違がほとんどなかった、ということが大きかったといえよう。すなわち、大名たちは北は東北から南は九州まで、基本的に同じ言語を使い、同じ宗教を信じ、同じ歴史を共有し、ともに足利将軍を主君として仰ぎ、朝廷（天皇）を敬い、同じ年号を使っていた。そして、何よりも大事なことに「正しいことは何か」について、大名たちの間では意見の相違はほとんど見られなかった。

こうした、価値観・文化を共有している、ということがいかに相互協調に寄与するものであったかは、現在の世界を考えれば明らかだろう。今の世界（国際社会）には、さまざまな国家・民族があり、そして、その間には価値観をめぐって深い懸隔《けんかく》がある。言語・宗教が異なり、「正しいことは何か」についても、各国・各民族で千差万別である。それゆえ、協調を生み出すことは簡単ではない。

しかし、戦国時代の大名たちの間には、そうした価値観の懸隔はほとんどなかった。それゆえ、大名たちは（今の世界の国々に比べれば）互いに理解し合い、「まとまる」ことができたのだ。後年、いわゆる「天下統一」が実現しえたのも、このような価値観の一致が関係していたといってよかろう。

第三の側面――世論・規範の縛り

この価値観について、もう少し考えてみよう。そもそも、私たちは武力によって行動を強制されることがある。また、損得勘定によって行動を誘導されることもある。しかしそれだけでなく、「正しいか、そうでないか」といった、社会の規範や価値観によって行動を促されることがある。それゆえ、たとえば私たちは、必ずしも得ではない行動であったとしても、それが社会で「正しい」とされているものならば、（無意識のうちに）その行動を選択してしまうこともある。

こういった、社会の価値観・規範・倫理といったものは、戦国時代にも存在していた。戦国期というと、武力（または利害）だけがモノをいう、ジャングルの世界といったイメージがあるが、これは誤解である。この時代であっても「何でも許されていた」というわけではなかった。「正しいこと」

と「そうでないこと」の区別は、それなりにきちんと存在していた。

たとえば、戦国時代でも主従関係は大事とされていた。この頃の文芸作品には「親子は一世、夫婦は二世《にせ》、主従は三世《さんぜ》の契り」といった表現がしばしば見られるという。これは「親子は現世《げんせ》だけの関係であり、夫婦は現世と来世《らいせ》の関係だ。そして主従は、前世《ぜんせ》と現世、さらに来世という三世にわたる永遠の関係だ」といった意味である（黒田日出男：一九九六年）。こういった表現がしばしば文芸作品の中で好んで使われていたということは、人々が「主従関係こそが最も重要だ」と考えていたことを示しているといえよう。

もちろん、戦国時代に「下剋上《げこくじょう》」と呼ばれる現象がなかったわけではない。時には臣下が主君を虐《しいた》げ、これを殺害してしまう、といった事件も発生した。しかし、むしろだからこそ人々は、ことさらに「主従関係は大事だ」と考えたのではないだろうか。というのは、主従関係はこの時代の社会、とりわけ武家社会の根幹を成す基本原理だったからである。武門の者は、いずれも誰かの臣下であり、同時に誰かの主君だった。そうである以上、もし「下剋上は当然だ」などということになれば、武家の社会は根底から紊乱《びんらん》してしまうだろう。そう考えれば、主従関係が重視されたのは当然である。

そして重要なことは、大名たちはこうした社会の価値観・規範から決して自由ではなかった、ということである。大名といえども、世間の評判＝「外聞《がいぶん》」を無視することはできなかった。だから彼らは名誉を重んじ、自分の社会的な格《ステイタス》を気にし、メンツが保たれるよう努力を重ねた。

それは、大名といえども一人では何もできなかったからに他ならない。大名が大名としてあり続けるためには、家臣たち、とりわけ、人口の大部分を占めた百姓たちの支持を得ることが不可欠だった。それゆえ、大名といえども彼らの意向（＝世論）や価値観・規範から大きく逸脱した行為は取りにくかった。もし、そうした逸脱行為を取ったりすれば、世間を敵に回すことになり、最悪の場合、滅亡へ向かうこともありえたのだ。

このように考えれば、〈天下〉の次元は、「正か、不正か」という社会の価値観もまた大きな影響を及ぼしていた（「価値」の論理）といえる。すなわち、先に示した「力」や「利益」といった物質的なものだけでなく、社会で広く共有・容認されている価値観・規範・世論という非物質的なものもまた、〈天下〉を形作る重要な要素だったわけである。

戦国全体の見取り図

さて、以上のように考えてみると、戦国列島における〈天下〉の次元には、互いに相矛盾する次のような三つの側面があったということになろう。すなわち、

【第一の側面――闘争・分裂】 大名たちがアナーキー（＝「警察官」がいない）な状況下で、自らの生存を賭けて互いに戦い合い、「力」の強い者が弱い者を併呑する、ということを繰り返していた。したがって〈天下〉の次元は、大名たちによる弱肉強食、闘争と分裂状態にあり、「力」の論理（＝「力が強いか、弱いか」がすべてを決める）の働く世界だった。

【第二の側面――協調・まとまり】 大名たちは、リスクの高い戦争はできるだけ避け、共通した価値観のもとで互いに協調し合っていた。共存共栄を図ったほうが、対立し合うよりも生存には

「お得」だったからである。したがって、〈天下〉の次元には「まとまり」もあり、「力」だけでなく「利益」の論理（＝「得か、損か」が大きな意味を持つ）も働く世界だった。

【第三の側面――世論・規範の縛り】　大名といえども、「正しいか否か」という社会の価値観を無視できなかった。したがって〈天下〉の次元では、「力」や「利益」といった物質的なものだけでなく、人口の大多数を占める百姓たちの意向＝世論という非物質的なものが大きな政治の流れを決めるなど、「価値」の論理（＝「正か、不正か」が大きな影響を及ぼす）が働いていた。

ここに示した三つの側面・論理は、相互に排他的なものではなく、互いに結びつき合っていた。すなわち、この三つはどれも戦国列島社会の本質、いわば「三位一体」だったのであり、したがって、どれか一つだけに焦点を絞ってしまうと、戦国社会を正確に通観することはできない。

以上をまとめたのが、図Dである。

さて、こうした三つの側面を持つ戦国列島社会のあり方は、そこで活動する大名たちに影響を与えずにはおかない。すなわち、大名たちは三つの側面に対処する「三つの顔」を持つことになった。

たとえば、織田信長には三つの顔があった。一つは「強面《こわもて》」の顔である。信長は近隣大名をことごとく敵と見なし、これを攻伐した。信長に没落・族滅せしめられた大名は、美濃斎藤氏、近江六角《ろっかく》氏、越前朝倉氏、近江浅井《あざい》氏、甲斐武田氏など多数に及ぶ。こういった酷虐《こくぎゃく》な信長の顔は、第一の側面（闘争・分裂）に対処すべく持ち合わせたものといえよう。

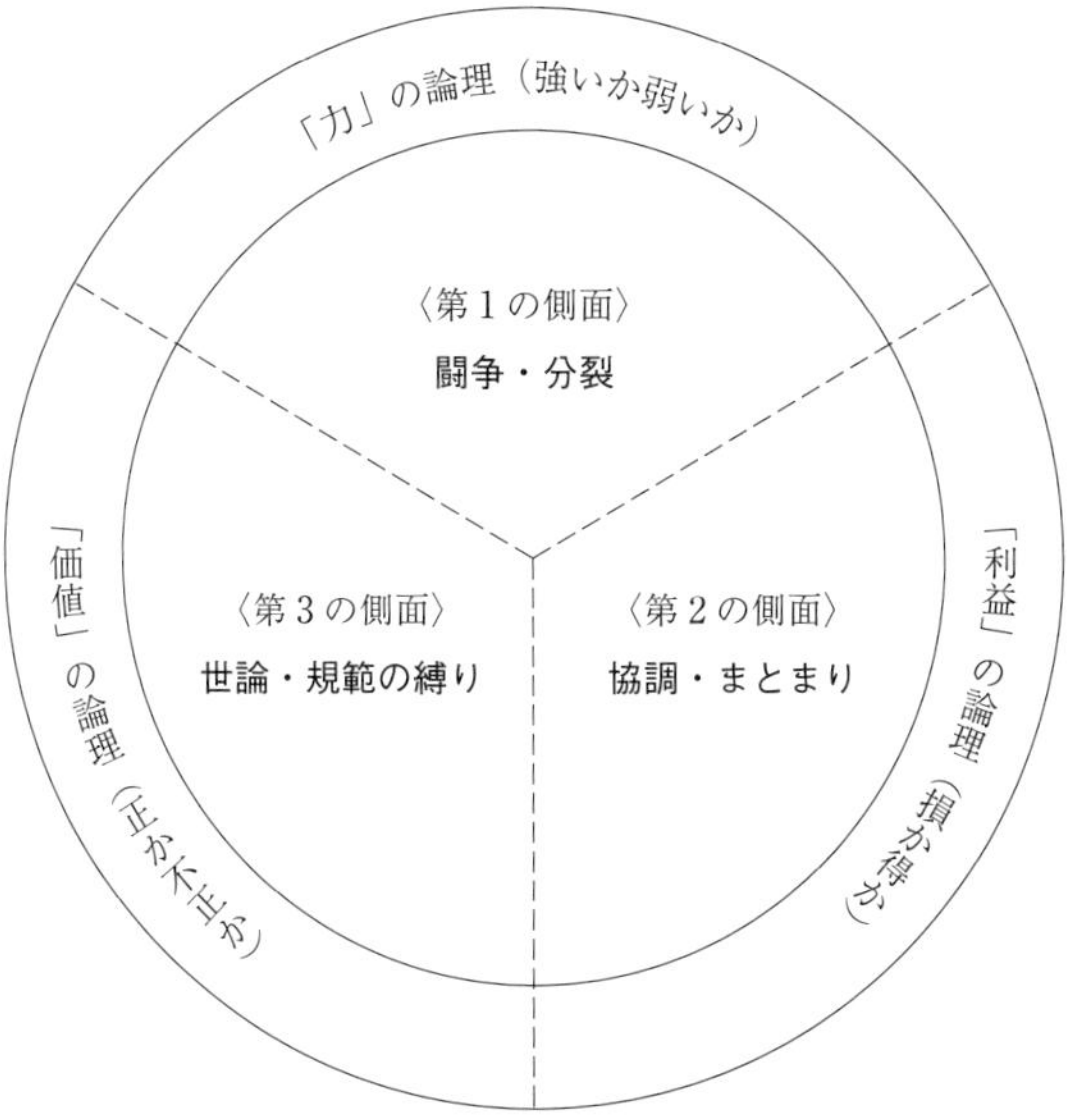

図Ｄ　〈天下〉における三つの側面，三つの論理

しかし、信長には別の顔もあった。それは、いたずらに戦いに邁進《まいしん》する愚を避け、順服してきた大名にはその本領をきちんと安堵してやり、大名たちと共存を図っていく、という「やさしくて合理的」な顔である。これは、第二の側面（協調・まとまり）に対応した顔といえよう。

また信長には、世間の常識から逸脱することはせず、常に世評を気にして行動する、という「外聞に留意する」顔もあった。これは、第三の側面（世論・規範の縛り）に対応した顔といえる。

これら三つの顔はいずれも信長の本質である。したがって、どれか一つだけに力点を置き過ぎると、やはり信長の本質を見誤ることになる。かつての信長研究では、彼の「強面」の顔が注目されてきた。しかし最近の研究では、むしろ信長の「やさしくて合理的」な顔や「外聞に留意する」顔が注目を浴びている。でも、「強面」の顔もきちんと視野に入れておかないと、信長という人間を正確に理解することはできないだろう。

なぜ将軍は存続したのか

さて、戦国社会全体を見通す「見取り図」を描き、〈天下〉の次元には三つの側面があった、ということを述べてきた。私たちは戦国時代というと、闘争と分裂、「力」の論理といった「第一の側面」にどうしても注目しがちになる。ややもすると、この側面しかなかったかのように思ってしまう。しかし、これ以外の側面もあった、ということを看過してはならない。というのは、第一の側面だけではなかったことが、足利将軍が戦国時代末までしぶとく生き続けることができた、その大きな要因だったからである。

もし〈天下〉の次元が、たんに大名同士の闘争と分裂、「力」の論理が働く世界だけであったならば、おそらく足利将軍は、短時日のうちにどこかの大名に滅ぼされていたに違いない。なぜならば、将軍家には直属軍がほとんどなかったからだ。そうした存在が、「力」がモノをいう世界で生き続けることは難しかったろう。

しかし、〈天下〉の次元は第一の側面だけではなかった。これ以外にも、「主君は尊重されるべきだ」といった社会の規範に大名たちが拘束され、大きな政治の流れを形成していく、という側面もあった（第二の側面）。そして、将軍家は戦国時代に至っても、なお武家最高の家格を持つ「天下諸侍の御主《おんあるじ》」（武家の棟梁）として広く世間に認知され、敬仰《けいぎょう》されていた。

したがって、このような将軍家の存在自体をあからさまに否定するようなことを敢行すれば、その者はたちまち世間（近隣大名や領民たち）を敵に回し、危機に瀕しかねなかった。それゆえ、大名たちにとって将軍は、そう簡単に滅ぼすことのできるものではなかったのだ。

また〈天下〉の次元には、大名たちが生存という共通の利益のために、互いに協調し合い、共存共栄を図っていくという側面もあった（第二の側面）。そしてここにも、足利将軍が生き残りえた要素があった。というのは、大名たちが他大名と協調を図っていくには、他大名との外交をうまく展開していかなくてはならず、そして大名たちがそのような外交を進めていくうえで、将軍は便利な存在だったからである。

将軍には利用価値あり

たとえば、大名たちが近隣の大名、とりわけ、これまで対立し合っていた大名と和睦を結ぶ際に将軍は役に立った。なぜならば、将軍はさまざまな大名と人脈《ネットワーク》を持っていたからである。それゆえ、大名たちは他大名との和睦を欲する際、将軍に他大名との仲立ちを依頼することが少なくなかった。将軍に仲立ちをしてもらうことで、将軍の持つ人脈を使って相手の大名と接触し、和睦の「きっかけ」を手に入れていたのだ。

さらに、大名たちは敵と和睦する時、将軍に願い、和睦を「将軍の命令」ということにしてもらった。先に述べたように、将軍は「天下諸侍の御主」として人々からなお敬仰されていた。それゆえ、敵との和睦を「将軍の命令」ということにしてもらえれば、たとえ敵に屈して和睦することになったとしても、「将軍の命令ゆえに仕方がなかった」と内外に言い訳し、メンツを保つことができる——

大名たちはそう考えたのだろう。

また大名たちは、近隣大名とどちらが社会的に格上か、ということに強い関心を持っていた。しかし、大名たちにとって互いに戦い合ってこれを決めるのは得策ではない。なぜならば先にも述べたように、戦争にはリスクがあったからだ。したがって、戦争はできれば避けたいところである。でも、近隣大名より自分のほうが格上だ、ということを世間や家臣・領民に示したい――

そうした大名たちにとって、将軍はやはり有益な存在だった。なぜならば、将軍は大名たちに、さまざまなランクを持つ栄典《えいてん》を下していたからである（栄典とは一種の爵位のこと。たとえば、将軍の偏諱《へんき》（＝名前の一字）を使う権利や、朝廷の官位などを称する権利などがあった）。この栄典とそのランクは、戦国期においても社会的な格《ステイタス》を示す「ものさし」として広く世間で容認されていた。したがって、将軍に要請し、高いランクの栄典を将軍から下してもらうことができれば、その大名は、近隣大名との深刻な対立を避けつつ、自分のほうが格上だということを内外に示しえたのである。

このように、大名たちにとって将軍は他大名と外交するうえで有用な存在であった。それゆえ、大名たちは戦国期においても将軍との関係を保ち、将軍を支えた。将軍からの命令についても、この命令が自分たちの死活的利益を侵さない範囲内であったならば、それなりに受け入れていた。さすればこうしたこともまた、戦国末に至るまで将軍を存続させていた要素だったといえよう。

戦国社会――〈天下〉の次元は、たんに「力」の強弱がモノをいうだけの世界だったわけではない。大名たちが共通の利益のために外交に注力したり、主従関係を重視する社会の価値観が政治の大きな流れを左右する、といった世界でもあった。だからこそ、足利将軍は大名たちから否定されることなく、なお必要とされ、それゆえ支えられた。そしてその結果として、戦国期末に至るまで大名たちに対して一定程度の影響力を有し、簡単には滅亡しなかったのである（以上、山田康弘：二〇一一年・二〇一八年）。

将軍たちの悩み

さて、〈天下〉はたんに「力」だけ、という世界だったわけではなく、そしてそのことが、足利将軍がしぶとく存続しえた要因だった、と述べてきた。しかし、だからといって足利将軍がその地位を安定的に保てたわけではない。それは、〈天下〉は「力がすべて」というだけの世界ではなかったものの、この側面が存在することもまた厳然たる事実だったからである。それゆえ、「力」の乏しい足利将軍は、しばしば危難に遭遇することになった。

もっとも、将軍に「力」が乏しかったことは、一面では将軍の強みにもなったことは否めない。たとえば、将軍家には広大な直轄領がなかった。しかし、それゆえに将軍は、所領の経営やその防衛にエネルギーを費消する必要があまりなかった。また、強大な直属軍がなかったので、将兵たちを給養するのに頭を悩ませる必要もなかった。

さらに、将軍には「力」が乏しかったことから、大名たちに警戒されずに済んだ。先に述べたように、大名たちは対大名外交を円滑に進めるうえで将軍を盛んに利用した（そして将軍を支えた）。これは、彼らにとって将軍は脅威になりうる存在ではなく、いわば安心して利用しえたからに他なるまい。

このように考えてみると、将軍家に「力」が乏しかったことは、将軍家が存続しえた大きな要因の一つだった、といってもよかろう。

とはいえ、「力」の乏しい将軍が「力がモノをいう」側面もあった戦国社会で生きていくのは、やはり困難が伴った。そこで、歴代の将軍たちは「力」を持つ有力大名たちに協力を求めた。しかし、将軍にとって有力大名たちとの「つき合い」は、なかなか骨の折れる仕事であった。

というのは、将軍が特定の大名にあまり過度に依存すると、その大名の抱える紛争に将軍が巻き込まれる、といった危機に遭遇する恐れがあったからである。とはいえ、この危機を回避するために大名とあまり距離を置き過ぎてもいけない。なぜならば、そのようなことをすれば今度は万一の時に助けてもらえない、という事態になりかねなかったからだ。将軍がこの二つの危機を同時に回避するには、相当に高度な政治テクニックを要した。

したがって、戦国期の将軍たちはいずれも、いかにして有力大名とうまく距離を保ちながらつき合い、支えてもらうか、ということを共通の課題としていた。歴代将軍たちの悩みは、その過半がこの課題克服にあったといっても決して過言ではない。そして、それは本書の主人公、足利義輝・義昭兄弟もまた例外ではなかった。すなわち、兄の義輝は有力大名・細川晴元《はるもと》や三好長慶《みよしながよし》との関係に悩まされた。一方、弟の義昭は織田信長との関係に苦悩したのだ。

しかも、義昭は別の問題にも悩まされた。それは、同志の大名たちの団結をいかにして構築していくか、というものである。義昭は当初は信長と友好関係にあった。しかし、後に信長と対立したことから、同志の大名たちを翕合《きゅうごう》して信長を討とうとした。だが、大名たちはなかなか団結を保つことができない。それゆえ、義昭はこの問題に対処しなくてはならなかったのだ。

　では、義輝・義昭兄弟は、こういった課題にどのようにして立ち向かったのだろうか。そして、彼らの挑戦は成功したのだろうか。もし成功しなかったとすれば、その原因は何だったのだろうか。以下、こういったことを中心に二人の生涯に分け入っていこう。まずは、兄である義輝、そしてその父・義晴《よしはる》に、ご登場を願うことにしようではないか――

第Ⅰ部　一三代将軍・義輝——中途で斃れた未完の英主

プロローグ――最後の戦いに剣を取れ

一三代将軍・足利義輝が殺された。永禄八年（一五六五）五月一九日のことである。

義輝は、とつぜん襲われた。彼はその住まいである京都の将軍御所を、一万人もの軍兵によって取り囲まれたのだ。午前八時頃のことであったという。軍兵を引率していたのは、将軍家の重臣・三好《みよし》義継《よしつぐ》や松永久通《ひさみち》らだった。彼らはしばらくすると、ついに御所内になだれ込んだ。これに対し、義輝は必死で防戦した。だが、彼を守衛する兵は少ない。ついに昼頃に義輝は力尽き、三好兵に討たれてしまった。

義輝の近臣たちも、奮戦の末にその多くが三好兵に討たれた。さらに、義輝の生母・慶寿院《けいじゅいん》や義輝弟の周暠《しゅうこう》、そして義輝の愛妾である小侍従局《こじじゅうのつぼね》までもが三好兵によって相次いで殺された。すべてが終わると、三好兵は将軍御所に火を放った。御所の殿舎は次々に炎上し、灰燼《かいじん》に帰したという（『言継卿記』永禄八年五月一九日条ほか）。

この事件を『足利季世記』（『改定史籍集覧』一三冊）という軍記物は次のように伝えている。

この日、三好・松永らに率いられた三好兵は、将軍御所に押し寄せ、これを包囲した。この時三好方は、偽って「公方様《くぼうさま》（義輝）に訴えたいことがある」と称していた。それゆえ、義輝側は三好兵がまさか攻撃してくるとは思わず、油断して防備を厚くするのが遅れた。義輝らが変事を悟った時には、すでに三好兵が御所内に次々と侵入したあとであったという。

それでも、義輝の近臣たちは奮戦した。たちまち数十人を倒し、いったんは三好兵を押し返した。だが、義輝側の劣勢は明らかであった。義輝はこれを見て死を覚悟した。そこで、彼は生き残った三〇人ほどの近臣を近くに召すと、酒を与え、最後の酒宴を催した。義輝のもとに集まった近臣たちは、皆々別れの酒を酌《く》み交わした。その際、近臣の一人は近くにあった女物の小袖《こそで》を使い、見事な舞を披露した。義輝はこれを見ておおいに喜んだという。

その直後、義輝とその近臣たちは、最後の戦いに剣を取った――

そして、ただちに三好兵に向かって斬り込んだ。彼らは、三好兵を斬って斬って斬りまくり、その結果たちまち二〇〇人もの三好兵が斬り倒されたという。だが、三好兵は次々に入れ替わって攻めてきた。それゆえ、義輝の近臣たちも力尽き、一人残らず討ち取られてしまった。

義輝はその頃、近くに剣を何本も立て、一本の剣が使えなくなると次の剣を引き抜いてこれを使い、三好兵を次から次へと斬り倒していった。この義輝の勇戦には、さしもの三好兵も「さすがは公方様よ」と震慄《しんりつ》したという。そして、三好兵どもは義輝を遠巻きにし、あえて誰もこれに近づこうとはしなかった。

ところがこうした中、三好兵の一人が戸の陰から義輝の足をふいに斬りつけた。これに堪《たま》らず義輝は倒れた。すると、三好兵どもは倒れた義輝の身体の上から障子を覆いかぶせた。そして、鑓《やり》をもって障子ごと義輝を刺し殺した。義輝はこうして壮烈な討死を遂げた。享年三〇歳であった。

義輝はなぜこのような形で最期を迎えたのだろうか。その人生に一体、何があったのだろうか。以下、この謎を解き明かしていこう。

第一章　父はかく戦えり——父・義晴はどのようにして生き残ってきたのか

1　なぜ父・義晴は近江に亡命していたのか

義輝は天文五年（一五三六）三月一〇日に京都で生まれた。父は、第一二代将軍・足利義晴《よしはる》である。義輝は父にとっては待望の嫡男（＝後継ぎ）だった。ところで父・義晴は、この少し前に近江国（滋賀県）から京都に帰って来たばかりであった。義晴はこれまで近江国において、実に七年にも及ぶ亡命生活を送っていたのだ（途中、半年ほど在京）。なぜこれほど長い間、義晴は近江にいたのだろうか。まずは、このあたりの事情をごくかいつまんで説明していくことにしよう。

応仁の乱のあと

話は「応仁・文明の乱」（一四六七～七七年）まで遡る。この大乱は一一年にもわたって続き、京都を戦火で焼き尽した。当時将軍だったのは、八代将軍・足利義政である。彼はこの大乱の半ば頃、息子の義尚《よしひさ》に将軍位を譲った。文明五年（一四七三）一二月のことである。当時、義尚はまだ九歳だった。その後、義尚は長ずると、自分に順服しない近江の大名・六角《ろっかく》氏（六角高頼）を討伐しようとした。そして自らが主将となり、大兵を引率して果敢に近江に出師《すいし》した。だが、義尚は陣中で病を得て、わずか二五歳の若さで陣没してしまった。長享《ちょうきょう》三年（一四八九）三月のことであった。

義尚には嗣君《しくん》となるべき男子がいなかった。それゆえ彼の死後、将軍家の政務は当時まだ存命していた父・義政が担った。だが、この義政もしばらくして病臥し、ついに薨《こう》じてしまった。そこで次期将軍は日野富子《ひのとみこ》が、大名たちの意向を踏まえて選ぶことになった。彼女は八代将軍義政の御台所《みだいどころ》（＝正妻）、九代将軍義尚の生母であり、義政も義尚も没した今、彼女こそが将軍家を代表する立場にあったからである。

10代将軍・義稙の花押（サイン）

さて、富子が次期将軍に選んだのは、足利義稙《よしたね》であった。この義稙は九代将軍義尚の従弟《いとこ》にあたる。そのうえ、母が富子の妹であった。つまり、富子にとっては実の甥にあたったのだ。そうしたことから、富子はこの義稙を次期将軍に選んだのだろう。こうして、義稙が富子の指名を受けて一〇代将軍となった。延徳《えんとく》二年（一四九〇）のことである。だが、義稙はその後、クーデターで将軍の地位を追われることになる。なぜだろうか。

まさかのクーデター

義稙は将軍となると、ただちに諸大名に命じ、六角攻伐の軍旅を発した。六角氏は前将軍・義尚の親征を受け、いったんは南近江の山岳地帯に逼塞《ひっそく》したが、再び勢威を盛り返していたからである。義稙の命令を受け、多くの大名がこの戦いに参加した。将軍にはまだこの時点では、それなりに大名たちを動員する力が残されていたといえよう。こうして、義稙は大名たちを督率し、近江に突入した。そして六角勢をたちまち大破すると、これを南近江の山岳地帯に再び押し込めた。義稙の圧勝だった。彼はこれによって天下に驍名《ぎょうめい》を馳《は》せ、満足して京都に凱旋した。

ところが、義稙はこの直後にまた出師を宣言した。今度は、河内国（大阪府）の大名・畠山氏《はたけやま》（畠山基家）を攻伐するのだという。そして大名たちに対し、再び出陣するよう号令を下した。これを受けて、大名たちは陸続と将軍義稙のもとに集結した。だが、彼らの間には不満が渦巻いていた。大名らにとってたび重なる出陣は迷惑至極だったうえ、「戦勝によって、強過ぎる将軍が出現する」ことも好まなかったからである。

日野富子はこのような状況を見て、危機感を募らせた。将軍家は直属軍も直轄領も乏しい。それゆえ、将軍家が繁栄するためには、大名たちから協力を引き出す必要があった。だが、義稙はその大名たちに不満を抱かれ、警戒されつつあった。このことは将軍家を危うくするものであった。この問題を解決するには、義稙を排除するしかない。

そこで、日野富子は「義稙を引きずりおろすクーデター」を敢行した。この時、彼女は細川政元を頼った。細川政元というのは、この頃、畿内最大の勢威を有していた有力大名・細川一門の当主である。富子は細川政元の協力を得て、義稙の河内出陣中に京都で蜂起した。この結果、義稙は細川の兵にたちまち捕縛され、京都に幽閉されてしまった。そして、義稙に代わって次期将軍（一一代将軍）には、彼の従兄《いとこ》にあたる足利義澄《よしずみ》が、日野富子の承認のもとに迎立《げいりつ》された。時に明応《めいおう》二年（一四九三）のことである。

この一連の事件を「明応の政変」という。こうして政変は成功するかに見えた。ところが、この直後にとんでもない変事が起きた。幽閉されていた前将軍・義稙がなんと脱走したのである。義稙は島流しにされる直前にまんまと逃亡した。そして、越中国（富山県）に逃げ込むや、ただちに復讐の兵を挙げ、以後しばしば京都に迫った。この状況に、京都にあった新将軍・義澄はきっと困惑したことだろう。しかし、これに対処しなくてはならない。ここから義澄の奮闘人生が始まった。

11代将軍・義澄
（京都市・等持院蔵）
本書の主人公，義輝・義昭兄弟の祖父にあたる。

奮闘する義澄

将軍義澄は前将軍・義稙の攻勢によく耐えた。彼は明応八年（一四九九）に義稙に京都近くまで攻め込まれ、まさに危殆《きたい》に瀕《ひん》した。だが、なんとか耐え抜き、細川政元と戮力《りくりょく》して義稙軍を痛打し、これを遠く周防国（山口県）に排斥した。

この結果、義澄の政権は安定するかに見えた。だが、このあと彼にとって思いも寄らない凶変が

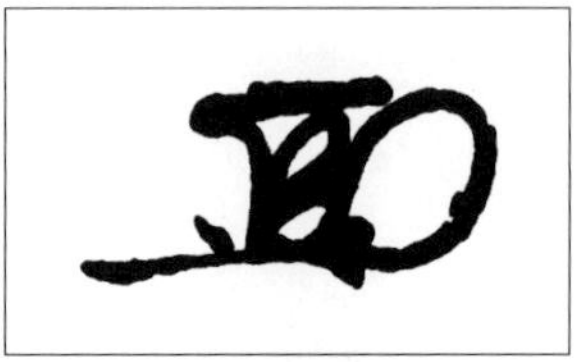

細川高国の花押

起きた。これまで義澄を支えてきたのは細川政元だった。義澄と細川政元とはしばしば対立しながらも協力し合ってきた。その政元が、なんと従臣によって殺害されてしまったのだ。永正《えいしょう》四年（一五〇七）のことである。畿内最強の有力大名・細川一門はこれによって攪乱《こうらん》した。

だが、ここで救世主が登場した。それは細川澄元《すみもと》という若武者である。彼は細川一門の有力庶家・阿波（徳島県）細川氏出身で、男子のいなかった政元の養子になっていた。この澄元が混乱する一門をまとめたのである。このあと、澄元は将軍義澄から認証を受け、正式に細川一門の主《あるじ》として立った。この結果、細川政元殺害をめぐる一連の混乱はようやく収束するかに見えた。だが、そうはならなかった。再び細川一門で内紛が起きたのだ。どうしてだろうか。

細川澄元は阿波細川氏の出身である。それゆえ、澄元が細川一門の当主に収まると、阿波出身の武士たちが京都でその勢威を増進させた。これに対し、これまで京都で故政元を支えてきた細川一門の面々が激しく反発したのである。彼らは一門の有力者・細川高国《たかくに》をリーダーに選び、澄元に反旗を翻した。これに対し、澄元は細川高国らを鎮圧しようとしたが、大敗し、京都から遁走した。この結果、細川一門の当主には、澄元に代わって細川高国が新たに推戴されることになった。

将軍義澄はこのような情況を眺め、新たに当主になった細川高国に協力を求めた。ところが、高国に拒否されてしまった。それはこの頃、前将軍の義稙が京都に急迫していたからである。義稙は、京都で細川一門が内紛を繰り返していることを知り、京都奪還の好機と考えた。そこで西国の有力大名・大内義興《よしおき》を味方につけ、京都に向かって進撃していたのだ。

すると、細川高国は「義稙が迫っている」と知り、将軍義澄を見捨てようと決した。義稙側に寝返ったわけである。高国は、たび重なる内紛で弱体化している今の細川一門では義稙の大軍にはとても勝てない、と判断したのだろう。この結果、将軍義澄は高国に見捨てられてしまった。つまり、義澄は最大の支柱である細川一門の支持を失ったのだ。こうなっては、義澄としてはもはや成す術がない。義澄はやむなく京都を逃げ出した。永正五年（一五〇八）四月のことであった。

そしてその代わりに、前将軍・義稙が京都に入城した。彼は「明応の政変」で京都を追われた。しかし、それから実に一五年かけて、ついにここに京都帰還を果たしたわけである。義稙はただちに朝廷から将軍に再任された。きっと、彼は感慨一入《ひとしお》だったことだろう。

だが、ライバル・義澄も負けてはいなかった。彼はどうしたのだろうか。

二人の若君

京都を逃げ出した前将軍・義澄は反撃の機会を狙っていた。彼は京都からほど近い、近江国岡山（滋賀県近江八幡市）というところを根城にしていた。しかし十分な軍事力がない。そこで、義澄は二人の有力者と手を組むことにした。それは細川澄元と赤松氏（赤松義村《よしむら》）である。

細川澄元というのは、先にも述べたように細川一門の前当主である。宿敵・細川高国との政争に敗れ、そのあとは京都を退いて生国の阿波に下っていた。また赤松氏は、播磨国《はりまのくに》（兵庫県）を中心に大きな勢力を持つ有力大名であった。義澄はこの両者と連携した。

さらに、義澄はこの連携を強化すべく一つの決断を下した。それは、まだ幼かった自分の若君二人を、細川澄元と赤松氏のもとにそれぞれ遣わしたことである。若君の一人は細川澄元のもとに遣わされた。この頃、澄元は阿波国にいたので、この若君は阿波に下った。彼はここで成長し、後に「足利義維《よしつな》」と名乗ることになる。もう一人の若君は、播磨赤松氏のもとに遣わされた。彼は播磨国で成長し、後に「足利義晴《よしはる》」と名乗った（彼こそが、本書の主人公、義輝・義昭の父である）。

……┬政知──前将軍・義澄《よしずみ》┬**義維**《よしつな》……阿波で細川澄元に養育される。
　　│　　　　　　　　　　　　　　└**義晴**《よしはる》……播磨で赤松氏に養育される。
　　└義視──将軍・義稙《よしたね》

なお、義維と義晴のどちらが兄で、どちらが弟であったのかは定かではない。ただ、二人の父・義澄にとって最大の支柱は、細川澄元であった。それを考えれば、おそらく阿波に下った義維のほうが兄（嫡男）だった可能性が高いといえよう。

さて、こうして義澄は細川澄元や赤松氏と戮力《りくりょく》して京都奪還を図ろうとした。だが、その機会はなかなか訪れなかった。ライバルの将軍義稙は京都で安定政権を築き上げており、スキがなかったからだ。そうした中、義澄は近江で病に倒れてしまった。そして、彼はそのまま病床を払うことができず、永正八年（一五一一）八月に近江国岡山で斃仆《へいふ》した。享年、三三歳であった。

一方、将軍義稙のほうは、政敵である義澄の死によってその地位をますます安定化させた。だが「好事魔多し」という。このあと、安定していたはずの政権に蕩揺《とうよう》が生じた。そのきっかけは、義稙の支援者の一人、大内義興が帰国したことであった。

義稙の出奔

そもそも、義稙を主として支えていたのは二人の大名である。一人は大内義興であり、もう一人は、細川高国（細川一門の当主）であった。このうち大内は、周防国（山口県）を本拠とする有力大名であったが、在京し、義稙を輔護《ほご》していた。しかし大内にとって、本拠地から遠く離れた京都にいつまでも滞在し続けることは大きな負担だった。さらに山陰では宿敵・尼子《あまご》氏が台頭し、これによって国元では軍事多端になりつつあった。それゆえ、大内は在京一〇年にしてついに帰国した。永正一五年（一五一八）のことである。

こうして、将軍義稙を支える二人の支柱大名のうち、大内義興が帰国してしまった。その結果、義稙はもう一方の細川高国により大きく依存することになった。ところが、義稙はこの高国と対立してしまった。その原因は義稙自身にあった。細川高国は当代一流の文化人であったが、戦争はあまり得手《え て》ではない。そこで、義稙はなんと高国のライバル、阿波の細川澄元（細川一門の前当主）と手を組もうとしたのだ。だが、このことは高国を怒らせた。この結果、義稙は高国と次第に対立するようになってしまった。

そして、ついに義稙はこの状況にいたたまれなくなり、京都を出奔した。永正一八年（一五二一）

12代将軍・義晴
（京都市立芸術大学芸術資料館蔵）
本書の主人公，義輝・義昭の父。

三月のことである。結局、義稙は二度と京都の土を踏むことなく、この数年後に薨《こう》じた。

この義稙出奔事件は、細川高国が持つ実力の大きさを世間に示した。とはいえこの事件は、実は高国をも困った状況に追い込んでいた。というのは、高国にとって義稙は主君であったからだ。その主君を京都から追い出したとあっては、高国は世間から「逆臣だ」と指弾されかねなかった。そこで高国はこれを避けるため、義稙以外の足利一族の誰かを、新たに主君＝将軍に迎立《げいりつ》しようとした。ところが、その「誰か」がいなかったのだ。どういうことだろうか。

将軍義晴が誕生す

この当時、京都周辺において足利血胤《けついん》の者は、前将軍である故義澄の若君二人だけだった（将軍義稙には男子がおらず、兄弟もすべて没していた）。すなわち、足利義維《よしつな》・義晴の兄弟である。しかし、このうち義維を迎立することは、細川高国としてはとてもできなかった。

なぜならば、この足利義維は先にも述べたように、高国にとって最大のライバル、阿波の細川澄元のもとで養われており、この澄元が永正一七年（一五二〇）に三二歳で卒去したあとは、阿波国でその嫡男・細川晴元に庇護されていたからである。つまり、足利義維は高国にとっては敵陣営（細川澄元・晴元）の人間だったのだ。さすれば、彼を新将軍として招聘することはとてもできない。

そこで、細川高国はもう一人の若君、足利義晴のほうに目をつけた。この義晴は、播磨の赤松氏のもとで養育されていた。実はこの赤松氏も、また高国とは対立関係にあった。だが、赤松氏の重臣に高国との連携を望む者があった。そこで、高国はこの重臣と密かに連絡を取り合った。そしてその手引きによって、播磨にいた義晴を引き込むことに成功した。

こうして、細川高国は義晴を京都に招き、これを主君として擁佑《ようゆう》した。当時、義晴は一一歳だった。この直後、義晴は元服し、同時に朝廷から征夷大将軍（一二代将軍）に任じられた。時に大永《だいえい》元年（一五二一）一二月のことであった。この結果、高国はいわば定策《ていさく》の功臣ということになった。すなわち、彼は若年の将軍・義晴を奉じ、その政治的地位を高めたわけだ。しかし、高国はこのあと、思わぬことで挫折することになる。一体、何があったのだろうか。

細川高国の都落ち

細川高国はこのしばらく後、重臣の一人を「敵に内通した」として捕斬《ほざん》した。ところが、この重臣と親しかった諸将（波多野稙通《はたのたねみち》・柳本賢治《やなぎもとかたはる》ら）がこれを知って怒り、高国に反乱を起こしたのだ。反乱軍はたちまち京都に急迫した。高国はこれを鎮圧しようと出陣した。だが、反乱軍の勢いはすさまじく、高国は大敗して京都から近江国坂本（滋賀県大津市）に遁走した。大永七年（一五二七）二月のことである。

この結果、将軍義晴も、また京都から近江に脱出せざるをえなくなった。そもそもこの一連の騒動は、細川高国とその属将たちとの争いに端を発したものであった。つまり、将軍義晴には無関係なこ

細川晴元の花押

とだったわけである。しかし、義晴は高国を支柱としていたから、この争いに巻き込まれてしまった。ここに、この時代の足利将軍の難しさがある。将軍家には十分な直属軍も直轄領もなかった。それゆえ、将軍が安定的に存続するためには、細川高国のような有力大名との連携を必要とした。しかしその結果として、将軍は連携した大名の抱える問題に巻き込まれる、という危機にしばしば直面することになったのだ。

細川晴元の登場

さて、こうして将軍義晴は細川高国とともに近江国に逃れ、同国の大名・六角氏の輔護を受けることになった。ちなみに、このころ六角氏の当主は六角定頼《さだより》といった。かつて六角氏は九代将軍義尚《よしひさ》、一〇代将軍義稙《よしたね》から連続して親征を受けた。しかし、今や将軍を保庇《ほひ》する立場になったのだ。このあと義晴と六角定頼とは、互いに篤い信頼関係で結ばれていくことになる。

一方、反乱軍の諸将（波多野や柳本ら）は、将軍義晴や細川高国らを京都から追い出すと、高国のライバル・細川晴元（細川一門の前当主・細川澄元の子）と手を組んだ。「敵の敵は味方」というわけだ。そして、叛将たちは阿波にいた細川晴元に対し、ただちに上洛されたしと訴願した。そこで、細川晴元は勁強《けいきょう》な四国兵を引率し、阿波から堺（大阪府堺市）に上陸した。

ところでこの時、晴元とともに堺に上陸した貴公子があった。足利義維《よしつな》である。彼は父・義澄によって阿波国に遣わされ、これまで細川澄元・晴元父子に養育されていた。その義維が、細川晴元の主君として畿内に乗り込んできたのだ。いよいよ、彼も兄弟である将軍義晴に遅れること数年にして、政界デビューを果たしたわけである。

さて、こうして京都・畿内は、細川晴元や、彼が主君として擁佑する足利義維が制覇するかのような情勢にあった。将軍義晴や細川高国らは没落気味だったわけだ。

高国が憤死す

しかし、このような状況でも細川高国は諦めなかった。彼は近江国で次第に勢威を盛り返した。そして、大永七年一〇月には将軍義晴とともに京都に攻め上り、いったんは京都を回復した。しかし、高国はその後、また細川晴元に敗れてしまった。再び京都を失ったのだ。だが、高国はそれでも志望を捨てなかった。

その後、細川高国は将軍義晴と別れ、各地を転々としながら募兵《ぼへい》に努めた。高国が廻ったのは、伊勢や伊賀（ともに三重県）、さらには遠く越前（福井県）や播磨（兵庫県）、備前（岡山県）にまで及んだという。すさまじき不屈の闘志である。その結果、高国は再び勢威を盛り返した。そして、ライバル・細川晴元派の諸将らを蹴散らすや、たちまち京都に迫った。これを知り、高国と連携する将軍義晴も奮起した。彼は、滞在先の近江国朽木《くつき》（滋賀県高島市）を出撃し、京都をうかがう姿勢を見せたのだ。いよいよ、高国・将軍義晴側の一大反撃が始まるかに見えた。

ところが、ここで細川高国がまさかの大敗を喫《きっ》した。享禄《きょうろく》四年（一五三一）六月のことである。高国は、細川晴元派の軍勢に摂津国尼崎（兵庫県尼崎市）で完膚なきまでに痛打され、ついに捕獲されてしまった。そしてその後、彼は刑場に引き出されて自刃した。享年、四八歳であった。腹を十文字に斬った、見事な最期だったとされる。これを見た人々は、その「強性は奇特」と高国を称嘆したという（『二水記』享禄四年六月八日条）。

さて、こうして細川高国は敗亡した。それゆえ、盟友の将軍義晴は落胆し、六角氏の居城・観音寺城（滋賀県近江八幡市）に近い桑実寺《くわのみでら》に退いた。この結果、細川晴元が細川一門の主《あるじ》としていよいよその勢威を増していった。この晴元は、足利義維を主君として奉じている。したがってこのままいけば、将軍義晴は廃位となり、代わりに足利義維が次期将軍になる、ということになっても不思議ではなかった。だが、そうはならなかった。どうしてだろうか。

見捨てられた義維

それは、細川晴元が将軍義晴に和睦を申し入れたからである。晴元にとって、義晴はなお手強い存在だった。六角氏をはじめ、義晴を支援する大名たちは少なくなかったからだ。こうしたことから晴元側は、将軍義晴と和睦して戦いを早く終結させたい、と考えたのだろう。

しかし細川晴元にとって、義晴との和睦を成立させるには大きな障碍《しょうがい》があった。それは、彼が主君として仰いでいる足利義維の処遇である。実は晴元側ではこれ以前から、将軍義晴に和睦を持ち掛けていた。だが、義晴やその近臣たちから「晴元は、足利義維を主君として奉じているではないか。そのような者のいうことは信用できない」と拒否されていた（『二水記』大永八年五月二八日条）。したがって、晴元としては主君・足利義維をどうにかしなくてはならなかった。

そこで晴元は、義維には阿波に帰ってもらう、という決断を下した。この結果、義維は将軍位を目前にして、阿波に去ることになった（『二水記』天文元年一〇月二〇日条）。さぞかし無念なことであったろうが、彼もまた不屈の闘志を持っていた。それは本書でいずれ明らかになってこよう。

さて、足利義維の阿波退去によって、将軍義晴と細川晴元は和睦した。それゆえ、義晴は近江国から久しぶりに京都に戻ることになった。時に天文三年（一五三四）九月のことである。彼は大永七年（一五二七）に京都から近江に退座し、そのあと短期間京都を確保したものの、また近江に退いた。したがって、実に七年ぶりの京都ということになる。義晴はこの時、二四歳になっていた。

だが、これで義晴から憂苦が去ったわけではなかった。彼の苦闘はまだ始まったばかりだった。一体、何があったのだろうか。

2　父・義晴は、なぜ息子の政界デビューを早めたのか

義晴の不安

天文三年（一五三四）九月三日、将軍義晴は久しぶりに帰京した。そして、禅宗の名刹・南禅寺《なんぜんじ》（同寺の塔頭・長松軒）に入ると、ここを御座所とした（『兼右卿記』同日条）。もっとも、「義晴は帰京した」と書いたが、この表現は厳密にいうと正しくない。というのは、南禅寺の地は今でこそ京都市内にあたっているが、当時は京都の外――「洛外」とされていたからだ。つまり、義晴は京都中心部でなく、洛外に御座所を定めたわけである。なぜだろうか。

それは、周辺の政情がなお不安定だったからだろう。義晴は長らく宿敵だった細川晴元と和睦し、

南禅寺（京都市左京区南禅寺福地町）
義晴は帰京後，ここを御座所とし，近くには山城も築いた。

帰京を果たした。しかし、晴元麾下《きか》の諸将の間ではこの和睦に反対の声も多かった。それゆえ、晴元がこれら諸将の声に押され、いつ豹変して義晴に襲い掛かってくるかもしれなかった。

そうしたことから、義晴は南禅寺を御座所にしようと考えたのだろう。というのは、この地は京都の東郊外にあたり、近江国に近かったからである。近江は、義晴を支援する六角氏（六角定頼）の領国である。さすれば、義晴は近江に近い南禅寺に居を定めることで、もし敵の急襲を受けても、すぐに六角氏を頼って近江に逃げられるようにしたのだろう。

この頃の義晴がいかに政情に強い不安を抱いていたかは、彼が帰京直後、御座所とした南禅寺の近くに山城《やましろ》を建設し始めたことからもうかがうことができる。この築城工事は、天文三年一〇月頃から始まった（『兼右卿記』同月四日条）。おそらく義晴は、もし南禅寺が襲われ、しかも近江への脱出も困難な場合、この山城に籠城して六角氏の来援を待つ、というつもりだったのだろう。「将軍が自衛のために城を築く」などということは、これまで久しくなかった。それをあえてしなくてはならないほど、義晴周辺の政情はいまだ不安定だったわけだ。

また、次のようなエピソードもある。義晴が帰京する際、彼を護衛していたのは六角氏の兵だった。六角兵はこのあと京都近郊にしばらく駐屯し、ある公家の領地にも勝手に駐屯した。そこで、この公家が義晴に苦情を申した。すると義晴は次のように述べたという。「言い分は尤《もっと》もだが、六角氏には無理をいって護衛してもらっているのだから、堪忍せよ」というのだ。この公家はこれを聞いて「武家（＝将軍）の零落、これをもって知るべし」と嘆息している（『兼右卿記』天文三年九月三日条）。ここからも、当時の義晴がひどく緊張し、六角氏を頼りにしていたことが判明しよう。

義晴の二枚看板とは

もっとも、その後義晴の周辺で目立った政変はなく、天文三年、四年と何事もなく過ぎた。これは、二人の有力大名が戮力《りくりょく》して義晴を支えたからである。この二人とは細川晴元と六角定頼であった。このうち、細川晴元はこれまで述べてきたように、畿内の有力大名・細川一門の主《あるじ》である。以前は義晴の宿敵だったが、今やその大黒柱となっていた。もう一人の六角定頼は、義晴を支援し続けた近江国の有力大名・六角氏の当主である。

義晴は、この細川と六角という「二枚看板」に支えられていた。そして、細川・六角の意向を尊重してやる代わりに、彼らから軍事力や警察力の提供を受け、将軍として地位を保っていった。一方、細川と六角は、将軍である義晴を擁佑《ようゆう》していくことで「忠臣」としての誉聞《よぶん》を得た。また、義晴への影響力を使い、各地の大名たちから義晴のもとに出されたさまざまな依頼が実現されるように周旋した。そしてそれによって細川・六角は、大名たちと親密な関係を築く契機を入手していったのだ。

このように、義晴と細川・六角とは互いに利用し合う関係、すなわちウィン・ウィンの共生関係に

義晴夫妻が結婚した桑実寺
（滋賀県近江八幡市安土町桑実寺）

あった。したがって、彼らはどちらかが相手に対し、一方的に優位に立つということはなかった。よくいわれるような「義晴が細川・六角の傀儡《かいらい》（＝あやつり人形）になっていた」ということはない。

菊幢丸の誕生

さてこうした中、義晴に慶事があった。彼の御台所《みだいどころ》（＝正妻）が嫡男（＝世継ぎ）を産んだのだ。天文五年（一五三六）三月一〇日のことである（『鹿苑日録』同一一日条）。生まれた子は菊幢丸《きくどうまる》と名づけられた。彼こそ、本書の主人公・足利義輝その人である。

ところで、義輝を産んだこの御台所は、近衛家出身の女性だった（近衛尚通《ひさみち》の息女）。いうまでもなく、近衛家は公家最高の名門である五摂家《ごせっけ》の一つである。これまで足利将軍家の御台所は、公家の日野家出身者が多かった。近衛家の女性が御台所になるのは初めてである。彼女はその近衛家に生まれ、天文三年六月八日に、当時義晴の流寓《るぐう》先だった近江・桑実寺《くわのみでら》で義晴と結婚した（『北野社家日記』同日条）。この時、義晴が二四歳、御台所は二一歳であったという（小谷量子：二〇一六年）。

二人が結婚した時、義晴は長かった近江での亡命生活を終え、いよいよ帰京する直前であった（帰京は九月）。そのような義晴にとって、この結婚はメリットがあったことだろう。名門・近衛家の姻戚《いんせき》になることは、長い亡命生活で地に堕ちた将軍家の声誉《せいよ》を、いくばくかでも挽回しうる要素になっただろうからである。

しかしこの結婚は将軍家よりも、むしろ近衛家側のほうが強く望んだのではないか。というのは、五摂家の近衛家といってもこの頃は沈淪《ちんりん》のうちにあったからである。近衛家をはじめ多くの公家衆は、地方の所領を大名たちに押領され、財政難に苦悶していた。そこで近衛家の当主・近衛尚通は、息女を将軍家に嫁娶《かしゅ》せしめ、これによって将軍家と結びつき、家の存続を図ろうとしたのだろう。

菊幢丸の誕生で、近衛尚通は「未来の将軍」の外祖父となった。これで将軍家とはより緊密になったわけである。きっと満悦だったことだろう。彼は日記に菊幢丸の誕生について「祝着、極まりなきものなり」と書き、その喜びを端的に表現している。そしてこのあと義晴に乞われ、菊幢丸を自分の猶子《ゆうし》（＝名目上の養子）とした（『尚通公記』天文五年三月一一日、四月六日条）。

さて、こうして義晴は待望の嫡男・菊幢丸を得た。ところが、義晴はこの直後に奇妙な行動を見せていく。菊幢丸にとつぜん家督を譲り、隠居してしまったのだ。一体、どうしてだろうか。

なぜ隠居したのか

義晴に近侍していた禅宗の高僧は、その日記に次のように書いている。すなわち、「天文五年八月二九日、公方様に書類をお見せしようとしたところ、「自分は、去る二七日よりマジナイのために将軍家の家督を菊幢丸に譲り、政務は側近たちに委《ゆだ》ねた。だから、この書類は側近たちに見せよ」と仰せになった」というのである（『鹿苑日録』天文五年八月二九日条。「去る二七日よりマジナイのため、御代《みよ》を若君に譲る」とある）。また、別の史料にも「公方様は八月二七日に隠居し、八人の側近たちを選んで彼らに政務を任せた」とある（『厳助往年記』天文五年九月二日条）。

一体、これはどうしたことだろうか。義晴はまだ二六歳の壮年である。それに、そもそも菊幢丸は、まだ生まれて半年も満たない嬰児《えいじ》に過ぎない。このような息子に家督を譲って隠居してしまうとは、いかなることだろうか。もっとも義晴は「隠居した」とはいえ、征夷大将軍をはじめとする朝廷の官位を辞したわけではなかった。また義晴がこのあと、将軍としての政務を放棄したわけでもない。こうしたことを考えたならば、彼の「隠居」は形式的・一時的なものだったと見てよかろう。しかし、なぜこのような行動を取ったのだろうか。

この点をめぐっては、これまで「菊幢丸の嫡男としての地位を確実にするため」とか「義晴は将軍としての政務の煩雑さを解消すべく、政務を側近衆に任せようとした。そしてそのためには、名目的に隠居する必要があった」などといわれてきた（西島太郎：二〇〇六年、五二一～五五五頁）。

しかし、義晴には当時、男子は菊幢丸しかいない。つまり、菊幢丸の嫡男としての地位は明白であった。したがって、義晴が息子の地位確定のために、菊幢丸に家督を譲らねばならない必要はない。また義晴が、側近衆に政務を補佐させるという仕組みをつくったことは事実であるが、彼がこのような仕組みを将軍家の内部につくるのに、わざわざ隠居しなくてはならない必然性もない。したがって、従来の見解では義晴の隠居を説明することはできない。そこで注目したいのが、先ほど紹介した高僧の日記に「義晴がマジナイのために家督を菊幢丸に譲った」とある点である。

マジナイとは「呪い」と書き、宗教的・呪術的な儀式をいうのだろう。さすれば義晴の隠居は、何らかの呪術的な意味からであった、と見るのが最も自然な解釈といえる。では「呪術」とは何だろうか。この点は今のところ不明だが、この頃、嬰児の死亡率は高かった。菊幢丸も生まれて半年ほどで病気になり、周囲を心配させている（『尚通公記』天文五年閏一〇月一九日条）。そうしたことを考えたならば、この「マジナイ」とは、父・義晴が家督を名目的に譲ることで菊幢丸が早世しないよう祈念する、といったものだったのではないだろうか。

マイ・ホームを建てる

さて、義晴の政治的立場は、菊幢丸が生まれた頃から次第に安定していった。それは、義晴の邸宅がどう変遷したか、ということからうかがい知ることができる。先に述べたように、義晴は天文三年九月に帰京すると南禅寺を御座所とした。ここは「洛外」であり、近江国に脱出しやすい京都の東郊外であった。義晴はこのような辺鄙なところに居を定め、近くに山《やま》城《じろ》まで建設しようとした。これらのことは、彼の立場がまだきわめて不安定だったことを示していよう。

その後、義晴は菊幢丸を儲けると、その一カ月ほど後に南禅寺門前に御座所を造り、南禅寺からここに移徙《いし》した。天文五年四月二六日のことである（『厳助往年記』同月条ほか）。次いで義晴は、それから半年あまり経った天文五年一二月一一日、今度は重臣・伊勢《いせ》貞孝《さだたか》の邸宅を御座所に定めた。そして、菊幢丸らと一緒にここに移った（『鹿苑日録』同日条ほか）。

この伊勢邸が当時、どこにあったのか定かでない。ただ、京都の中心部、すなわち「洛中」にあったことは確実である。というのは、この時義晴の侍臣たちが「入洛《じゅらく》（＝洛中に入ること）」の賀辞を義晴に述べているからである（『尚通公記』天文五年一二月一七日条ほか）。つまり、義晴は帰京から二年を経て、ようやく洛外から洛中に移り住むことができるようになったわけだ。これまでは、近江に逃げやすい京都の東はずれに住み、しかも、緊急避難用の営塁まで用意しなくてはならなかった。だがようやく政情が安定し、もはやその必要はなくなった、ということだろう。

それから二年あまり後の天文八年（一五三九）二月、義晴は新しい御所を洛中に造成し始めた。新御所の建設は急ピッチで進んだ。天文八年の年末には、義晴側近たちが「来年の御沙汰始《ごさたはじめ》（＝仕事始めの儀式。慣例で二月一七日と決められていた）は、新御所で挙行しようか」と談合している。この時点でほぼ完成の目処がついていたようだ。そして翌・天文九年四月には、築地《ついじ》（＝土で造った垣根）も完成した（以上、『常興日記』天文八年一二月四日、九年四月二八日条）。おそらくこの後、ほどなくして義晴は、家族と一緒に伊勢邸から新御所に移ったのだろう。

さてこの新御所は、当時の公家の日記には「今出川《いまでがわ》（の）御所」と記されている（『言継卿記』天文一六年正月二五日、天文一七年六月七日条）。そこで本書でもこの名称を使うことにしよう。この今出川御所は義晴にとっては自前の御所であった。彼は帰京以後、寺院や家臣邸に借家住まいすることが多かった。しかし、ついにここに「新築・一戸建ての御所《マイ・ホーム》」を手に入れたのである。このことは、義晴の政治的立場が安定していたことを示すものといえよう。

ところが、義晴は立場が次第に安定していたにもかかわらず、この少し前頃から再び不可思議な行動を取り始める。まだ年端もいかない息子・菊幢丸を、天皇の住まう禁裏《きんり》（＝皇居）に参内《さんだい》させ、異様に早く政界デビューさせていったのだ。どうしてだろうか。

異例の政界デビュー

菊幢丸が初めて参内したのは、天文六年（一五三七）正月一九日のことだった（『言継卿記』同日条）。父・義晴に帯同されて参内したのだが、この時菊幢丸はまだ生まれて一年にも満たない赤子である。これほど早い年齢での初参内は、将軍家の歴史でも異例といえよう。

また、天文九年（一五四〇）正月には次のようなことがあった。この頃、義晴は正月一〇日に禁裏に参内し、天皇に新年の慶賀を献じる予定であった。ところが、義晴は直前に足を病み、参内することができなくなった。すると、彼は側近に「参内を延期すべきだろうか、それとも菊幢丸を代理に立てるべきか」と問うた。ちなみにこの時、菊幢丸はまだ五歳でしかない。義晴は、そのような幼児を自分の代理として参内させようとしたのだ。これを聞いた側近は、さすがに「若君はまだご幼少なので、参内を延期とすべきです」と諫言を呈している（『常興日記』正月七日条）。

一体、義晴はどういうつもりだったのだろうか。しかし、彼の奇妙な行動はさらに続く。天文一一年（一五四二）一二月二三日、菊幢丸は参内した（『親俊日記』同日条）。この時は父・義晴と一緒ではなく、単独での参内だったようだ。なお、菊幢丸はこの時まだ七歳である。これほどの幼少であったにもかかわらず、すでに一人前の貴紳のごとく参内していたのだ。もちろん、これも父・義晴の意思だったのだろう。

次いで天文一三年（一五四四）になると、義晴は、毎年行っていた正月の参内をしなくなり、代わりに菊幢丸を参内させ、天皇に対して正月の慶賀を献じさせるようになった。天文一三年というと、菊幢丸はまだ九歳であり、元服前である。彼は「童装束《わらわしょうぞく》・童体《どうたい》」、つまり子供の身なりのまま、近侍の公家に抱かれて参内したという。こうした菊幢丸の代理参内は、天文一四年、一五年と続く(『言継卿記』天文一三～一五年の各正月一〇日条)。

ライバル・義維の影

なぜ、義晴は正月に参内しなくなったのだろうか。もとより義晴はこの頃、病臥していたわけではない。その気になれば参内は可能だった。また、朝廷との間で何か対立があったわけでもない。にもかかわらず、義晴は恒例の正月参内を、いまだ元服前の息子に任せてしまった。いいかえれば、息子の政界デビューを異例の早さで進めていったのだ。どうしてだろうか。

かつての「隠居」の時と同じく、何か呪術的な意味合いがあったのだろうか。その可能性は否定できないが、もう一つ考えることができそうなのは、義晴に「菊幢丸の政界デビューを早々に実現させることで「菊幢丸こそが次期将軍である」ということを内外に喧伝し、これを早く既定のものにしたい」という計図があったという見方である。

ただし、菊幢丸の兄弟の間で、次期将軍位をめぐって争いがあったわけではない。天文六年(一五三七)には菊幢丸にとっては弟にあたる男子が生まれていた(後の足利義昭である)。しかし、この弟は早々に「将来は僧侶になる」ということが父・義晴によって決められていた。したがって、弟は菊幢丸にとって次期将軍をめぐるライバルではない。ライバルは別にいた。それは足利義維《よしつな》である。

義晴の兄弟(おそらくは兄)であるこの貴公子が、一時は将軍就任目前までいったことなどはすでに述べた。彼は結局この時は将軍になることができず、阿波国に退いた。しかし、その後も世間からは「四国室町殿」（室町殿とは将軍家のこと）と尊称されるなど、なお有力な将軍後継候補と目《もく》されていた。そして、彼自身も京都をうかがう姿勢を見せていた。

たとえば天文一二年（一五四三）四月、足利義維は重臣を堺（大阪府堺市）にまで乗り込ませた。そして、この重臣を介して大坂本願寺（＝浄土真宗の本山）に「武家（＝義維）の上洛が決まった。協力して欲しい」と要請している（『天文日記』同三〇日条）。おそらく、義維方では本願寺以外にも、多くの大名・有力者に同様の要請をしていたに違いない。

このような足利義維の動きは、将軍義晴にとってはさぞかし不気味なことだったろう。そこで、義晴は菊幢丸を早々に政界デビューさせ、これによって菊幢丸こそが次期将軍である（つまり、足利義維は次期将軍ではない）ということを内外に浸潤《しんじゅん》せしめようとしたのではないだろうか。

もっとも、もし義晴の意図がこのようなものだったならば、いっそのこと菊幢丸をもっと早く元服させ、将軍位を譲ってしまってもよかったはずである。だが、義晴はそうはしなかった。どうやら、彼にはこの件については考えがあったようだ。

そもそも、義晴が元服し、将軍となったのは大永元年（一五二一）の一二月である。当時、義晴は一一歳であった。そこで彼は、自分のこうした先例を息子・菊幢丸にも踏襲させようとしていたらしいのだ。すなわち、菊幢丸の元服・将軍就任についても義晴と同じく一一歳の年、一二月に実施したい、というわけである（木下昌規：二〇一四年）。菊幢丸が一一歳になるのは天文一五年であった。だから義晴としては、その時までは将軍位を譲るわけにはいかなかったのである。

さて、その天文一五年（一五四六）がいよいよやって来た。義晴はかねてからの計画通り、菊幢丸の元服・将軍就任の準備に着手した。ところが折悪しく、この頃、畿内の政情が大きく蕩揺し始めていた。六角氏とともに、これまで義晴の支柱として活躍していた細川晴元がここで凋落《ちょうらく》してしまったのだ。一体、何があったのだろうか。

支柱・晴元の凋落

細川晴元は、畿内最大の勢威を誇る細川一門の当主であり、将軍義晴の支柱というべき存在だった。その晴元におそるべき挑戦者《チャレンジャー》が現れた。挑戦者の名は「細川氏綱《うじつな》」という。晴元と同じ細川一門の武将である。氏綱は天文一二年（一五四三）七月、一門の主《あるじ》・細川晴元に対して反乱を起こした（『多聞院日記』同二七日条）。この反乱はいったんは晴元方によって鎮圧された。だが、氏綱は天文一五年に再び晴元に兵を挙げた。これを見た晴元は再度鎮圧しようとしたが、今度はうまくいかない。反乱は燎原《りょうげん》の火のごとく拡がり、氏綱派の軍勢が京都に急迫した。

それゆえ、晴元は堪《たま》らず京都を脱出し、領国・丹波国（京都府北部）に遁走してしまった（『天文日記』天文一五年一〇月一一日条ほか）。この結果、京都は細川氏綱派によってたちまち掌握されることになった。これを見た義晴は、これまで起居していた洛中の今出川御所を出て、菊幢丸とともに東山にある慈照寺《じしょうじ》（いわゆる銀閣寺）に移った。洛中から京都のはずれ、東山に移ることで難を避けようとしたのだろう。時に天文一五年九月一三日のことであった（『後奈良天皇宸記』同日条）。

六角定頼を頼る

このような状況の中で、義晴は六角定頼への依存を強めていく。義晴にとって細川晴元と六角定頼とは、自分を支える二枚看板である。しかしこのうち晴元は、ライバル・細川氏綱の反乱によって無惨に没落してしまった。義晴としてはこうなった以上、もう一方の六角に頼らざるをえなかったのだ。そこで、義晴は間近に迫っていた菊幢丸の元服・将軍就任の式典（天文一五年一二月に予定されていた）を、京都ではなく、坂本（滋賀県大津市）で実施しようとした。坂本は六角氏の領国内にある町である。ここで式典を挙行することで、六角との関係を強化しようとしたのだろう。

この結果、菊幢丸は京都ではなく、坂本で元服することになった。すなわち、父・義晴はまず天文一五年七月二七日、朝廷（天皇）に願い、菊幢丸に「義藤《よしふじ》」という名をつけてもらった（後に義輝と改名する）。そのうえで、義晴はさらに朝廷に頼み、息子・義輝を左馬頭《さまのかみ》に任じてもらった。一一月一九日のことである。なお、この左馬頭は将軍家嫡男が代々任じられてきた官位であった（以上、『言継卿記』各日条ほか。木下聡：二〇一一年、第一部第一章）。

次いで一二月一八日、義晴は、息子・義輝と一緒に慈照寺から近江国坂本に下った。そして一九日に坂本の日吉《ひよし》大社神官邸を借り、まずは義輝の元服式を挙げさせた。ところでこの時、父・義晴は六角定頼を召し、息子の烏帽子親《えぼしおや》（加冠役《かかんやく》）の役目を定頼に果たしてもらった。烏帽子親というのは、元服の時、親に代わって烏帽子（＝元服の際に男子がかぶる冠）をかぶらせる人のことで、将来を託すべき有力者が親から頼まれる、という役である。

義晴は義輝の元服にあたり、六角定頼に「烏帽子親になるように」と命じた。つまり、義晴は子息・義輝の将来を六角に託したわけである。これに対し、六角は何度も「その任にあらず」と固辞したが、義晴は許さなかったという（群書類従第二二輯『光源院殿御元服記』、浜口誠至：二〇一四年、第一章）。次いで、義晴は京都から勅使《ちょくし》（天皇使者）を坂本に招き、息子・義輝を征夷大将軍に任じてもらった。天文一五年一二月二〇日のことである（以上、『中原康雄私記』各日条ほか）。

ここに、一三代将軍・義輝が誕生したのであった。

地図1　義輝は六角領の坂本で将軍になった。

日吉大社（滋賀県大津市坂本）
義輝はここの神官邸で将軍宣下を受けた。

見捨てられた細川晴元

ところで、この義輝元服・将軍就任式には、意外な人物が儀式の役を務めていた。それは遊佐長教《ゆさながのり》という武将である。彼は河内国（大阪府）の実力者で、この頃は細川晴元のライバル・細川氏綱と連携していた。つまり、遊佐は「細川晴元を倒す側の人物」であったわけである。そのような者が、将軍就任式で重要な儀式の役を務めていたのだ（『光源院殿御元服記』）。

このことは、義晴が細川晴元を見捨て、その代わりに氏綱と連携しようとしていたことを意味する。

この頃、細川晴元は没落し、まさに敗滅寸前の状態にあった。先に述べたように、晴元は細川氏綱派に攻め込まれ、京都から丹波に退いていた。しかしそこも攻められてさらに遁走し、晴元は「大概、様体《ようたい》（は）没落の体《てい》か」というあり様だったという（『後奈良天皇宸記』天文一五年一一月一八日条）。このように、晴元の威勢は衰えて回天は望むべくもない状況にあった。だから義晴は、晴元を見捨てるということにしたのだろう。

そもそも、義晴はこの少し前から細川晴元とは仲違いしていた。たとえば天文一四年（一五四五）二月、義晴は将軍御所で酒宴を開き、侍臣たちに酒を賜与した。ところが晴元には「意趣」（＝恨み）があるとして酒を与えなかったという。またその年の暮れ、多くの侍臣たちが義晴のもとに歳末の賀辞を献ずべく参上した。だが、晴元だけは参上しなかった。すると義晴はこのことを知り、ことのほか機嫌を悪くしたという（以上、『言継卿記』天文一四年二月一日、一二月二九日条）。

このように、義晴は細川晴元との関係を悪化させていた。そうしたこともあって義晴は、支柱とする大名を細川晴元から氏綱に乗り換えたといえよう。しかしこのことは、後に大きな問題を引き起こしていく。それは後述しよう。

新将軍に武威あり

さて、こうして新将軍として足利義輝（菊幢丸）が立った。天文一五年一二月末のことである。将軍義輝は近江坂本で将軍に就任すると、父・義晴と一緒に京都東山の慈照寺に戻った。するとこの直後、新将軍は早くもその非凡な将器ぶりを見せていく。何があったのだろうか。

この頃、京都は細川氏綱派が晴元を追い出し、その支配下に置いていた。そして、氏綱麾下《きか》の有力部将・細川国慶《くによし》という者が京都を掌管《しょうかん》していた。そうした中、この国慶が事件を起こした。彼は天文一六年（一五四七）正月、ある公家が持っていた京都市内の地子銭《じしせん》（＝土地からあがる地代）を押領したのである。それゆえ、被害に遭った公家たちがこれを知って怒り、ちょっとした騒動になった。だが、その後仲裁者が現れて双方を宥《なだ》めた。その結果、正月一一日にはこの騒動は収まった――かに見えた。ところが、そうはならなかった。

新将軍・義輝が細川国慶の非法を知って嚇怒《かくど》したからである。義輝は、すぐさま国慶を将軍の「御敵」に指定したうえ、洛中洛外のことごとくに「細川国慶を成敗すべし。逃すべからず」との号令を発した。天文一六年正月一三日のことである。国慶はこれにおおいに困惑した。そこで、彼はすぐさま義輝に詫言《わびごと》（＝謝罪）を申し上げた。しかし義輝は許さない。それゆえ、国慶はいよいよ窮し、ついに翌一四日、京都から郊外の高雄《たかお》（京都市右京区）に出奔してしまった（以上、『言継卿記』各日条）。

こうして、義輝は将軍就任早々、見事に暴戻な細川国慶を追い払った。まさに秋霜烈日《しゅうそうれつじつ》というべき措置である。世間はこれに震慄《しんりつ》したことだろう。義輝は、この一件で自らが「仁君」であることを世間にアピールした。すなわち、細川国慶のごとき押領者はこれを決して許さず、諸領主の既得権益を守護して平和を維持し、仁政撫民《じんせいぶみん》を専らにする君主である、ということを内外に示したのだ。

さらに、義輝は同時にこの一件によって、自身の「武威《ぶい》」も世間に強烈に示した。細川国慶のような実力者も追放することのできる、まさに将軍に相応しい「武の力」を有していることを世間に示したわけである。ちなみに義輝はこの直後、将軍就任後初の参内を行い、天皇に賀辞を献じた。その際、彼は六角兵三〇〇〇人を督率しつつ洛中を堂々とパレードし、その武威を内外に誇示している（『言継卿記』天文一六年正月二五日条）。こういった事績を見るならば、義輝は新将軍として、まずは上々な滑り出しを遂げたといってもよかろう。

しかし――何かおかしい。何だろうか。

武威を演出すべし

細川国慶は、驍名《ぎょうめい》隠れなき氏綱派の勇将であり、京都を実効支配する実力者である。そのような者が、義輝の意向だけでかくも簡単に京都を出奔するものなのだろうか。もちろん、戦国期であっても将軍の上意は「無意味なもの」だったわけではない。とはいえ上意は、細川国慶のような実力派武将を自由に統御することができるほど、強制力を伴うものではなかった。にもかかわらず、細川国慶は義輝の「鶴の一声」によってたった一日で意気沮喪《そそう》し、あっさりと京都を出奔してしまったのだ。どうしてだろうか。

ここで想起すべきは、義輝の元服・将軍就任式に、細川氏綱派の大物武将（遊佐長教）が重要な役を務めていたことである。このことは、この頃の義輝（やその父・義晴）が「細川氏綱と手を組んでいた」ということを示している。そして、出奔した細川国慶というのは、この氏綱の属将なのだ。さすれば、将軍義輝と細川国慶とはかねてから気脈を通じていた可能性が高い。となると、国慶出奔事件の真相というのは、おそらく次のようなものだったのではないか。

中世後期〜近世初期の社会では「将軍であれ、大名であれ、上に立つ者には、それぞれの支配領域の平和と秩序を全《まっと》うするだけの能力＝「器量」がなければならない」とされていたという（佐藤進一：一九九〇年、一四一頁）。それゆえ、たとえば大名家を相続した者は、たとえ先代当主の息子だったとしても、それだけで家臣たちから次期当主として認められるわけではなかった。当主として認められるには、それにふさわしい器量、とりわけ軍事的な力量＝「武威」を持っていることを家臣たちに証明し、彼らの心服を改めて獲得していかなくてはならなかった（高木昭作：二〇〇三年、第一章）。

それは、新将軍たる義輝もまた同じである。彼もまた将軍家を継嗣した以上、自分に「将軍にふさわしい武威」のあることを家臣たちや世間に示さねばならなかった。そこで、彼は連携する細川国慶と協力し合い、次のような一計を案じたのではなかったか。

それはすなわち、細川国慶が押領事件を起こす。すると、これを知って新将軍・義輝が嚇怒し、国慶を成敗しようとする。そこで、国慶はこれに恐懼《きょうく》してたちまち京都を出奔する――こういった事件を演出することによって、義輝が新たな将軍としてふさわしい仁君であり、武威を有している、ということを世間にアピールしていく――そのような計策である。そう考えれば、この奇妙な出奔事件もうまく理解することができよう。

もしそうだとすると、将軍義輝はなかなかの策士ということになるのだが、彼はいまだ一二歳の少年に過ぎない。これが謀主だったとは考えにくかろう。さすれば、この一連の「事件」を裏で立計し、プロデュースしていたのは、父・義晴だった可能性が高いのではないか。当時三七歳の壮年だった彼こそが、実は真の策士だったのではないか。

だがこのあと、義晴は思わぬ失策を犯す。それは何か。

3　父・義晴の失策とは何か

晴元の仕返し

前将軍・義晴はこれまで細川晴元と六角定頼を支柱としてきた。しかし、この「二枚看板」の一方である細川晴元は、同族・氏綱との戦いに敗れ、凋落してしまった。そこで、義晴はもう一方の、六角定頼への依存度を高めていった。すなわち、義晴は息子・将軍義輝の元服式を六角領国内の坂本で敢行した。また六角に頼み込み、義輝の烏帽子親《えぼしおや》になってもらった。こういったことは、いずれも六角重視の表れといえよう。

さらに、義晴は没落気味だった細川晴元と訣別した。そして、代わりに晴元の宿敵たる細川氏綱と手を組んだ。晴元を見捨てたのだ。すると、晴元は義晴に対して強烈な仕返しの一手を放った。なんと足利義維《よしつな》を擁立したのである。

六角定頼の花押

実は、細川晴元は義晴を支えつつも、他方ではそのライバル・足利義維を自分の生国である阿波国で保庇《ほひ》していた。つまり晴元は、義晴と義維という、対立し合う将軍兄弟をともに支援するという「ねじれた」関係を持っていたわけである（前に述べたように晴元は、次第に義晴と仲違いしていくが、これは、このあたりに原因があったのかもしれない）。そして晴元は、義晴が自分を見捨てたと知ると怒り、報復としてこの足利義維を擁佑《ようゆう》したのだ。

この結果、将軍父子（義晴・義輝）と、細川晴元との対立は決定的となってしまった。そしてこの事態は六角定頼を困った立場に追い込んだ。どうしてだろうか。

「板ばさみ」の六角

六角定頼はこれまで細川晴元と一緒に、将軍だった義晴を「二枚看板」として支えていた。すなわち、六角にとって細川晴元は、これまで戮力《りくりょく》して義晴を支えてきた同志であったわけである。そのうえ晴元は自分の婿でもあった。六角の息女が晴元に嫁いでいたのだ（『鹿苑日録』天文六年四月一九日条）。

このように、六角定頼にとって細川晴元は近しい存在であった。さすれば、六角には「晴元に何かあった場合、味方してやりたい」という心情も強かったことだろう。ところが、この晴元は将軍父子と対立してしまった。そのうえ晴元は足利義維を奉じた。したがって、もし六角がこの晴元に味方するということになれば、それは、六角が将軍義輝を否定し、足利義維のほうを将軍として認める、ということを意味した。となると、六角としては簡単に晴元に味方することはできない。なぜならば、六角は将軍義輝の烏帽子親になっていたからである。

先にも述べたごとく烏帽子親とは、子の将来を託すべき有力者が親から頼まれる、という役であった。つまり、六角は将軍義輝の将来を、その父・義晴から託されていたわけである。そのことは当然ながら六角麾下《きか》の諸将も、そして世間も知っている。そうである以上、六角としては将軍義輝を見捨てることはできない。どうしてか。

そもそも、武門の世界は相互扶助を大原則としていた。すなわち、大名とその家臣たちとは、万一の時は助け合うという信用に基づいて家中を形成していたのだ。したがって、たとえば大名は、麾下の諸将から救援要請があった場合、これにきちんと応じて救援してやらねばならなかった。これを怠った場合、その大名は麾下の諸将すべてから「頼もしからず」とのレッテルを貼られ、諸将との間に深刻な亀裂を生ぜしめることになったという（黒田基樹：二〇一四年、二〇〇～二〇一頁）。

してみれば、もし六角定頼が将軍義輝の烏帽子親になっているにもかかわらず、その義輝をあっさりと見捨てるような行為をしたならば、どうなるだろうか。おそらく、六角麾下の諸将は六角を「頼もしからず」と考えて動揺することになろう。六角は、義輝の烏帽子親としてその将来を託されていた。それにもかかわらず六角が義輝を見捨てた、となれば、諸将はこれを見て「自分たちなどは簡単に六角に見捨てられるかもしれない」と疑うようになるだろうからだ。

この結果、六角家中は攪乱《こうらん》せざるをえまい。さすれば、六角としては諸将にこのような疑念を抱かれることは避けねばならない。だから六角定頼としては細川晴元といかに親しくても、自分が烏帽子親になった将軍義輝（とその父・義晴）を見捨てにくかった。

このように考えてみると、義晴が息子（将軍義輝）の元服の際に、六角に対して再三にわたって烏帽子親になるようしつこく命じたのは、このあたりに理由があったといえるかもしれない。六角を烏帽子親にすることで、六角が義輝を見捨てられないようにしたのだ。もしそうだとすれば、やはりこの父・義晴は策士といってよいだろう。

さて、六角定頼はここに至ってまさに「板ばさみ」に陥った。六角としては烏帽子親になってしまった以上、将軍義輝を見捨てにくい。さりとて、女婿《じょせい》である細川晴元もまた見捨て難い。では、六角はこれにどう対応したのだろうか。

六角定頼にとって最良の解決策は、なんといっても、将軍父子（義晴・義輝）が細川晴元と和解することであろう。そこで、六角はその実現を図るべく策動した。たとえば、将軍の直臣と細川方の従臣とが小競り合いを起こすと、その仲裁を積極的に買って出た。また、細川晴元の息女を将軍義輝の御台所《みだいどころ》にしようと画策したりもした。晴元の息女は、すでに大坂本願寺に嫁ぐことが内定していたのだが、六角はこの御台所の話を進めようとした。だが強引すぎたのか、結局、この件はうまくいかなかった（以上、『言継卿記』天文一四年七月一日条、『天文日記』天文一五年五月一〇日条ほか）。

こうした中、将軍父子と細川晴元との対立はますます激越になっていった。しかも、細川晴元が次第に勢威を盛り返してきた。これまで彼は零落していたのだが、その本拠地たる四国から勁兵《けいへい》が駆けつけると再起した。そして、各地で宿敵・細川氏綱派を打ち負かし、京都に急迫してきたのだ。

これを見た将軍父子は、氏綱派と連携していたことから身の危険を感じた。そこで、将軍父子はかねてから北白川（京都市左京区）に建設しつつあった北白川城に逃げ込んだ。そしてここに籠城し、細川晴元との対決姿勢を鮮明にしたのだ。天文一六年（一五四七）三月三〇日のことである（『公卿補任』天文一六年条、『天文日記』同年五月三日条ほか）。もはや六角定頼がいくら尽力しても、将軍父子と細川晴元とが和解することは不可能となった。六角は板挟みになり、いよいよ窮した。

そこで六角定頼はここに至り、ついに重大な決断を下した――

六角定頼の造反

それは「将軍父子に、細川晴元との和解を強いる」ことであった。すなわち六角は、細川晴元と一緒に大兵でもって将軍父子の籠城する北白川城を包囲した。そして城内にいる義晴に「細川晴元と和解されたし」と強要したのだ。天文一六年七月一二日のことであった。

これには義晴もさぞかし驚いたに違いない。彼はこれまで六角を頼りにしてきた。北白川の地に籠城したのも、ここが京都の東はずれに位置し、六角の領国・近江国に至近だったからだろう。万一の時は六角に支援してもらおうとしていたのだ。ところがその六角に、義晴は反旗を翻されてしまった。義晴は思いも寄らない事態にたちまち進退に窮した。そこで、彼は属将たちを集め、どうすべきか諮《し》詢《じゅん》した（『伺事記録』天文一六年七月一五日条）。だが、六角に背反されてはもはや成す術がない。結局、義晴は六角の要求を全面的に受け入れざるをえなかった。六角に屈したのだ。

すなわち、義晴は北白川城に自ら火を放つと、城を出て将軍義輝とともに坂本に下った。天文一六年七月一九日のことであった。そして二九日に六角の仲立ちのもと、坂本において細川晴元としぶしぶ和解した。ちなみにこの和解の時、将軍義輝は細川晴元に謁見を許したが、父・義晴のほうは晴元とはついに対面しなかったという。ここからは義晴の無念さが伝わってこよう（以上、『公卿補任』天文一六年条、『厳助往年記』同年七月二九日条ほか）。

このように六角定頼は「将軍父子の居城を包囲し、強訴する」という思い切った方法によって、将軍父子と細川晴元との和解を実現させた。そしてそのあと六角は、今度は細川晴元派と細川氏綱派との和解も進めていく。

また夢破れた義維

すなわち、六角定頼は天文一七年（一五四八）四月、「蛍《ほたる》見物」と称して奈良に下ると、当地にいた氏綱派の有力武将（遊佐長教）と会見し、両派の和解を取りつけたのだ（『言継卿記』同月二二日条）。この結果、細川晴元・氏綱もまた和解し、細川一門内の騒擾《そうじょう》も収まった。この平和実現に果たした六角定頼の功績は大きい。彼はこの頃、畿内におけるピース・メーカーであったといってよい。

さて、こうして畿内の政情は次第に安定を取り戻していった。義晴・義輝父子も天文一七年六月七日には坂本から京都・今出川御所に帰宅した。万事、丸く納まったのだ（『言継卿記』同日条）。だが、この状況に納得できなかっただろう人物が一人いた。足利義維《よしつな》である。

彼は細川晴元に擁祐《ようゆう》され、将軍登位の夢を抱いて着々と上洛の準備を進めていた。天文一六年二月には、重臣を堺（大阪府堺市）に遣わしたうえ、本願寺などに書状を下し、「上洛するので協力せよ」

と申し渡した。そして、一一月にはついに彼自身が阿波を出陣して堺に上陸した。いよいよ畿内進出である（『天文日記』同年一一月一五日、一一月三日条ほか）。

ところが肝心の細川晴元がこの直前、義晴・義輝父子と和解してしまった（天文一六年七月）。これではどうしようもない。足利義維は晴元（の宿将）に説得され、やむなく天文一六年一二月に堺を去って四国に戻った（『天文日記』同月一日条）。もっとも、幸運の女神はまだ義維を見捨てていなかった。だが、それは後述することにしよう。

さて、こうして一連の騒動は落着した。これで政情は安定するはずだった。しかし、そうはならなかった。畿内にはこのあと、再び騒擾が生じるのだ。その震源はやはり細川一門だった。ここに、一人の若武者がいた。名を三好長慶《みよしながよし》という。彼が次第に台頭し、それが細川一門を攪乱《こうらん》していくのである。一体、何があったのだろうか――

第二章　三好長慶を討伐せよ——義輝は三好にどう立ち向かったのか

1　義輝はなぜ三好長慶と対立したのか

三好長慶とは何者か

三好氏は、元は阿波国（徳島県）の有力武士である。代々の当主は細川氏に仕えて活躍した。たとえば、三好長慶の曽祖父（三好之長《ゆきなが》）は、細川晴元の父・澄元《すみもと》の宿老として活躍し、最後は澄元のために討死した。長慶の祖父（三好長秀）もまた細川澄元に仕え、やはり澄元に命を捧げた。さらに長慶の父（三好元長《もとなが》）は細川晴元に仕えてその重臣となり、まだ幼かった晴元をよく補佐した。だが細川家中内での派閥抗争もあり、最後は討死を遂げた。

このように、三好長慶の家は数代にわたって主家・細川氏（澄元・晴元）に忠誠を尽くした名誉の家だった。そうしたこともあってか、三好長慶は若くして細川家中で声望を高め、ついには宿将となって主君・細川晴元を支えた。しかし細川晴元にとっては、あまり特定の臣下が台頭することは好ましくない。そこで、彼は同じ三好一門の三好政長を挙用《きょよう》した。これによって三好長慶を牽制し、均衡《バランス》を図ろうとしたわけである。

だが、この措置は三好長慶・政長の対立を惹起《じゃっき》せしめることになった。そしてこのあと二人の対立は次第に深刻化し、ついに三好長慶は政長を討とうと兵を集めた。一方、政長もまた味方を募った。こうして両者は畿内各地で小競り合いを繰り返すようになった。

二人の主君・細川晴元はこのような状況を通観し、三好政長に味方して長慶を攻伐しようとした。この結果、三好長慶は主君によって「逆臣」とされてしまった。そこで彼は主家・細川一門の細川氏綱に目をつけた。この氏綱がかつて細川晴元に敵対し、彼を敗亡寸前に追い込んだことはすでに述べた（→第一章2）。三好長慶はこの細川氏綱と手を組み、これを主君として仰いだのだ。こうすることで逆臣の汚名から逃れようとしたのだろう。

そして三好長慶は、ついにライバル・三好政長を討つべく軍旅を発した。天文一八年（一五四九）六月二四日のことである。決戦場所は摂津国江口《えぐち》（大阪府大阪市）というところであった。戦いは短時日のうちに終わった。長慶軍が敵を摧破《さいは》し、三好政長を討ち取ったのだ。

この結果、細川晴元は、政長に味方していたがゆえに立場が悪化し、この直後に京都から近江国坂本（滋賀県大津市）に遁走した。天文一八年六月二八日のことである。彼は夫人が六角定頼の息女であったので、岳父の六角を頼ったのだろう（以上、『私心記』および『鹿苑日録』各日条）。

一方、将軍義輝もこの時、父・義晴と一緒に細川晴元に伴われて京都を脱出した。義輝にとって、細川晴元は六角とともに自分を支える「二枚看板」の一つであった。その晴元が没落してしまった以上、義輝も、また京都に安座することができなかったからである。そこで、彼は二枚看板のもう一つ、六角定頼を頼り、洛中の今出川御所を出て坂本に下った。

御所の留守番を命ず

ところでこの時、義輝は興味深い命令を下している。今出川御所の近傍には禅宗の名刹・相国寺《しょうこくじ》があった。この相国寺に「今出川御所の留守番をせよ」を命じたのだ。かつて父・義晴も将軍時代、京都を脱出する際に、相国寺に将軍御所の留守番を命じたことがあった（『常興日記』天文一〇年一〇月二九日条。もっとも、この時は相国寺は留守番の仕事を免れたようだ）。そうしたこともあり、義輝も相国寺に留守番を命じたのだろう。

そこで相国寺は上意を受け、この時、今出川御所の管理・警備を担った。当時、相国寺内には塔《たっ》頭《ちゅう》（＝子院）が一二あった。この塔頭からそれぞれ一名ずつ人を出してもらい、それによって今出川御所の留守番を果たしたという。これは昼間だけでなく夜間も行われたから、相国寺にとってはかなりの負担だったようである（『鹿苑日録』天文一八年六月二七日、八月一六日条ほか）。

相国寺に今出川御所の留守番を命じていたことから類推するに、将軍義輝は「すぐに帰京できるだろう」と思っていたのかもしれない。だが、そう簡単にはいかなかった。細川晴元と三好長慶との対立は、なかなか決着しなかったからである。そしてそうこうしているうちに、父・義晴が坂本で病床に伏してしまった。

父・義晴の死

義晴は京都から坂本に脱出してしばらくした、天文一八年の暮れあたりから病臥したようだ。彼は「水腫張満《すいしゅちょうまん》」という症状に悩まされた。全身がむくんだ状態だろうか。そこで、義晴は京都から名医を招いて治療を受けたり、治病のために祈禱《きとう》を寺社に命じたりした。しかし、翌天文一九年（一五五〇）正月になっても病状は一向に改善しなかった。義晴はひどく苦しんだようだ（『言継卿記』同年正月一五日条ほか）。

そこで息子の将軍義輝は、病父のために一刻も早く京都に戻りたいと考えたのか、細川晴元とともに三好への反撃を準備した。まず天文一九年二月一五日、東山・慈照寺に近い山上に城塞を築いた（この城は、軍記物などでは「中尾城」と呼称される）。さらに三月七日にはこれまで滞在していた坂本を出ると、近くの穴太《あのう》（滋賀県大津市）というところに駒を進めた。

義晴が悶死した穴太の地（大津市）
奥に琵琶湖が見える。

次いで天文一九年四月になると、北白川（京都市左京区）にも城塞を築いた。ここは近江に近く、また、京都と近江とを結ぶ幹線道路が走る枢要な地だった。ちなみに、北白川の城内には殿舎などが立ち並んでいたという。この頃、城内を見学したある公家は「近頃、見事の御山なり」と称嘆の声を上げている（以上、『厳助往年記』、『言継卿記』各日条）。

こうした中、父・義晴もまた病身のまま坂本から穴太に進んだ。だが、無理が祟ったのか、病はますます篤くなった。そして、義晴はついに病床を払うことができず、穴太において薨《こう》じた。時に天文一九年五月四日のことであった（『言継卿記』同日条ほか）。

義晴は凡器にあらず

思えば、義晴の生涯は戦いの連続であった。彼は決して庸劣《ようれつ》な人物だったわけではない。その将軍在位は実に四半世紀にも及び、その間、彼は何度も危難に遭遇しながら、その都度これを乗り切ってきた。そうした人物が凡器であるはずがない。また、義晴は円滑な裁判の実施にも注力した。

そもそも戦国時代においても、将軍家のもとには数多くの訴訟が持ち込まれ、紛争の調停や解決が依頼されていた。依頼していたのは、主として京都やその近郊に住む荘園領主（＝公家、寺院・神社など）や武家領主、京都の町衆（＝商人ら）や村落などである。彼ら諸領主・町衆らは、所領安堵や相続確認といったことから金銭貸借をめぐるトラブルまで、千差万別な内容の訴訟を将軍のもとに持ち込み、その解決を依頼していた（この頃の訴状の写しが、大量に現存している）。

ただし、将軍への依頼は無料ではない。将軍に手数料や礼金を納入しなくてはならなかった（手付金だけでも、今の金額で一〇万円以上も必要だった）。つまり京都の諸領主や町衆らは、こういった銭貨を納めてまでして、将軍に紛争解決などを依頼していたわけである。これは、彼らにとって将軍がなお紛争調停者（裁判機関）として「頼りになる」存在だったからだといえよう。

一方、将軍のほうもこうした訴訟を積極的に受け付けていた。手数料や礼銭が将軍家の貴重な収入になったからである。それゆえ、歴代の将軍たちは裁判がうまく機能するように尽力した。義晴もまたそうであった。彼は近臣の中から、自分と個人的に親しい者や裁判関係に練達した者たちを集め、「内談衆《ないだんしゅう》」という特別チームを編成した。そして彼らに訴訟を審議させ、重要案件以外はその裁決も任せた（重要案件は義晴が親裁した）。こうすることで裁判の円滑な遂行を図ったのである。

このような特別チームは九代将軍・義尚《よしひさ》の時期にもあったから、義晴のオリジナルというわけではない。だが、この制度を復活させたことからは、義晴の裁判への意欲を指摘してもよかろう。しかし、義晴の政治的立場はなかなか安定しなかった。それは、将軍家に直属軍が寡少《かしょう》だったからである。義晴は強力な兵力を保持しなかったがゆえに、どこかの大名と常に連携していかなければならなかった。そしてそのために彼の立場は、連携した大名が動揺すると、たちまちこれに連動して動揺せざるをえない、ということになった。

それでも、義晴の治世期後半は比較的安定していた。それはこの頃、彼が細川晴元と六角定頼という二枚看板に支えられていたからである。しかし、このうち細川晴元がその威望を衰えさせていった。そして、このことが義晴を直撃した。結局、義晴は、細川晴元が三好長慶によって京都を追われるとそのあおりを受け、将軍義輝とともに近江に遷居《せんきょ》することを余儀なくされた。

そして、ついに義晴は帰京を果たせぬまま、近江で客死することになった。享年、四〇歳であった。葬儀は東山・慈照寺で催行された。朝廷は慣例に従い、義晴に左大臣・従一位の栄位を賜与《しよ》して慰霊とした（『言継卿記』天文一九年五月七・二一日条）。息子の将軍義輝は、とうとう父の帰京を実現することができなかったわけだ。さぞかし無念なことだったろう。彼にとって三好長慶は讎敵《しゅうてき》になったといってよい。義輝は「打倒、三好」に奮起した。

三好に大敗す

義輝はこの頃、坂本の比叡辻（滋賀県大津市）にある宝泉寺という寺を御座所としていた（『言継卿記』天文一九年五月二六日条）。彼はここで細川晴元や六角定頼らと連携しつつ、京都の東郊外を拠点に、三好長慶に対する反撃の機会をうかがっていた。

すると、三好のほうから義輝らに攻撃を仕掛けてきた。天文一九年七月一四日のことである。三好勢は、義輝らの拠点がある京都の東郊外に侵攻してきた。三好軍の総勢は一万八〇〇〇人であったという。大将の三好長慶は山崎（京都府大山崎町）で総指揮を執り、弟・十河一存《そごうかずまさ》らが全軍を督率して進撃してきた。これに対し、細川晴元や六角諸将は邀撃《ようげき》の陣を布いた。この結果、激越な攻防戦が始まる――はずだった。

ところが、細川勢らはなぜか戦意に乏しかった。京都東郊外に陣取ったまま、出撃しなかったのだ。細川晴元は戦う前から自軍の敗徴《はいちょう》を見抜いていたのか、なんとそのまま戦線を離脱し、京都を去って遠く越前国（福井県）まで下ってしまった。あまりにも不甲斐ない戦いぶりである。京都の諸人はこの戦況を遠望して驚き呆れ、盛んに細川兵らに罵声を浴びせかけたという（『言継卿記』天文一九年七月一四日、八月二日条）。

さて、三好勢は細川や六角勢が出撃してこないことから、いったん山崎まで撤兵した。そして、準備を整えたうえで再び馬首を京都に向けて押し寄せてきた。天文一九年一一月一九日のことである。

この時の三好軍の総勢は実に四万人もの大軍だったという。畿内各地から集められた三好の大軍団は、たちまち京都になだれ込んだ。これに対し、細川・六角勢は三好軍を邀撃したが、三好兵に蹴散らされて潰敗《かいはい》した。

細川勢が拠点とする京都の東郊外には「東山武家之御城」があった。この時、将軍義輝はここで指揮を執っていたようである（この城は、東山・慈照寺の近くにあった中尾城のことだろうか）。だが、ここにも三好兵が押し寄せ、城のすぐ近くまで攻め込んできた。義輝は三好兵の猛鋭さを見て勝機はない、と悟ったのだろう。やむなく城に火を放つとここを脱出し、近江国堅田《かたた》（滋賀県大津市）に逃げた。天文一九年一一月二一日のことである。

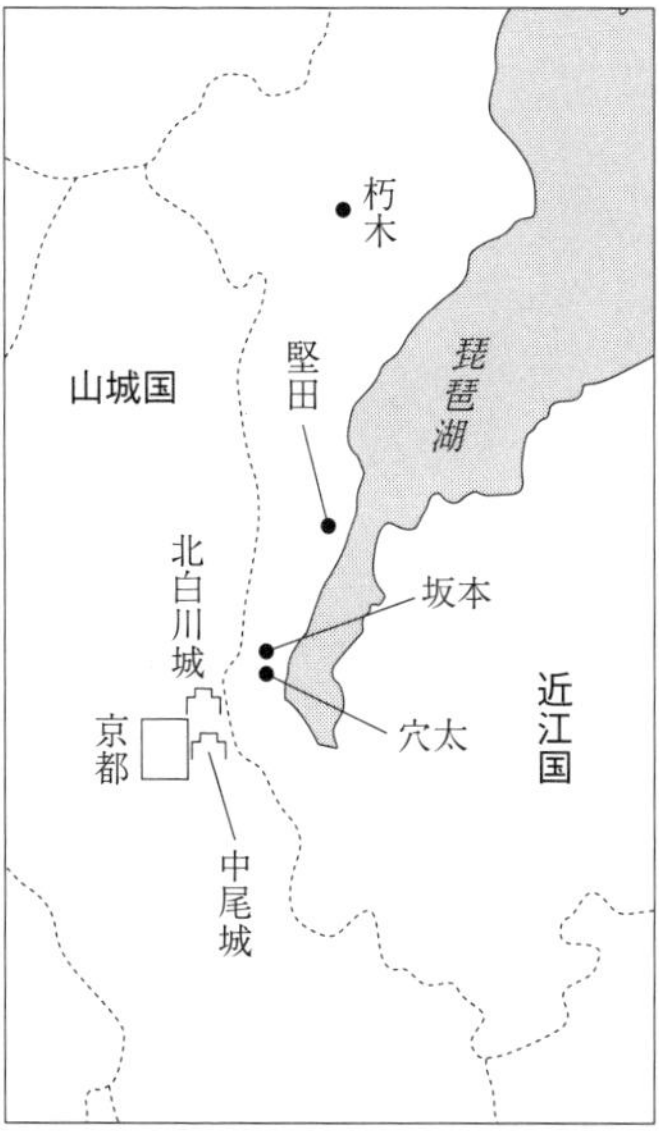

地図2　穴太で父を喪った義輝は，京都で敗北し，堅田，次いで朽木に逃げた。

これを見た三好兵どもは焼け残った城内に侵入し、狼藉の限りを尽くしたという。ちなみに、義輝はこの後さらに山間部に逃げ、天文二〇年（一五五一）二月一〇日に朽木《くつき》（滋賀県高島市）に落ち着いた（以上、『言継卿記』各日条、『戦国遺文』三好氏編三〇二号ほか）。

さて、こうして三好長慶が勝利を

伊勢貞孝の花押

得た。三好はこれによって畿内に威勢を敷き、京都を掌管《しょうかん》することになった。一方、義輝方は惨敗だった。義輝は帰京を望んだ亡父・義晴の霊に、ついに捷報《しょうほう》を届けることができなかった。その胸中には大きな慙愧《ざんき》があったに違いない。しかし、義輝にはなお試練が続いた。この惨敗から二カ月後、義輝の陣営内で変事が起きたのだ。なんと、重臣・伊勢貞孝《いせさだたか》が出奔したのである。

伊勢貞孝の離反

天文二〇年正月末、とんでもない謀計が発覚した。義輝の重臣に伊勢貞孝という人物がいた。この伊勢が「義輝を拉致し、三好のもとに連れていく」ことを計画していたというのだ。だが、この謀計は中途で露見した。そこで、伊勢貞孝は義輝のいる近江から京都に遁走した。そして、そのあと伊勢はそのまま京都に留まり、あろうことか義輝の宿敵である三好長慶と手を組んでしまった（『厳助往年記』天文二〇年二月条、『言継卿記』同年二月一日条）。

それにしても、将軍の拉致未遂事件とは前代未聞である。これに世間は仰天したという。しかし、より世間を驚かせたのは、その首謀者が伊勢貞孝だった、ということではないか。というのは、この伊勢氏は将軍直臣の中でも屈指の名門だったからである。すなわち、伊勢氏は鎌倉時代の古昔《こせき》から足利氏に仕えてきた、譜代の重鎮であった。それゆえ、伊勢氏歴代当主たちは、その時々の将軍やその近親者から篤く信頼されてきた。しかもこの伊勢氏は、将軍家の「政所頭人《まんどころとうにん》」という重要なポストをほぼ独占して世襲する、特殊な家でもあった。

この政所頭人がいかに重職だったかを、ここで摘記しておこう。先に述べたように、戦国時代においても将軍家には、さまざまな人々から数多くの訴訟が持ち込まれ、その解決や調停が依頼されていた。こうした訴訟のうち、金銭貸借や売買地をめぐる紛争といった比較的軽微な経済関係の案件については、将軍に代わって政所頭人がこれを裁く、ということになっていた。

つまり、政所頭人は経済関係の訴訟については、将軍にいちいち伺いを立てることなく、将軍に代わって独断で裁決を下すことが可能であったわけである。そうしたことから、たとえば洛中洛外の商人らは、政所頭人から有利な裁決を出してもらおうと、頭人に莫大な贈物を献じた。この結果、頭人の地位は実入りのいいポストになっていった（山田康弘：二〇〇〇年）。

伊勢氏はこのような政所頭人の地位を世職《せいしょく》としてきた。室町時代初期から戦国時代末に至るまで、実に二〇〇年以上にもわたって代々これをほぼ独占して世襲してきたのだ。そして将軍義晴・義輝の時代、この伊勢氏当主だったのが伊勢貞孝だった。

彼は天文四年に伊勢氏庶家から本家に入って当主となり、同時に政所頭人も継職した。そして、当時将軍だった義晴に仕えてその信任を得た。義晴が伊勢邸をしばらく御座所としていたことは先に述べた（→第一章2）。また、義晴は子息・菊幢丸《きくどうまる》（義輝）が誕生すると、貞孝にその傅育《ふいく》を任せ、菊幢丸元服の際には改めて貞孝を「御親」（＝仮の親）に任じた。これらはいずれも、義晴の貞孝に対する信頼の表れと見てよい（『親俊日記』天文七年正月一〇日条、『光源院殿御元服記』）。

その伊勢貞孝が義輝のもとから出奔してしまったのだ。のみならず、義輝の仇敵・三好長慶と手を組んでしまった。一体、どうしてだろうか。

なぜ離反したのか

それは、伊勢貞孝が「これからは三好の時代だ」と考えたからであろう。三好長慶は先の戦いで細川晴元らを大破し、京都・畿内を席巻して驍名《ぎょうめい》を馳せた。さすれば、これを目の当たりにした伊勢貞孝が、義輝を拉致して三好のもとに趨走《すうそう》し、その驥尾《きび》につこうとしたとしても不思議ではあるまい。

また、政所頭人をめぐる利権も、伊勢貞孝の行動に関係していた可能性があろう。そもそも、政所頭人の権限やそれに伴う利権は、本来は将軍家に属するものであって伊勢氏の私有物ではない。しかし、伊勢氏は頭人ポストをあまりにも長期にわたって独占して世襲してきたことから、次第に頭人の地位と利権とを一門の私物であるかのように認識するようになり、世間もまたそのようなものだと見なした。

たとえば、伊勢貞孝は先に述べたごとく、天文二〇年に将軍を拉致しようとして失敗し、そのまま京都に戻ってしまった。これは将軍に対する背叛《はいはん》に他ならない。さすればこの瞬間、伊勢貞孝は将軍によって政所頭人職を解任されたと見るべきだろう。ところが、その後も伊勢は京都にあって、あたかも政所頭人のごとく金銭貸借などの経済訴訟を受け付け、これを裁き、私的に判決文を下していた（『蜷川家文書』七八〇号ほか）。つまり、伊勢貞孝は将軍から離反しても、事実上の政所頭人として裁判ができたのであり、そうした彼の裁判を求める人々がいたわけである。

したがって、伊勢貞孝としては将軍から離反しても困らなかった。引き続き頭人としての仕事ができ、それに伴う利権も入手できたからだ。困るのは、京都から離れてしまうことである。なぜならば、金銭貸借や売買のトラブルといった経済関係の訴訟は、主として京都やその周辺で発生するからである。京都から離れてしまうと、そういった訴訟を伊勢氏のもとに持ち込み、その解決を依頼する者は激減する。そうなると伊勢氏の収益も激減せざるをえない。そこで、伊勢貞孝は近江などにいるのは耐えられず、京都に出奔し、この地を差配する三好長慶と手を組むことにしたのだろう。

さて、こうして伊勢貞孝は天文二〇年正月末に京都に舞い戻り、三好長慶と連携した。するとこの直後、歴史を一変させたかもしれない大事件が惹起《じゃっき》した。何だろうか。

殺されかけた長慶

三好長慶は、伊勢貞孝が自分に随順してきたことを知っておおいに喜悦した。

そこで、三好は千人もの大兵でもってパレードしつつ、洛中の伊勢邸を訪問した。派手な演出をしたのだ。天文二〇年三月四日のことである。おそらく三好はこうすることで、将軍家譜代の名門・伊勢氏当主までが三好に順服してきた、ということを世間に大々的にアピールしようとしたのだろう。これに対し、伊勢もまた三好を歓迎し、大酒・音曲でもって彼を賓待《ひんたい》した。

次いで三日後の天文二〇年三月七日には、今度は伊勢貞孝が、先日の答礼として三好長慶の陣所に参上した。ちなみに当時、三好は吉祥院《きっしょういん》という京都郊外の寺に宿営していた。伊勢がここに到着すると、ただちに酒宴が始まった。するとその直後に変事が生じた。酒宴の最中、一人の少年が吉祥院に忍び込み、火をつけようとして捕縛されたのだ。三好方ではこの少年を拷問した。その結果、彼には六〇余人もの仲間のいることが判明した。驚いた三好方ではすぐさま容疑者逮捕に赴き、二人を召し取り、三人を捕斬《ほざん》した。だが、事件はこれで終わらなかった。

それから数日後の天文二〇年三月一四日、三好長慶は再び伊勢邸を訪れた。三好は伊勢と将棋をさし、酒を酌み交わすなどして友誼《ゆうぎ》を結んだ。ところが黄昏に及び、凶事が起きた。この宴席の場に進《しん》士《じ》九郎という者がいた。彼は元将軍直臣で、この年正月末に伊勢貞孝と一緒に義輝から離反し、京都に戻った者の一人である。この進士がとつぜん三好長慶に斬りかかったのだ。三好に向けられた凶刃は三刀に及んだという。驚いた三好はすぐさま伊勢邸を脱出し、侍臣に守護されて京都郊外に逃れた。犯人の進士はその場でただちに誅《ちゅう》されたという。

大騒動になった――

京都では、事件をめぐってさまざまな飛語が聞こえた。「もし三好長慶が死ねば、伊勢貞孝は刑戮《けいりく》されるだろう」といった噂もあった。三好の生死がしばらく伝えられなかったことが、人々の不安を助長した。こうした中、タイミングよく、三好の敵・細川晴元の兵が京都に押し寄せてきた。天文二〇年三月一五日のことである。晴元の兵たちは、京都東郊外の東山辺りをことごとく放火したうえ、洛中奥深くまで侵入し、伊勢邸も一部焼き打ちしたという。

だが、騒動は三月一六日になって収束に向かった。「三好長慶は無事だ」との知らせが入ったからである。三好長慶は、ほうぼうからやって来た見舞客に対面し、その健在ぶりを示したという。また、三好兵二万人が凶報を受けて京都に駆けつけ、細川晴元の兵どもを駆逐した。こうして京都はようやく平穏を取り戻したという（以上、『言継卿記』各日条ほか）。

一体、この事件は何だったのか。三好長慶は暗殺者《ヒット・マン》に斬りつけられ、危ういところで死地を脱した。もしここで三好が斃仆《へいふ》していたら、その後の歴史は大きく変わったろう。ではこの事件は、暗殺者・進士九郎の単独犯行だったのだろうか。それとも進士の背後に誰か使嗾《そう》者がいたのか。犯行現場は伊勢邸だった。また、進士九郎はこれまで伊勢貞孝と行動をともにしていた。では、伊勢が首謀者だったのか。しかし、彼はこの後も三好長慶と良好な関係を保ち、連携し続けている。したがって、伊勢がこの事件に関わっていたとは考えにくい。

黒幕は誰か

進士は、元は将軍義輝の直臣である。そして、進士による三好暗殺未遂事件の直後、混乱する京都に、絶妙のタイミングで細川晴元勢が侵攻していた。してみるとこの事件は、当時近江国朽木《くつき》にいた義輝や細川晴元側にいる何者かが、宿敵・三好長慶を討つべく考えた謀計だったのかもしれない。ただし、もとより真相は不明である。

さて、暗殺事件は失敗に帰した。三好長慶は無事だった。もっとも、この事件から半年ほど経った頃、三好は「鬱」になったという（『天文日記』天文二〇年九月二五日条）。三好にとって暗殺未遂事件は、精神的なダメージになっていたのかもしれない。そしてこうしたことも影響したのか、このあと、三好方と義輝方との間では、和平の機運が高まってきた。

2　義輝が帰京後、再び三好と対立した理由は何か

三好と和睦す

このような中、六角定頼が死んだ。天文二〇年（一五五一）暮れのことであったという（『天文日記』天文二一年正月四日条）。彼は義晴・義輝の二代にわたる将軍に仕え、これを輔護《ほご》した。そもそも、定頼以前における六角氏は、将軍・大名たちの追討を受けるなど、いわば「天下の逆賊」だった。しかし、定頼は六角氏を京都政界に復帰させたうえ、将軍家の支柱として活躍し、それによって「六角＝逆賊」という汚名を雪《すす》いでその誉聞《よぶん》を天下に広めた。さすれば、彼こそはまさに六角氏中興の祖といってよかろう。

定頼の後継となったのは息子の六角義賢《よしかた》である。彼は家督を継ぐと、ただちに義輝と三好方とに和平を呼び掛けた。六角氏はこの頃、朽木にあった義輝を支援し、三好とは対立していた。しかし、今や三好は畿内に威勢を敷いていた。さすれば六角としては、そのような三好とこれ以上対峙することに耐えかねたのかもしれない。

この六角からの呼び掛けに、義輝も、そして三好も応諾する姿勢を見せた。義輝側としては一日も早く朽木から帰京したかったろう。それには三好と和睦するしかない。一方、三好も義輝に遺恨《いこん》があるわけではない。三好長慶の宿敵は、彼を貶斥《へんせき》しようとした旧主・細川晴元であって、義輝ではなかった。義輝は三好・細川の争いに巻き込まれたに過ぎなかったのだ。

こうして、義輝側と三好側との間で和解の話が急速に進んだ。そして天文二一年（一五五二）正月、両者はついに和解した。これに先立ち、義輝は三好長慶を宥免《ゆうめん》した。と同時に、義輝は細川晴元とは訣別した。そして、代わりに細川氏綱を新たな細川一門の当主として認証した。この氏綱は三好長慶が主君として仰いでいる人物である。一方三好は、義輝が近江国朽木から京都に戻ることを認め、また「今後は三好が義輝をきちんと支えていく」ということになった。

この和解は、義輝と三好長慶にとってはそれなりに満足のいくものだったろう。だが、細川晴元には厳しい内容であった。というのは、彼はこの時、義輝から訣別されてしまったからである。これは、直前に六角定頼が死んだことと無関係ではあるまい。細川晴元にとって定頼は岳父であり、強力な後ろ盾でもあった。だがその定頼はもう亡く、細川晴元を掩護《えんご》してくれる者は誰もいなかった。この結果、晴元は孤立し、義輝から見捨てられてしまった。それゆえ、晴元はわずかな侍臣に守られつつ、若狭国（福井県西部）に向け、落ち延びていった（『言継卿記』天文二一年正月二八日条ほか）。

さて、義輝はこうして三好との和解が成り、帰京することになった。これまで、義輝は近江の朽木に仮寓していた。彼はそこを天文二一年正月二三日に出発し、翌二四日に比良《ひら》を経て比叡辻（いずれも滋賀県大津市）に到った。そして二八日、久しぶりに京都に入った。二年半ぶりの京都であった（以上、『言継卿記』各日条）。なお、義輝が帰京後、どこに住んだのか明確でないが、おそらく今出川御所に戻ったのだろう。彼は京都を出奔する時、相国寺に命じて御所の留守番をさせていた（→第二章1）。さすれば、御殿などはそれなりに保たれていたに違いない。

ちなみに、義輝は京都に入城する際、衣装や刀を美々《びび》しく飾り立てた数千人もの大兵を引率し、多くの見物人たちの前を堂々とパレードしながら京都に入ったという。彼はこうすることによって、地方暮らしで傷ついた将軍の武威を、再び世間にアピールしようとしたのだろう。

渦巻く三好への憎悪

さて、義輝は帰京すると、新たに自分の支柱となった三好長慶を優遇した。すなわち、長慶に対して「御供衆《おともしゅう》」という称号を与えたのだ。これは通常、将軍の有力近臣にしか与えられない上級ランクの称号である。このことは、三好が上級将軍直臣の身分となり、彼の社会的な格《ステイタス》が上昇したことを意味する（『言継卿記』天文二一年二月二六日条ほか）。

一方、三好の宿敵・細川晴元のほうは、先にも述べたように義輝から訣別され、地方を転々と流寓することになった。その境遇は三好とはまさに対蹠《たいせき》的ともいえるほど異なっていた。実はこの頃、畿内の覇権は細川から三好に移りつつあったのだ。これまで畿内の政局は細川一門、とりわけその当主たち（細川政元や高国、晴元ら）の動向に左右されていた。しかしこの頃からは、三好が細川と同等、否、それ以上の存在としてはっきりと姿を現してきた。

もっとも、義輝の周辺ではこのような三好に対する憎悪が渦巻いていた。義輝周辺からは早速、次のような声が聞こえた。「公方様（義輝）が朽木に滞在中、挨拶に来なかった者がいる。そのような者は今後、公方様への謁見を許さない」というのだ（『言継卿記』天文二一年正月二九日条）。ここにある、朽木にいた義輝のもとに挨拶に来なかった者、というのは、三好やその与党たちに他ならない。こうした声が上がっていたことからは、義輝周辺における「反三好気分」をうかがうことができよう。

思えば、三好長慶は義輝を二年半にもわたって近江国朽木に追い落とした。しかも、前将軍・義晴を、無念の客死という悲境に追いやった張本人でもある。さすれば、将軍近臣たちの間に「三好憎し」という感情が生まれたのも当然といえよう。

しかし、義輝周辺には「親三好」の将軍近臣もいた。その代表は伊勢貞孝である。この人物が、かつて義輝を拉致しようとして失敗し、その後、三好長慶と手を組んだことなどはすでに述べた。伊勢は、三好と義輝が和解するとこれまでの罪を宥免《ゆうめん》され、義輝のもとに帰参した。だが、その後も三好とはなお深い絆で結ばれていた。そして、彼は将軍近臣の中から親三好の同志を募った。

この結果、将軍近臣の間では、反三好と親三好の二派閥が生まれていった。そして、この両者は次第に反目するようになっていった。こうした中、没落していた細川晴元が勢威を盛り返してきた。彼も、まことにしぶとい。

三好か、細川か

細川晴元は義輝から訣別されて没落していたのだが、このあと旧領・丹波国（京都府北部）各地をめぐって味方を翕合《きゅうごう》した。そして丹波で三好勢に果敢に攻め込み、これを撃破した。天文二一年一〇月のことである。その後、晴元方は勢いに乗り、京都近郊にまで出没して三好勢と小競り合いを繰り返すようになった。三好はこれに手を焼いた。なかなか制圧することができない。こうして、晴元の勢いは次第に侮り難いものとなっていった（『言継卿記』天文二一年一〇月二〇・二八・二九日条ほか）。

細川晴元は今や義輝の敵である。その勢力復活に、義輝は身の危険を感じたのだろう。それゆえ、

清水寺（京都市東山区清水）
この裏山辺りに義輝の居城・霊山城があった。

彼は京都東郊外に新たな城塞を築いた。天文二二年一一月頃のことである。

この城は、清水寺《きよみずでら》近くの霊山《りょうぜん》という山にあったことから「霊山城」と呼ばれた。義輝は、細川晴元の兵が京都近郊に出没したと聞くと、洛中の今出川御所を出てしばしばこの城に入った。そして、生母・慶寿院《けいじゅいん》や彼女に仕える女性たちを麓の清水寺に入れ、これを輔護した（慶寿院とは、前将軍義晴の御台所であった近衛氏。義晴死後、剃髪して慶寿院と号した）。将軍近臣たちも清水寺の近くに陣所を構え、防備を厚くしたという（『言継卿記』天文二二年一一月二八・二〇日条ほか）。

さて、こうして京都周辺の政情は、細川晴元の反撃で再び蕩揺《とうよう》し始めた。するとこれに喜悦したのが、反三好派の将軍近臣たちである。彼ら反三好派のうち、上野信孝《うえののぶたか》ら一部の近臣らは密かに細川晴元に通謀し、三好を討ち果たす策謀を弄《ろう》した。天文二二年（一五五三）正月頃のことである。

三好長慶はこれを知って驚いた。彼は危険を察知し、天文二二年閏正月八日にすぐさま京都から淀（京都府伏見区）に逃げ出した。こうした上野ら反三好派の謀計に、伊勢貞孝ら親三好派の将軍近臣たちは怒った。彼らは三好と連絡を密に取りつつ、義輝に対して「反三好派の近臣どもを処罰されたし」と頻《しき》りに訴願した。

こうして義輝の周辺では、反三好と親三好に分裂した将軍近臣の確執が深刻になり、大きな騒擾《そうじょう》になりつつあった。反三好派は「三好長慶とは早々に訣別し、細川晴元と再び連携すべきだ」と主張した。これに対し、親三好派は「三好とは今後とも手を組んでいくべきだ」と主張した。

義輝は将軍としてこの騒擾を鎮めなくてはならない。そのためには、細川と三好のどちらを選ぶか、ということを決めなくてはならない。義輝はまだ一八歳である。しかし、決断しなくてはならない。おそらく義輝の本心は「細川を選ぶ」だったろう。すなわち、三好とは断交し、細川晴元と再び手を組むというわけである。というのは、反三好派の中心・上野信孝は義輝お気に入りの近臣で、後に進《しん》士晴舎《じはるいえ》とともに側近として義輝を翼佐《よくさ》していくことになるからだ。

とはいえ、今、三好と断交するのは、いかにも危険である。細川晴元が勢威を盛り返しているとはいえ、京都や畿内を掌握しているのは、まだ三好だったからだ。それゆえ結局、義輝はこれまで通り親三好の道を進むことを選んだ。三好とは今後とも手を組んでいく、という決断を下したわけである。そして、義輝は上野信孝ら反三好派の者たちを処罰した。上野らは三好のもとに人質を出し、恭順の意を示すことになった。

そのうえで、義輝は京都を退いていた三好長慶を召し出した。そして、三好が召命に応じて上洛してくると、彼を清水寺に招き、自らここで対面した。天文二二年二月二六日のことである。義輝はこの時、三好と「今後とも互いに協力していく」ことを確認し合ったのだろう。これを知って親三好派の将軍近臣たち（伊勢貞孝ら）は満悦した（以上、『厳助往年記』天文二二年閏正月日条、『戦国遺文』三好氏編三五八・三五九号、『言継卿記』各日条ほか）。こうして、一連の騒擾《そうじょう》はようやく鎮静に向かうかに見えた。だが、そうはならなかった。なぜだろうか。

迷ってしまった義輝

それは、義輝に迷いが生じ始めたからだった。彼はいったんは「三好と手を組む」と決断した。しかし、まだ若くて経験の浅い青年将軍は、このあと迷い始めてしまった。これはこの頃、畿内の覇権が細川から三好に移る、ちょうどその「端境期《はざかいき》」だったことが原因していよう。端境期だったから、細川も三好も、どちらもまだ圧倒的な存在ではなかった。すなわち、細川はまだそれなりの勢威を保っており、一方、三好はまだ細川を圧倒しきれないでいた。それゆえ、三好を頼みとすべきか、それとも細川と手を組むべきか、ということの判断は非常に難しかった。

では義輝にとっては、細川と三好の、どちらと手を組むのが「正解」だったのだろうか。私たちはこの時から五〇〇年後に生きている。それゆえ、この答えを知っている。義輝が最初に決めた、三好長慶と手を組むという選択こそが正解だったのだ。たしかに、細川晴元は息を吹き返しつつあった。だが、それは見せかけに過ぎない。時代の流れは「細川から三好へ」だった。そのことは、現代の私たちにはよく見える。しかし、その時代に生きている当事者には、時代の趨勢《すうせい》はなかなか見えない。そういうものだろう。その結果、しばしば誤った判断を下してしまう。

義輝もそうであった。彼は間違ったカードを選んでしまった。このあと、義輝は前言を翻し、「三好とは訣別する」と決断してしまったのだ。天文二二年三月八日のことである（『言継卿記』同日条）。先に述べたように、義輝は二月二六日に三好と清水寺で会見し、連携を確認し合っていた。したがって、義輝はわずか一〇日ほどで方針を変えてしまったことになる。おそらく、反三好派の将軍近臣たち（上野信孝ら）が義輝に働きかけたからだろう。

もっとも、義輝は三好と断交すると決したが、この時はまだ正式に細川晴元と手を組むと決めたわけではなかった。彼はこのあと霊山城に籠城すると中立という立場を取った。そもそも、義輝にとっては細川でも三好でも、自分を支えてくれるならばどちらでもよかった。そこで、彼は三好と断交する一方、細川と連携することもしなかった。こうして、どちらからも等距離を保ち、双方の戦いの帰趨を見極めようとしたのだ。

しかし、中立というのは一見賢明《クレバー》なようで、実は危険に満ちた選択である。マキャベリが『君主論』（第二一章）で指摘したように、中立者は勝者からは信用を失い、敗者からはその不実を詰《なじ》られる。だから、結局誰からも感謝されず、尊厳も得られないのだ（マキャベリ：二〇〇四年）。それゆえ、義輝はこのあと細川晴元と正式に手を組むことにした。しかし、これは選んではいけないカードだった。彼はそれを選んでしまったのだ。

3　義輝はなぜまた京都を追われてしまうのか

敵は三好なり

天文二二年（一五五三）七月二八日、義輝は細川晴元方の諸将を近くに召すと、晴元を赦免し、同時に、三好長慶を将軍家の「御敵」に指定してその追討を号令した。これを受けて翌二九日、晴元の属将たちと、上野信孝ら義輝近臣たちとが会同した。今後の作戦方針をめぐって軍議を開くためである。そして、京都における三好方の拠点・小泉城（京都市右京区）を攻略すべし、ということで軍議は一決した（『言継卿記』各日条）。

こうして翌三〇日、小泉城攻撃が始まった。細川晴元麾下《きか》の諸将、および上野信孝ら将軍近臣たちは作戦通り城を囲繞《いじょう》した。義輝もまた出陣し、この攻撃に加わったという。小泉城は京都郊外にある小城である。さして堅牢とも思えない。幾許《いくばく》も経ずして落城するかに思われた。ところが、城は落ちなかった。細川晴元の諸将は三〜四〇〇〇の大兵を擁していた。しかし、彼らは小泉城を包囲するばかりで、一向に攻めようとしなかったからだ。

義輝は陣頭に立ち、何度も「攻撃せよ」と叱咤した。だが、細川の諸将は兵を損なうのを恐れたのか、なかなか動かなかったという。こうして、義輝らは小泉城を攻めあぐねた。

そこを、三好長慶に衝《つ》かれた——

天文二二年八月一日、三好軍が京都に殺到した。実に二万五〇〇〇人という大軍だったという。河内・和泉・大和・摂津・紀州兵などから成る三好軍は、義輝の居城・霊山城に襲い掛かった。霊山城は、たちまち三好兵の猛攻に晒され、火を放たれ、蹂躙された。この時、義輝は霊山城を出て船岡山《ふなおかやま》（京都市北区）に迎撃の陣を布《し》いていた。彼は三好兵と戦おうとしていた。だが、頼みとする細川晴元の兵たちは、三好軍の苛烈な攻撃に恐れをなしたのか、ほとんど一戦もせずして退却してしまった。これでは勝負にならない。義輝はやむなく遁走した。

戦いは一日で決した。三好方の圧勝であった。すさまじい三好の兵威だった。この戦況を見ていた京都のある公家は、この時の三好の戦いぶりを「言語道断の見事、驚目《きょうもく》するものなり」と日記に書いて称嘆《しょうたん》している。そして「これほどの大兵を擁する三好を敵に回すとは、公方様（義輝）は何という愚かなことをしたものだ。これは偏《ひとえ》に、公方様を補佐する上野信孝の悪行のせいだ。嘆かわしく、言葉もない」と日記に書き綴っている（以上、『言継卿記』天文二二年七月二八日〜八月一日条）。

おそらく、三好長慶はこの時、義輝に嚇怒《かくど》していたのではあるまいか。彼は義輝と清水寺で会見し、今後の連携を確認し合っていた。ところが、義輝はそれからたった数日でこれを一方的に破棄した。そのうえ、こともあろうに三好の宿敵・細川晴元と手を組んでしまった。これは三好から見れば明らかな背信行為である。

三好のある宿将（松永久秀）は義輝について次のように評したという。「公方様（義輝）は二度にわたって「細川晴元と手を組むことはない」と自筆の書状でもって三好方に約束した。それなのに晴元に通謀した。さすれば今度、公方様が敗戦したのは、恐れながら天罰というべきだろう」というのだ。

三好方としてはそう考えざるをえないだろう（『戦国遺文』三好氏編四一三号）。

伊勢貞孝の再離反

さて、こうして三好長慶は京都から再び将軍を追い出し、京都を管掌することになった。そしてこの三好に協力したのが、伊勢貞孝であった。伊勢は将軍直臣随一の名門当主である。しかし、彼は三好によって義輝が京都を追われると、義輝にまた背叛《はいはん》し、三好のもとに奔《はし》った。このあと、伊勢は三好とともに将軍不在の京都を差配していく。

もとより、伊勢貞孝はあくまで三好の補佐役といった立場であった。だが、伊勢のアドバイスで三好が態度を変更する、ということもあったから、三好には一定の影響力を持っていたようだ。伊勢は政所頭人として経済関係の裁判に練達して疎漏《そろう》がなく、京都支配の詳細を悉知《しっち》していた。だから、三好も伊勢の意向はそれなりに尊重したのだろう。そうしたことから、諸領主が三好に何かを求める場合、まず伊勢に頼み、伊勢を通じて三好に要求する、ということもあった（『戦国遺文』三好氏編三九八・三九九号、『言継卿記』天文二二年一〇月八～一七日条ほか）。

直臣衆も離反す

では、義輝のほうは京都を脱出した後、どうしたのだろうか。彼は天文二二年八月一日、京都で三好に大敗した。そのあと、細川晴元とともに京都を脱出し、北に遁走した。まずは杉坂（京都市北区）に下り、次いで八月三日に丹波国山国庄（京都市右京区）にある浄福寺という寺に入った。そして八月五日には龍花《りゅうげ》（龍華。滋賀県大津市）というところに到ったという（以上、『言継卿記』、『厳助往年記』各日条ほか）。ところが、ここで思いがけない事態になった。

義輝は龍花の地で多くの将軍直臣たちに守護され、一息ついていた。そこで三好長慶はこのことを知り、次のような告諭《こくゆ》を内外に下した。「龍花にいる者たちの所領は、三好がすべてこれを没収する」というのだ。すると、義輝に扈従《こしょう》していた直臣たちはこれを聞いてたちまち動揺を来した。そして、ついにその多くが義輝を見捨て、三好の掌管する京都に舞い戻ってしまったという。この結果、義輝の周囲にはわずか四〇人ほどの侍臣しかいなくなり、義輝は「一向微々御体《びびおんてい》」に成り果ててしまった（『言継卿記』天文二二年八月七・一四日、九月一八日条）。

なんとも、直臣たちの「つれない」行動ではないか。だが、これは主従関係の本質を考えれば当然といえなくもない。そもそも、主従関係とは主人が従者に「御恩」を与え、その代わりに従者が主人に「奉公」を提供するという、御恩と奉公の互酬《ごしゅう》を基礎としたシステムである。とすれば、主人たる義輝が三好の「所領没収宣言」によって従者に御恩を与えられなくなった以上、従者が主人への奉公義務を放棄したとしても不思議ではない。当然の行為ともいえよう。

　もっとも、それでは義輝の従者たちがすべて「当然だ」としてドライに義輝を見捨てたのかといえば、実はそうではなかった。たとえば、ある者は義

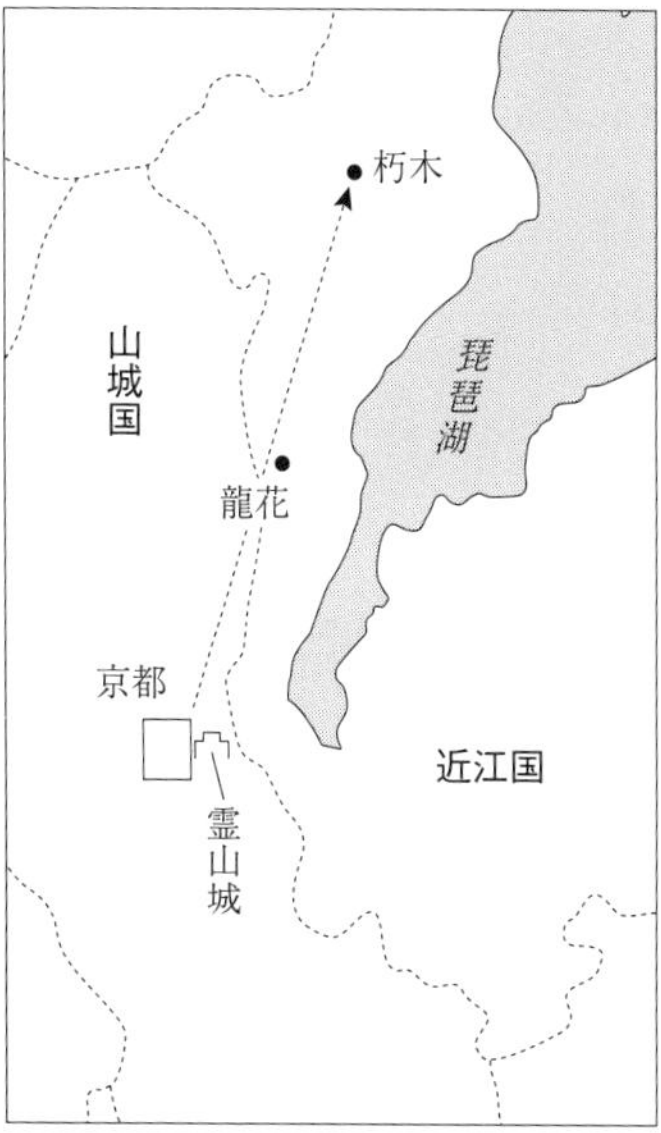

地図3　義輝は京都で大敗すると，龍花を経て朽木に逃亡した。

輝を見捨てて帰京したことを「義利《ぎり》に違《たが》い、面目を失う」と述べて恥じていた。以前にも述べたように、戦国時代であっても「主君は大事な存在だ」という社会通念はなお生きていた（→序章）。それゆえ、主君を見捨てたことに対し、自責の念を感じる者もいたわけである（『言継卿記』天文二二年八月一四日条）。

さてこうして、義輝は失意のうちに近江に逃れた。そのあと、彼はかつて起居したことのある朽木《くつき》に入り、再びここを御座所とした。天文二二年八月三〇日のことである（『厳助往年記』同日条）。この後、義輝は心機一転を図ったのか、翌年の天文二三年（一五五四）二月一二日、実名を義藤《よしふじ》から「義輝」と改めている（『公卿補任』天文二三年条）。

かくして、義輝は朽木に再び屈蟠《くつばん》を強いられることになった。結局、義輝は以後、五年にもわたって帰京することができず、この朽木での生活を余儀なくされる。だが、彼はここで意気阻喪し、逼塞《ひっそく》していたわけではなかった。まだ義輝は若い。二〇歳前後に過ぎない。若さゆえの失策もあったが、回復力もまた有していた。このあと義輝は再び始動していく。

目指すは、京都奪還である――

第三章　京都を奪い返せ――義輝はいかにして反撃したのか

1　義輝はどのようにして京都を奪還したのか

義輝は京都で三好長慶に大敗すると、天文二二年（一五五三）八月に近江の朽木《くつき》に逃れた。しかし、彼はこのあとも盛んに政治活動を行った。たとえば、後に触れるように弘治《こうじ》二年（一五五六）には、大坂本願寺と越前（福井県）の有力大名・朝倉氏との和平を調停し、両者の和睦を実現させたりしている。またこうした義輝に対し、近江六角氏（六角義賢）が強力に支援していたし、他の大名たちも義輝とのコンタクトを保った。

義輝は逼塞せず

たとえば、九州の有力大名・豊後大友氏（大友義鎮《よししげ》、後の宗麟《そうりん》）は義輝に対し、「肥前国（佐賀県）守護の称号を賜与してくれるように」と要請した。そしてそのあと大友氏は、朽木にあった義輝から守護任命状を拝領している（天文二三年八月一六日付。『大分県史料』二六―四三二号ほか）。このことは、大

現在の朽木（滋賀県高島市朽木）
写真は将軍御座所があったとされる，朽木・興聖寺の旧秀隣寺庭園。

友氏が朽木の義輝をなお将軍として認知していたことの証左といえよう。

　では、このような義輝派に対し、三好長慶はどのような対応を取ったのだろうか。当初、三好は義輝に対して全面対決の姿勢を見せていた。そのことは、三好が阿波公方・足利義維《よしつな》を上洛させ、これを京都で擁祐《ようゆう》しようとしていたことが示している。

　この足利義維というのは、これまで何度か出てきた、前将軍・義晴の兄弟である。この頃は、阿波国（徳島県）で三好に保庇《ほひ》されていた。三好は義輝を朽木に追って二カ月ほど経った頃、大坂本願寺に「今、四国室町殿（＝義維）の上洛を準備している」と伝えた。そのうえで「加賀国（石川県。当時、本願寺が事実上、領国としていた）内にある将軍家直轄領は、義維が上洛してきたらその滞在費に充てるつもりなので、三好が管理する」と知らせている。これを見ると、三好は本気で足利義維を上洛させ、新将軍に迎立《げいりつ》しようとしていたようだ（『天文日記』天文二二年一〇月二九日条）。

　しかし、三好は結局、足利義維を京都に招聘しなかった。また、朽木に兵を放って義輝を討つことも控えた。それどころか、三好はこのあと義輝と和睦する道を模索していく。なぜだろうか。

これは、三好にとって義輝が厄介な存在だったからに他なるまい。義輝を支持し、これを将軍として認める大名は、近江六角氏をはじめ少なくなかった。彼ら義輝派の大名たちは、三好にとって危険である。したがって、三好としてはこれを討たねばならない。とはいえ、これらの大名をすべて攻伐するとなると、それは三好にとってまさに際限のない征戦となってしまうだろう。

また、義輝は三好にとって旧主である。それを三好があからさまに討ったとなると、三好は世間から逆臣との誹《そし》りを受け、その誉望《よぼう》を損なうことにもなりかねない。さすれば、三好としてはむしろ義輝派と妥協点を見出して和解し、義輝を利用していったほうがよい――三好はこのように考えたのではないか。とはいえ、三好にとって義輝は怨敵であり、これとそう簡単に和睦することもできない。それゆえ、三好と義輝派との間ではしばらく膠着した状態が続いた。

だがそうこうしているうちに、義輝派が三好に対し、次第に軍事的に優勢になっていった。それは、義輝派によって「三好包囲網」が形成されたからである。そしてこのことが、最終的に三好をして義輝との和睦に向かわせる一因になっていく。では、三好包囲網とはいかにして形成されていったのだろうか。

朝倉の加賀侵攻

それはこの頃、加賀衆と越前朝倉氏とで対立が勃発したことが深く関係している。

そもそも、加賀国（石川県）は戦国初期以来、事実上、大坂本願寺の領国だった。すなわち、本願寺の門徒衆（＝信者たち）を中心とした国内の有力者らが、加賀一国をその管下に置いていたのだ。そのような加賀国に、とつぜん隣国・越前の朝倉氏（朝倉義景）が攻め込んできた。

天文二四年（弘治《こうじ》元年。一五五五年）のことである。

実は、朝倉氏と加賀の者たちとは年来の仇敵同士であった。この両者はこれまで何度も干戈《かんか》を交《まじ》え、勝ったり負けたりしてきた。だが、今回は朝倉方が大勝した。加賀に大きく攻め入ったのだ。その結果、加賀衆は実に数千人もの戦死者を出してしまったという。そのうえ、加賀国四郡の一つ、江沼郡を朝倉に奪われてしまった。

大坂本願寺宗主《しゅうす》（＝最高指導者）の顕如《けんにょ》は、この惨状を知っていたく心痛に及んだ。ちなみにこの時、顕如はまだ一三歳の少年に過ぎない。前年に父・証如《しょうにょ》の死去に伴い、宗主位を継嗣《けいし》したばかりだった。そうしたこともあって、顕如は少なからず動揺した。彼は門徒衆から酒肴を献じられても「加賀の件で、心静かになれないから」として、これを拒否するほどだったという。

そうした中、朽木にいた義輝が、朝倉氏と加賀衆との間の和平調停に乗り出した。戦況は加賀衆・本願寺が不利だったから、おそらく本願寺側が義輝に「調停して欲しい」と依頼したのだろう。そこで義輝は朝倉に対し、「加賀勢と休戦し、越前に撤退せよ」と下命した。これに対し、朝倉方では当初渋っていたが、最後は義輝の上意を承《う》け、撤兵に合意した。

実は、朝倉方もこの時苦悶していたのだ。朝倉は緒戦では加賀勢に大勝した。しかし、その後は加賀勢の頑強な抵抗を受け、思うように進撃できなかった。しかもそうしているうちに、朝倉遠征軍を率いていた指揮官（朝倉教景《のりかげ》）が病没するハプニングまで起きてしまった。こうした状況では、朝倉方としてもいったん撤兵したいところだろう。だが、朝倉としては撤兵するにしても、メンツを保つための名分が必要だった。「加賀の者たちに敗北した」という形では撤兵はできない。
そうした中、朝倉氏に義輝から和平命令が下された。この上意は、朝倉氏にとっては撤退する名分になりうるものだった。というのは、加賀衆に苦戦したから、でなく、将軍の上意ゆえに撤兵した、ということになれば面目が立つからである。そこで朝倉は「上意に応じる」という形で加賀衆と和睦し、越前に撤兵した。時に弘治二年（一五五六）四月のことであった（以上、『加能史料』弘治元年七月二三日、同二年正月三〇日、四月四日、六月五日、三年一二月二七日条ほか）。

三好を包囲せよ

この結果、顕如は愁眉を開いた。門徒衆たちも朝倉撤兵の朗報に接し、顕如に酒を献じて喜び合ったという。こうして本願寺は危機を脱した。この一件において義輝の果たした役割は大きい。それゆえ、本願寺側では「義輝との連携は役に立つ」と認識するに至ったのだろう、このあと義輝派との同盟に進んでいった。すなわち、朝倉撤兵の翌年にあたる弘治三年（一五五七）四月、顕如のもとに、細川晴元の息女が六角氏（六角義賢）の猶子《ゆうし》（＝形式的な養子）として輿入《こしい》れすることになったのだ（『厳助往年記』同一七日条ほか）。

細川晴元の息女（六角義賢の猶子）
＝顕如
　└教如

細川晴元も六角義賢も、ともに朽木にいる将軍義輝の支柱である。その息女が顕如と結婚した、ということは、義輝派と本願寺とが同盟するに至った、ということを意味する。この結果、三好の差配する京都は、東と西とで挟撃《きょうげき》

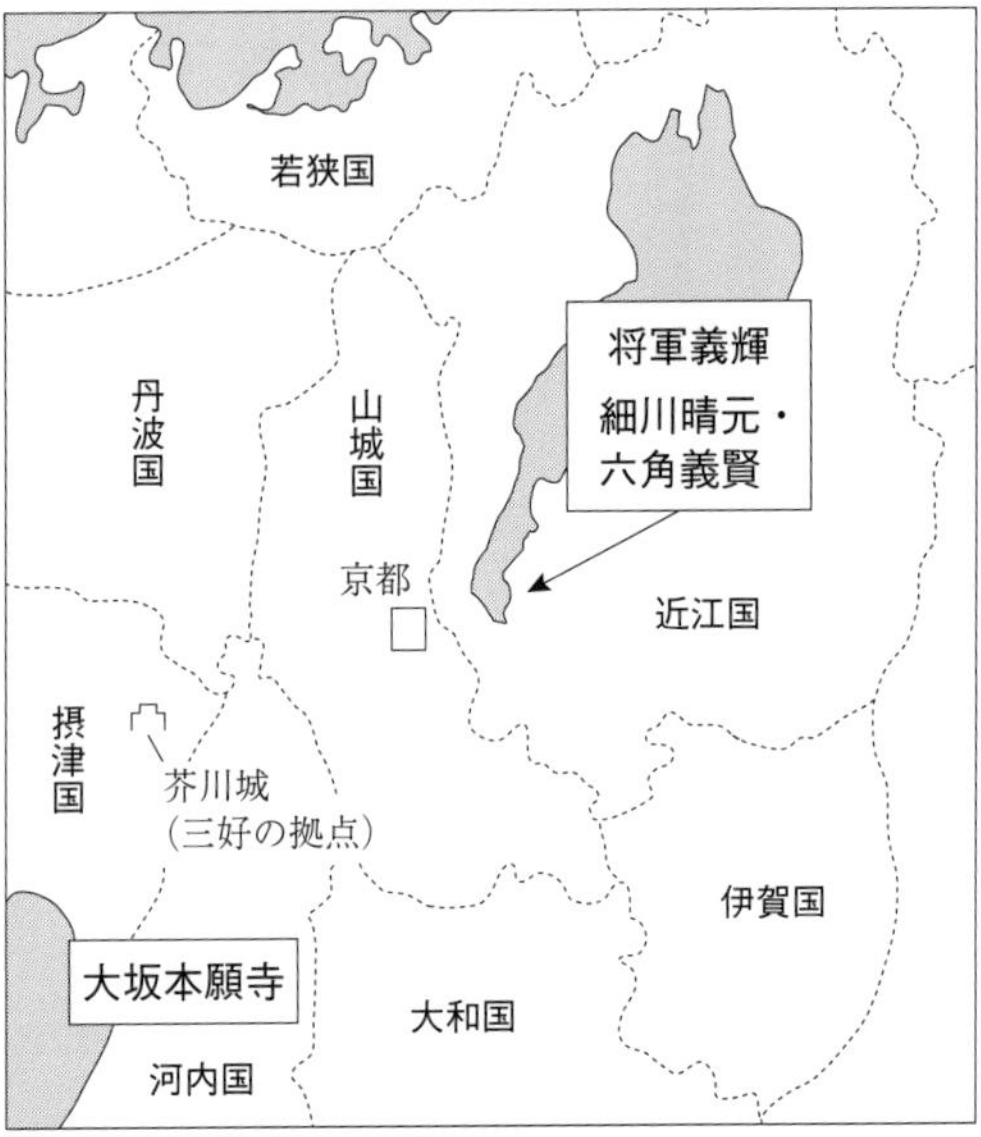

地図4　義輝派は本願寺と連携し，京都に迫った。

されることになった。すなわち、東には朽木の義輝や細川・六角があった。そして西には大坂本願寺があった。京都はこの両者に挟まれる格好になったわけである。まさに「三好包囲網」の形成といえよう。

こうして畿内は、義輝派が三好に対して優勢な状況になっていった。義輝にとっては待ちに待った好機到来である。これまで義輝は三好によって五年間にもわたり、朽木の山奥に屈蟠《くつばん》を強いられてきた。これは、三好と戦っても勝利する成算がなかなか立たなかったからに他ならない。だが、ここに三好包囲網が形成されることになった。義輝側が三好と戦ってもなんとか勝機を見出せる情勢になってきたわけである。義輝にとっては今がチャンスであった。

ここに至り、義輝は三好打倒の軍旅を発すべきことを決し、朽木において敢然《かんぜん》として立ち上がった。時に永禄元年（一五五八）三月一三日のことである。彼は二三歳になっていた。

反撃の時は今

さて、義輝は朽木で挙兵すると、兵を率いて龍花《りゅうげ》（滋賀県大津市）に向かった。そして、そのあと永禄元年四月に龍花から和邇《わに》（大津市）に移り、次いで五月三日には坂本の本誓寺に入った。いよいよ京都に近づいてきたわけだ。

一方、三好方は義輝の挙兵を知ると、京都東郊にある勝軍山《しょうぐんやま》（京都市左京区）を占拠した。そしてここに営塁を築き、二〇〇〇ほどの兵を入れて邀撃《ようげき》の陣を布《し》いた。この勝軍山は近江から京都へ向かう幹線道路に近い交通の要衝である。そこで三好は「義輝方はこの山を奪いに来るだろう」と予想し、その前にここを占拠したのだという。永禄元年六月二日のことであった。

これに対し、義輝は同盟する細川晴元や側近・上野信孝らを従え、五〇〇〇の手勢とともに坂本から如意ヶ嶽《にょいがだけ》（京都市左京区）というところに進撃した。ここは三好勢の籠城する勝軍山に近い。そこで義輝らはここを占拠したのだ。そして柵を設けて陣地を築き、三好に対峙した。こうした中、三好兵は、義輝勢を討たんとして各地から陸続と京都に参集した。永禄元年六月七日には、三好勢は実に一万五〇〇〇人もの大兵に膨れ上がったという。そこには三好長逸《ながやす》や松永久秀といった、三好の英将たちが参陣していた。

これを見た勝軍山の三好勢は自ら営塁を焼いて山を下り、京都の三好本隊と合流した。そこで、義輝方は如意ヶ嶽から出撃し、三好勢の撤退した勝軍山に馬首を廻らしてここを占拠した。義輝自身もまた勝軍山に入ったという。これに対して三好勢は、これまで義輝勢の布陣していた如意ヶ嶽を襲い、陣地を焼き払って気勢を上げた。さらに三好勢はこの勢いに乗じ、勝軍山にいた義輝勢に猛攻を仕掛けた。永禄元年六月九日のことである。義輝方はこれを京都東郊外の各所で迎え撃った。

しかし、義輝方は寡兵《かへい》であったこともあり、苦戦を強いられた。名のある将軍近臣ら七〇人ほどが、たちまち三好勢に討たれたという。とはいえ、三好方もなかなか攻めきれない。三好勢は兵数で優《まさ》っていた。だが、決定打を出せないまま多くの戦死者、負傷者を出して後退した。この五年前、三好が義輝を京都から朽木に追いやった際には、三好軍はわずか一日で義輝方を完膚《かんぷ》なきまでに大破した。その強悍《きょうかん》さは、これを目の当たりにした者に称嘆の声を上げさせたほどであった（↓第二章3）。ところが、今回は三好兵の鋭鋒はきわめて鈍い。なぜだろうか。

これは、前年に成立した三好包囲網（義輝派と大坂本願寺との同盟）が一因していよう。今回の戦いで本願寺が義輝に味方して三好に対戦する、といったことはなかった。しかし、宗主・顕如の夫人は義輝方の細川晴元息女なのだ。それゆえ、三好方としてはいつ背後を本願寺に衝《つ》かれるか、懸念があっただろう。それが三好兵の鋭鋒を鈍らせたのではなかろうか（以上、『言継卿記』各日条）。

ついに京都に帰る

さて、義輝はこうした三好軍のあり様を見て、長期の籠城戦を決断した。すなわち、勝軍山に城館を築き、ここに籠城したのである。この結果、戦いは膠《こう》着《ちゃく》した。戦いが実質的に始まったのは、初夏というべき永禄元年五月であった。だが、夏が過ぎ、秋になっても干戈《かんか》の音は聞こえず、決着がつかない。このような状況では、三好にとってこれ以上、義輝派と戦っても益は少ない。それよりも義輝と和解し、これを利用したほうがよかろう。それは義輝側も同じだった。この結果、義輝と三好は和睦することになった。

それに伴い、義輝はついに帰京を果たした。実に約五年ぶりの京都である。彼は永禄元年一二月三日、これまで籠城していた勝軍山城を出て京都に馬を進めた。そして二条法華堂（妙覚寺）に入り、ここを御座所とした（正確にいうと、一一月二七日に勝軍山城から入京して相国寺に入り、翌日か翌々日にいったん帰城して、改めて一二月三日に妙覚寺に入った。『兼右卿記』および『雑々聞検書』各日条ほか）。

ちなみに、かつて義輝が起居していた洛中の「今出川御所」はまだ健在だった。義輝は五年もの長きにわたり、京都を留守にしていた。それにもかかわらず、今出川御所は殿舎などもまだ残されていたという（『言継卿記』永禄元年六月二日条ほか）。近くの相国寺が義輝の留守中も御所の番をしていたのだろうか（→第二章1）。しかし義輝は帰京後、この御所には入らなかった。

それは、新しい将軍御所の建設を考えていたからである。新御所の建設は永禄二年（一五五九）七月八日から始まった（『兼右卿記』同日条）。この頃、京都は上京と下京という二つの町に分かれていた。新御所はこの二つの町の中間点に建設された。勘解由小路烏丸室町《かでのこうじからすま》という地である。新御所の建設は急ピッチで進められ、殿舎だけでなく、堀などの防備施設も造られた。そして約一年後に一応の落成を見ると、義輝はここに移徙《いし》した。時に永禄三年六月一九日のことであったという（『御湯殿上日記』同日条ほか）。

さて、義輝はこうして帰京を果たした。すると彼はこのあと、三好を取り込むことに精力を傾注していく。どういうことだろうか。

2　義輝は京都に戻った後、三好といかなる関係にあったのか

義輝は永禄元年（一五五八）一二月に三好長慶と和睦して帰京し、このあと三好と手を組むことにした。それゆえ義輝は三好一門を厚遇した。すなわち、三好一門の主だった者たちに対し、高いランクの栄典《えいてん》（＝称号・爵位）を次々に授与したのだ。

三好を厚遇す

たとえば、三好長慶には「御相伴衆《おしょうばんしゅう》」の称号と桐紋（＝将軍家の家紋）を授けた。また、三好義興《よしおき》（長慶の嫡男）にも最初は「御供衆《おともしゅう》」、次いで「御相伴衆」の称号を賜与し、桐紋と「義」の将軍偏諱《へんき》（＝名前の一字）を使う権利も与えた。さらに三好実休《じっきゅう》入道（長慶弟）や松永久秀（三好宿将）までにも、「御供衆」の称号をはじめとする種々の栄典を授けるなど、破格の殊遇を与えた。

義輝が三好一門に授与したこれらの栄典は、将軍近侍の直臣や有力大名しか入手できない上級ランクのものばかりである。もっとも、こうした栄典を将軍から授与されても、それで三好が何か新たな権限を獲得できたわけではない。ただ、こういった栄典（のランク）は、社会的な格《ステイタス》を示す「ものさし」として戦国期でも世間から認知されていた。したがって、三好は義輝から上級ランクの栄典を授与されることで、社会的なステイタスをおおいに上げたことになった。

これを知って多くの大名は、三好に羨望を禁じえず、分不相応だと三好を批判したという。というのは、大名たちは社会的ステイタスに強い関心を寄せていたからである。彼らは日頃より、将軍から

高いランクの栄典を貰い受けることで、自分のステイタスを上げようと互いに鎬《しのぎ》を削っていた。それゆえ三好の浴《よく》した殊遇を聞き、切歯扼腕《せっしやくわん》したというのだ。

　このように、義輝は三好に人も羨むほどの高い社会的ステイタスを与えた。しかし、その一方で義輝は、三好に栄典を拝受させたことによって「三好は義輝の臣下である」ということを内外に明確化することに成功した。というのは、偏諱や家紋といった栄典は、主人が従者に授与するものだからである。したがって栄典を拝受するという行為は、栄典授与者を主君と認め、臣下としての礼意を示す、ということを意味した。

三好は臣下なり

　さすれば義輝は、三好に栄典を拝受させたことで義輝への臣礼を取らせた、といえよう。しかも三好一門の者たちは、義輝から御供衆の称号を貰い受けると、義輝外出の際に実際にその行列に付き従い、義輝の御供《おとも》をした（「御供衆」とは本来、たんなる称号ではなく、このように将軍行列に付き従う役目であった）。このことは、三好は義輝の臣下だということを、目に見える形でも世間に示すことになったといえよう。

　この直前まで三好は、義輝と断交し、これを朽木に追って五年間にわたって畿内に君臨していた。すなわち、この期間における三好は、義輝に臣従していいなかったわけである。さすればこの頃の三好は、義輝とは対等な立場にあったといえなくもない。だが、もはや義輝と三好との関係はそのようなものではなかった。今や義輝が主君、三好一門はその従臣ということになり、これが世間にビジュアルな形で明示されたのだ。

また、義輝は三好にさまざまな協力を提供した。たとえば、三好が各地の大名と義輝との間を仲介することを認め、これによって、三好が大名たちと交誼《こうぎ》を結ぶ契機を得られるようにしてやった。さらに、義輝は三好が政敵と戦ったり味方を募ったりする際に、しばしば三好の求めに応じて三好を後押しした。たとえば三好から要請されれば、各地の武将たちに「三好に協力せよ」といった上意を下したりした（『戦国遺文』三好氏編六五七・六七二・参考六一・同六二号ほか）。

その代わり、義輝は三好から軍事・警察力の提供を受けた。また、三好に束縛されず、独自の判断で政務決裁（裁判）を下すことも可能となった。よく「この時期の義輝は、三好の傀儡《かいらい》（＝あやつり人形）に過ぎなかった」などといわれるが、それは事実ではない。少し具体的に見ていこう。

義輝は傀儡にあらず

たとえば、義輝のもとにも彼の父祖たちと同様に、京都内外から多くの訴訟が持ち込まれ、その解決や調停などが依頼されていた。こうした訴訟の一つに京都の本国寺（本圀寺）と清水寺で起きた土地争いがあり、これを義輝が裁くことになった。

すると、松永久秀（三好宿将）が義輝に対し、「本国寺を勝訴にして欲しい」と訴願してきた。本国寺は法華宗の大寺であり、そして松永は熱烈な法華信者だったからである。しかし、義輝はこの訴願を却下した。「きちんと審理したうえで、黒白を決める」と松永に申し渡したのである。だが、松永は諦めず、義輝側近に再度依頼した。

しかし、松永はまた拒否されてしまった。松永はこれには閉口し、「これでは自分は面目を失ってしまう」と歎いて三たび訴願したが、やはり義輝側に要求を呑ませることができなかった。そこで松永はやむなく、本国寺と対立する清水寺に圧力を加え、清水寺に自主的に敗訴を認めさせることで、本国寺勝訴となるよう図った。松永としては義輝を動かせない以上、こういった裏技を使うしかなかったわけである（『清水寺史』第三巻、法蔵館、二〇〇〇年）。

また、浄土真宗高田派において後継者問題の惹起《じゃっき》したことがあった。後継候補の僧が二人立ち、それぞれの支持者を巻き込んで互いに争ったのである。この相論は義輝のもとに持ち込まれ、その解決が図られることになった。

すると、対立する両派は義輝から有利な裁定を貰うために、義輝やその左右に侍坐《じざ》する者たち（側近や愛妾、義輝の生母・慶寿院《けいじゅいん》やその兄弟たち）に盛んに哀願し、運動を行った。もし義輝が三好の傀儡だったならば、三好にだけ働き掛ければよい。だが両派は義輝やその周辺にも「有利な裁定を下して欲しい」と働き掛けていたのだ。このことは、義輝から有利な裁定を勝ち取るには、義輝やその周辺に要請することが有効だったこと、つまりは、義輝が三好のたんなる「あやつり人形」というわけではなかった、ということを示唆していよう（『真宗史料集成』第四巻「専修寺文書」）。

相互に補完す

こうしてみると、義輝と三好は永禄元年の和解以降、共生のパートナーシップを築き、互いに利用し、補完し合う関係にあったといえる。すなわち、義輝は三好の社会的な格《ステイタス》を上げるなど、さまざまな形で三好に協力した。一方、三好もそうした義輝に対し、軍事・警察力を提供してこれを支えていったのだ（以上、山田康弘：二〇一八年）。

したがって、義輝と三好は「どちらかが他方に対し、一方的に優位に立つ」という関係にはなかった。つまり、義輝は三好やその宿将たちを自由にすることはできなかったが、三好のほうもまた、義輝を完全に統御することはできなかったのだ。だが、こうしたあり方は次第に三好側に、義輝に対する警戒心を抱かせることになる。どうしてだろうか。

第四章　将軍殺害のミステリー――義輝はなぜ殺されたのか

1　義輝はどのようにして勢威を拡大させていったのか

ついに始動した義輝

義輝は永禄元年（一五五八）末に三好と和解して帰京し、この三好を新たな支柱とした。三好一門は畿内に威勢を敷く有力大名である。義輝はその三好を支柱にしたのだ。このことは、義輝の政治的立場を安定させることになった。

これまで義輝は、京都に安座し将軍として実働することがなかなかできなかった。若年であったり、父・義晴の後見を受けていたり、長期にわたって朽木に屈蟠《くつばん》を強いられていたからである。しかしここに至り、ようやく彼は京都において将軍として本格的に実働することになった。義輝の治世は実質的にはこの永禄元年に始動した、といってもよい。ちなみにこの永禄元年当時、義輝は二三歳になっていた。

こうした義輝を側近として輔佐《ふさ》したのは、上野《うえの》信孝《のぶたか》と進士《しんじ》晴舎《はるいえ》である。彼らが義輝にとっては股肱《ここう》の臣というべき者たちであった。また、義輝周辺の女性たち（愛妾・小侍従局《こじじゅうのつぼね》や春日局《かすがのつぼね》（＝義輝乳母）ら）も義輝をなにかと陰助《いんじょ》した。さらに義輝の生母・慶寿院《けいじゅいん》や、その実家である近衛家の面々も義輝の手足となり、彼を輔弼した（慶寿院の兄弟である近衛稙家《たねいえ》や大覚寺《だいかくじ》義俊《ぎしゅん》、聖護院道増《しょうごいんどうぞう》、久我《こが》晴通《はれみち》ら）。ちなみに義輝は帰京直後、近衛家から御台所（＝正妻）を迎えた（近衛稙家の息女。義輝の生母・慶寿院の姪にあたる）。永禄元年一二月二三日のことである（『雑々聞検書』同日条）。

さて、義輝はこうしたスタッフたちに囲まれ、彼らを督率して二つのことを進めた。一つは伊勢貞孝の粛清であり、もう一つは、大名間紛争への関与である。それぞれを瞥見《べっけん》していこう。

伊勢を排斥せよ

伊勢貞孝がしばしば義輝に背叛《はいはん》したことは、これまですでに述べてきた。伊勢氏は政所頭人《まんどころとうにん》を世職とする名門である。だが、その当主である伊勢貞孝はしばしば義輝に叛《そむ》き、三好に与同した。伊勢は天文二二年（一五五三）に義輝が三好によって朽木に追われた際も、義輝から離反して三好に扈従《こしょう》し、京都に留まった（↓第二章3）。

それでも、義輝は永禄元年末に三好と和解して帰京すると、伊勢貞孝を宥免《ゆうめん》し、自分のもとに帰参することを許した。とはいえ、義輝としては伊勢をこのまま放置しておくことはできない。なぜならば、伊勢は政所頭人として、京都内外で生じる金銭貸借や売買地をめぐる紛争の裁判を一手に担い、それに伴う莫大な権益（当事者からの礼銭など）を独占していたからだ。義輝としては、異心を抱き、向背《こうはい》を繰り返してきた伊勢貞孝にこの権益をいつまでも与えておくわけにはいくまい。

そこで、義輝は帰京すると、すぐさま伊勢貞孝の排斥を図った。だが、伊勢は三好一門と親しい。それゆえ、義輝としてもなかなか手を出すことができなかった。

たとえば、義輝は伊勢貞孝が政所頭人として主催する裁判への介入を試みた。すなわち、ある時伊勢から敗訴の判決を受けた者が義輝に泣きついてきた。そこで義輝はこれ奇貨《きか》とし、伊勢の判決を覆そうとしたのだ。だが結局、義輝はこれを敢行することができなかった。というのは、松永久秀（三好宿将）から「そのようなことをすれば、伊勢貞孝が面目を失ってしまう」として厳しく諫止《かんし》されたからである。義輝は松永に怒り、彼に叱声を浴びせたが、これ以上は何ともすることができず、「勝手にせよ」と荒々と言い放つしかなかった（『蜷川家文書』七七四号）。

そこで、義輝側は一計を案じた。三好と伊勢とを離間させよう、としたのである。この計策はそれなりに奏功したようだ。というのは、伊勢貞孝が「最近、自分と三好方との間を離間させようとする者がいる」と述べ、危機感を募らせていたからである（『雑々聞検書』永禄二年二月二六日条）。こうして、三好と伊勢は次第に仲違いするようになっていった。そしてその後、伊勢貞孝はついに三好から離反した。その経緯は次のようなものであった。

伊勢貞孝の敗亡

永禄四年（一五六二）七月、近江六角氏（六角義賢《よしかた》）が周辺大名らと戮力《りくりょく》し、とつぜん三好に攻め掛かってきた。三好一門は畿内で威勢を敷いていたから、六角らは三好に恐怖を感じ、その封じ込めを図ったのだろう。これに対して三好一門は、虚を衝《つ》かれたこともあって大敗した。一門の大黒柱・三好実休《じっきゅう》入道（長慶の弟）が討死するなどの大損害を受け、ついに京都を六角ら反三好派に明け渡した。永禄五年（一五六二）三月のことである。そして三好に代わり、六角ら反三好派が京都を占拠した。

彼ら反三好派にとって、あくまで主敵は三好一門であり、義輝ではなかった。だが、義輝は三好が京都を去ると、三好の要請に応じて自分も三好勢と一緒に京都を去り、石清水八幡宮（京都府八幡市）に退いた。彼は三好との連携を維持するつもりだったようだ。当時の記録には、義輝は三好と「御一味」とか「みよしと御ひとつ」していたとある（以上、内閣文庫架蔵『䰗拾抄』永禄五年三月六日条、『御湯殿上日記』同日条ほか）。

一方、伊勢貞孝はこの時、義輝や三好から離反した。そしてそのまま京都に留まった。つまり、伊勢は三好から反三好派（六角ら）に鞍替えしたわけである。これは、京都を離れたくなかったことに加え、義輝側の策謀によって三好方との間に阻隔《そかく》を来《きた》していたからだろう。しかし、伊勢にとってここが生死の岐路《きろ》だった。三好から離反する、という彼の決断は裏目に出てしまうことになった。

というのは、この直後、三好一門が勢威を盛り返したからである。三好勢はやはり強悍《きょうかん》であった。いったんは京都を明け渡したが、すぐさま六角ら反三好派の軍勢を摧破《さいは》し、京都を奪還したのだ。永禄五年五月二〇日のことである。この結果、六角勢は京都から撤兵した。それゆえ、伊勢貞孝も京都から坂本に脱出せざるをえなくなった。六角に味方していたからである（「書案」、『大館記』四（『ビブリア』八三、一九八四年）所収）。

このあと、伊勢貞孝は散兵を集めて京都に戻ろうとした。だが、三好勢に阻まれてしまった。そして結局、伊勢は入京することができず、京北の杉坂（京都市北区）というところで三好兵に討たれた。永禄五年九月一一日のことである。こうして、将軍家譜代の宿老でありながらしばしば将軍に背叛した、梟雄《きょうゆう》・伊勢貞孝はここに滅んだ（続群書類従第二輯下『御礼拝講之記』同日条ほか）。

この結果、名門・伊勢氏（の本家）は凋落することになった。すると、義輝はこの好機をうまく活かした。すなわち、彼は伊勢貞孝の敗亡後、もはや伊勢氏の者を政所頭人に擢用《てきよう》しなかった。代わりに摂津晴門《せっつはるかど》という者を新たな頭人としたのだ。この摂津は、義輝と親しい近臣である（義輝の乳母、春日局の近親者であった）。これによって、義輝はこれまで伊勢氏に独占されていた莫大な政所頭人の権益を、自らで掌握しうるようになった。この結果、彼は将軍としての地歩をますます強固にしていった（山田康弘：二〇〇〇年、第四章）。

大名間紛争に関与せよ

さらに、義輝は大名間紛争にも積極的に関与していった。すなわち、紛争中の大名たちに和睦を命じたり、場合によっては当事者の大名に将軍上使を派遣したうえ、具体的な調停案を示して和睦交渉をリードする、といったこともあった。もっとも、こういった義輝の調停や和睦命令は、いつも奏功したというわけではなかった。なぜならば、大名たちはたとえ義輝の上意であっても、自らの「生存」という死活的利益を侵すようなものであれば、これを拒否したからである。

しかし、義輝の和睦命令などが、大名たちによって受け入れられることもあった。したがって義輝はその場合、将軍の影響力はなお大名たちに及んでいるのだ、ということを内外に示しうることになった。また、大名たちは義輝の命令を拒否する場合であっても、ただ単に拒否したわけでもなかった。「そうせざるをえなかった」、「自分は拒否するつもりはなかった」といった言い訳を義輝に呈し、義輝に配慮した姿勢を見せることが多かったのだ。だから、義輝はたとえ命令を拒否されたとしても、自らのいわば存在感を世間に示す機会を手にすることになった。

こうしたことから、義輝は永禄元年の帰京以降、大名間の紛争に積極的に関与し、調停や和睦命令を盛んに下していった。でも、なぜ義輝の命令や調停が大名たちに有効に働く、ということがあったのだろうか。また、どうして大名たちは義輝の上意を拒否する場合、言い訳を呈していたのか。

将軍上意の効力

その理由の一つは、大名たちが将軍（義輝）との関係を悪化させたくなかったことにあろう。そもそも、大名たちにとって将軍は便利な存在だった。たとえば、将軍は顔が広く、それゆえ将軍に頼めば、敵対大名と和平交渉をする際、相手と交渉を始める「きっかけ」を将軍から入手しうることがあった。また、大名たちが関心を寄せている、社会的な格《ステイタス》を上げるうえでも、将軍（＝将軍が授与する上級ランクの栄典）は有用であった。そうしたことから、大名たちはあからさまに上意を拒絶し、それによって将軍との関係を悪化させることは避けたかった。

また、将軍の上意を拒否すると逆臣との汚名を受け、周囲から批判されかねなかった。たとえば、西国の有力大名・毛利《もうり》氏は「将軍の上意に背《そむ》くことになっても、家を保つためには仕方がない」と述べる一方で、「上意に違背すれば、内外から非難を受けるだろう」という懸念を示してもいた（『毛利家文書』七二九号）。将軍は、戦国期においても多くの大名たちから主君としてなお敬仰《けいぎょう》される存在であった。したがって、そのような将軍の意向をあからさまに拒否することは、周囲から批判され、誉聞《よぶん》を損なう恐れがあったのだ。

このように、大名たちは「便利な将軍と疎遠になりたくない」、「世間の批判は避けたい」といった事情を抱えていた。そうしたことから、彼らは（「生存」という自身の死活的利益を侵さない範囲内であれば）それなりに上意を受け入れた。また、上意を拒否する場合であっても、それが本意ではないと言い訳し、将軍に対してきちんと礼容を示すことにしていたのだ。

したがって、将軍上意は決して一片の紙切れのごとき無意味なものではなかった。よく「戦国期将軍の上意などは、大名に対して効力がなかった」などといわれるが、それは正しくない。ただし、上意の効力を過大評価してしまうことは禁物である。たとえば、将軍の命令によって大名間で和睦が成立しても、大名たちは言い訳しつつこれを破ってしまうことも多かった。上意の効力は限定的なものでしかなかったのだ。しかし、将軍は各地の大名たちに対し、なお一定程度においては影響力を保持していた、ということは看過してはならないだろう（山田康弘：二〇一〇・二〇一五年）。

英主の素質あり

さて以上のように、義輝はその政治的地位を着々と固めていった。彼は永禄元年の帰京以降、三好の傀儡《かいらい》になることなく、独自に政務決裁を行った。また、向背《こうはい》を繰り返してきた政所頭人・伊勢貞孝をついに粛清し、その権限・権益を奪取して将軍としての立場をより堅牢にした。さらに、大名たちの紛争に積極的に関与し、それによって大名たちに一定の影響力のあることや、自らの将軍としての存在感を内外に見せつけていった。こういった事績を見れば、義輝は決して庸才《ようさい》ではなかったといえよう。

義輝は英主になりうる素質を十分に有していた。そしてこの頃、ようやくその片鱗を見せ始めていたのだ。彼は二〇代後半から三〇代に差し掛かる年齢にあった。このあと、もし一〇年ほども生きていたならば、将軍家の歴史はどうなっていただろうか。きっと大きく変わっていたのではないだろうか。歴史のイフ（反実仮想）を考えることは、歴史学では「邪道」なのだけれども、私はどうしてもそれを考えざるをえない。

というのは、義輝はこの直後、まさに突然にして人生の終焉を迎えることになるからである。義輝の春秋《しゅんじゅう》はわずか三〇年であった。彼は英主の素質を持っていた。だが、それを十分に発揮することができなかった。「時間がなかった」のだ。その才能が光輝を放つ前に、彼は突如として斃死《へいし》することになってしまった。臣下によって将軍御所を襲われ、弑逆《しいぎゃく》されてしまうのである。一体、なぜこのようなことになったのだろうか――

2　義輝はいかにして斃されたのか

警戒する三好一門

三好一門は永禄元年以降、これまで宿敵だった義輝と和解し、彼を主君として擁佑《ようゆう》することになった。三好氏にとって、義輝を擁していることは一面で大いなる利益となった。三好は畿内を席巻したが、いかに畿内で威権を振るおうとも、それは北陸とか九州といった他地域には及ばない。だが、義輝は列島規模で大名たちに影響力を有していた。したがって、三好は義輝を擁すれば、彼を通じて列島規模で大名に影響力を及ぼすことも不可能ではなかったからである。

とはいえ、三好にとって義輝は、その一方で脅威になりうる存在でもあった。義輝は直属軍事力をほとんど有していなかった。したがって、三好にとって義輝単独ならば脅威とはならない。だが、義輝がその影響力を使って他大名たちと、三好の頭越しに連携するようなことになると、三好にとって義輝は危険な存在になってくる。そして、そうした事態は現実に起こりうるものであった。

永禄二年（一五五九）五月、越後の上杉謙信が一五〇〇人の随員を従えて上洛し、義輝に面謁した（『言継卿記』同二四日条ほか。ちなみにこの永禄二年には、二月に織田信長、四月頃には美濃の大名・斎藤義龍も短期間、上洛している）。その際、謙信は義輝に次のように言上したという。すなわち、「我が上杉は先年、上意様（義輝）が朽木《くつき》に滞在中、なんとかその帰京を実現しようと考えていた。しかし、武田信玄との戦いに忙殺され、遺憾ながらこれを果たせなかった」というのである。さらに謙信は言を重ね、「領国を捨て置いても、お望みであればこのまま在京し、上意様を守護する覚悟だ」と述べた。義輝はこれを聞いておおいに喜悦したという（『上杉家文書』四七〇号ほか）。

しかしこの上杉謙信の発言は、三好にとっては不愉快なものだったに違いない。なぜならば、義輝を朽木に追いやったのは他でもない、三好だったからである。したがって、謙信の発言は三好を暗に批判したものだったといえよう。ちなみにこの直後、「謙信を早々に帰国させよう」という動きがあったようだが、これは三好方が策動した可能性もあるだろう（『上杉家文書』一一四二号）。

さて、上杉謙信のような、将軍家に篤い忠誠心を見せる大名の出現は、義輝に対する三好の警戒心を高めることになったに違いない。そしてこのような中、三好一門に凶事が連続した。一門の主だった者たちが次々に死没していったのだ。

まず、永禄三年（一五六〇）に十河一存《そごうかずまさ》（長慶弟）が病没した。次いで永禄五年には、驍名《ぎょうめい》を馳せてきた三好実休入道（長慶弟）が戦死した。さらに永禄六年には、三好義興《よしおき》（長慶嗣子）がまだ壮年であったにもかかわらず病死してしまい、三好長慶は唯一の男子を失った。そのうえ、永禄七年（一五六四）五月には安宅冬康《あたぎふゆやす》（長慶弟）が兄・長慶に誅《ころ》された。そしてこの直後、一門の惣領たる三好長慶までが逝去してしまった。永禄七年七月のことだったという。享年、四三歳であった。

こうして、三好一門は主要メンバーの相次ぐ死によって急速にその勢威を低下させ、衰運を迎えつつあった。このあと三好一門では、長慶の甥に当たる三好義継《よしつぐ》（故十河一存の子）が惣領の地位を継続した。しかし、彼はまだ若年に過ぎない。三好の頽勢《たいせい》は明らかであった。

こうなると、三好の眼には義輝が次第に危険な存在に映っていく。三好と義輝はまさに対蹠《たいせき》的ともいえるほど異なった情況にあった。三好一門は連続した凶事によって凋落の道を歩んでいた。これに対し、義輝は三好の傀儡《かいらい》に甘んじることなく、しかもその政治的地歩《ちほ》を着々と強固にしつつあった。

それゆえ、三好は自らの意のままにならない義輝を次第に警戒し始めた。

三好一門が義輝にいかに強い警戒心を抱いていたのかは、義輝の姫君を人質に取ったことからも知られる。これは永禄六年（一五六三）三月のことであった（『言継卿記』同一九日条）。義輝の姫君（総持《そうじ》寺殿《じどの》と称した）は当時わずかに八歳である。彼女は松永久秀（三好宿将）の許に人質として送られ、松永の根拠地である大和国（奈良県）に下った。しかし、将軍家の姫君が臣下のもとに人質として送られるなど、前代未聞のことといえよう。もとより、これは三好側が義輝に要求したことに違いない。この事例は振興《しんこう》する義輝に対し、三好の警戒心がいかに亢進《こうしん》していたかを示している。

そしてこの延長線上に、三好による義輝弑逆《しいぎゃく》事件が惹起《じゃっき》した――ということであれば、話は分かりやすいのだが、この事件はいささか謎めいている。どういうことだろうか。

三好義継
（京都市立芸術大学芸術資料館蔵）

直前まで変事なし

三好義継らによる将軍義輝の弑逆事件は、永禄八年（一五六五）五月一九日に起きた。この直前における数日間を順を追って瞥見《べっけん》してみよう。事件発生から二〇日ほど前、四月三〇日に三好義継が上洛してきた。彼は三好一門の惣領である。前年に伯父・三好長慶の死を受けて一門の惣領となったばかりであり、この時、まだ一〇代半ばの年齢だった。

さて、三好義継は京都に入ると、翌・五月一日に将軍御所に参上し、将軍義輝に謁見を賜《たまわ》った。謁見のあり様は、とくに変わったところはなかったという。義輝は慣例に従い、三好に酒を与えて出仕を労った。その際、三好義継は将軍義輝に「然《しか》るべき官位、及び偏諱《へんき》（＝将軍の名前の一字）を賜りたい」と願い出たという。すると、将軍は直ちに了解の意を示した。随分あっさりしているが、事前に侍臣たちの間で取り決めがなされていたのだろう。

こうして三好義継には、将軍から「左京大夫《さきょうのだいぶ》」の官位と「義」の字を実名に使う権利が与えられた（義継はこれまで三好重存《しげまさ》と名乗っていたが、これによって三好義重《よししげ》と改名した。後に義継と改名する）。これを受け、三好義継は将軍に御礼を言上したという（『雑々聞検書』同日条ほか）。ここまでは別段、変事はない。それから数日後の五月五日、この日は端午《たんご》の節句である。朝廷から勅使が将軍御所に下され、三好義継やその宿将・松永久通（久秀息）も将軍御所に参上した。ここでもとくに異常なところは見られない。

さらに数日経って五月九日になった。この日、三好義継は京都の主だった公家衆に挨拶回りをしている。これも当時の慣例である。彼は公家たちの屋敷を回り、賀辞を述べて進物を贈った。そこで、公家衆らは三好に返礼するため、五月一八日にやはり慣例に従い、三好の宿舎を来訪して慶賀を述べた。ここでも特段の異常は見られない。公家たちの日記にも、ただ事実が淡々と書かれているだけである（以上、『言継卿記』や『晴右記』の各日条ほか）。このように、この数日間は特筆すべき騒擾《そうじょう》は何も生じなかった。

ところが、このあとで凶変が起きた。三好義継がとつぜん将軍を襲ったのだ。永禄八年五月一九日のことであった。

最後の剣を振るう

　この日、三好義継は宿将・松永久通とともに、一万の大兵でもって将軍御所を包囲した。午前八時頃であったという。そして、三好軍はついに将軍御所に突入した。これに対し、将軍義輝は果敢に抗戦した。だが、この時将軍御所には寡少《かしょう》の兵しかいなかった。それゆえ、義輝はしばらくして力尽き、ついに壮烈な討死を遂げた。彼の近臣たちもその多くが主君と運命をともにした。主だった者だけでも、六〇人もの近臣が主君・義輝に殉じたという。

　義輝の末弟・鹿苑寺殿（周暠《しゅうこう》）もこの時三好兵に斬られた。享年二一歳であった（『多聞院日記』永禄八年七月二八日条）。義輝の生母・慶寿院《けいじゅいん》も殺された。三好兵の手にかかる前、自裁したとも伝えられる。義輝の愛妾・小侍従局は、辛うじて将軍御所を脱出した。しかし、このあと三好兵に見つかって捕斬《ほざん》されてしまった（以上、『言継卿記』永禄八年五月一九・二四日ほか）。すべてが終わると、将軍御所には三好兵によって火が懸けられた。多くの殿舎が紅蓮《ぐれん》の炎に包まれたという。その日の夕刻、将軍御所の焼け跡に夕立の雨が降った。凄惨なあり様であったろう。

義輝が弑逆された将軍御所跡
（京都市上京区五町目町）

　一体、何が起こったのだろうか。なぜ、三好は将軍義輝を殺したのだろうか。ある公家は三好が義輝を殺したのは「阿州（＝阿波国）の武家を上洛させるためだ」と伝えている

（『言継卿記』永禄八年五月一九日条）。また事情通のある僧侶も、この事件について次のように述べている。「阿州公方に味方する有力者が去年の冬、堺（大阪府堺市）に上陸し、阿州公方の上洛準備をしていた。それが実現しつつある」というのだ（『愛媛県史』資料編古代・中世一九五一号）。

どうやら「阿州の公方」が関わっていたようだ。では、阿州公方とは何者か。読者は、足利義維《よしつな》を覚えているだろうか。彼は前将軍・義晴の兄弟である。これまで何度も将軍位を奪取せんと挑戦した、将軍家一門の貴公子であった（→第一章）。彼はこの頃もまだ存命中で、足利義栄《よしひで》という子息に家督を譲り、この子息とともに阿波国にあって三好の保庇《ほひ》を受けていた。阿州の公方というのは、この足利義維の子・義栄のことに他ならない。三好は阿波にいたこの足利義栄を新たな将軍に迎立すべく、現将軍・義輝の殺害に及んだようなのだ。

しかし、この三好による「主君殺し」は、たちまち世間の憤激を招いた――

憤激する世間

義輝に親しかった大名たちは、三好による弑逆《しいぎゃく》を知って熱《いき》り立った。たとえば、越後・上杉謙信は義輝の殺害を聞いて忿恚《ふんい》を露わにした。そして「三好・松永らの首を悉《ことごと》く刎《は》ねるべし」と仏神に誓った。また、河内国（大阪府）の有力大名・畠山氏の重臣（安見宗《やすみむね》房《ふさ》）も、義輝殺害を知って憤慨した。「前代未聞で是非も無いことだ。将軍家は天下諸侍の御主《おんあるじ》である。それなのに三好らによって弑逆されてしまった。無念の至りだ」と怒りを露わにしたのだ。そして、上杉謙信の重臣たちに「弔い合戦をしよう」と誘った。

さらに越前国（福井県）の朝倉氏重臣たちも、三好らによる弑逆を「誠に恣《ほし》いままの行為で、前代未聞、是非なき次第で沙汰の限りだ」と怒りに震えた（以上、『上越市史』別編1、四五九・四六二・五一一号）。また、朝廷も義輝の死に対して悼惜《とうせき》の形を示した。たとえば、天皇に仕える女官が義輝の殺害を聞いて「言葉も無いことだ」と嘆き悲しんだ。また、ある公家は日記に「言葉が無い。先代未聞の儀なり」と書いた。さらに朝廷では義輝殺害直後、義輝のために歴代将軍と同じ「左大臣・従一位」の栄位を贈与し、三日間の廃朝《はいちょう》（＝天皇が政務を執らないこと）を実施して弔意を示した。

そのうえ、朝廷では義輝の妹である入江殿《いりえどの》に直接弔意を伝えた。弔問の勅使を遣わしたのだ。この勅使に同行したある公家は、入江殿に「お力を落とされ、ご愁傷《しゅうしょう》、察し申す」と述べている。これらは、朝廷もまた三好・松永の暴挙に強い怒りを抱いていたことを示していよう（以上、『御湯殿上日記』永禄八年五月十九日条、『言継卿記』同年五月一九日、六月七・九日条ほか）。

さらに、三好に対する怒り、義輝への哀悼は支配層ばかりではなかった。義輝の死から二年ほど経った永禄一〇年（一五六七）二月一〇日、京都・真如堂《しんにょどう》（＝故義輝の将軍御所跡に建てられた寺）において義輝の供養のために仏事が催行された。その際には京都内外はもとより、摂津や近江からも大勢の男女が参集した。鉦鼓《しょうこ》（＝青銅製の打楽器）を打ち鳴らす者だけで二八〇〇人にも及び、集まった貴賤男女は、実に総勢七〜八万人にもなったという。ある公家はこれを実際に見物し、「先代未聞の群集なり」と日記に書いて、その驚きを表している。

他にも次のようなことがあった。永禄一〇年一〇月七日、義輝やその近臣・女房衆の人形武者（おそらく、義輝とともに三好に殺害された人たちの人形だろう）が安芸国（広島県）から京都に現れ、真如堂において六〇〇人ばかりで踊りを披露したというのだ（以上、『言継卿記』各日条ほか）。これらの事実は、支配層だけではなく一般庶民たちも、義輝の横死を歎き、三好への怒りを示していたことを物語っている。三好は世間を敵に回したのだ。

序章でも書いたように、戦国時代といえども「何でもあり」だったわけではない。この時代にも、社会には「正しいこと」と「そうでないこと」の区別はあった（これがなければ、そもそも社会は成り立たない）。そして、主従関係は夫婦や親子の関係以上に優先すべきものとされていた。主従関係は、社会の根幹を成す基本原理だったのだ。それに三好は背叛《はいはん》した。こともあろうに、白昼、自分の主君を討ったのだ。しかし、なぜだろうか――

3　義輝弑逆の原因は何か

なぜ「殺害」だったか

三好はこの頃一門の有力者を相次いで喪《うしな》い、その勢威は逓減《ていげん》していた。一方、義輝はますます振興し、将軍としての立場を着々と固めていた。彼はいよいよ政治家としての才能を開花させ始めていた。では、このような義輝に三好は恐怖し、世間を敵に回すことになっても義輝を排除せねばならない、と判断するに至ったのだろうか。

その可能性はある。しかし、義輝を排除するのであれば、なにも殺害しなくてもよい。たとえばこの時から約七〇年前、「明応の政変」が起きた（明応二年（一四九三））。現将軍（一〇代将軍義稙《よしたね》）が反乱軍によって廃位された事件である（→第一章1）。反乱軍側は大兵でもって現将軍を襲い、これを捕縛して京都に幽閉し、ついに彼を排除することに成功した。

さすれば、三好もまた同じことができたはずだろう。将軍御所を包囲し、義輝を虜囚《りょしゅう》となし、彼に迫って隠居せしめ、阿州公方・足利義栄への禅譲《ぜんじょう》などを表明させるのだ。そのあとで義輝を島流しにしてもよいし、秘密裡《り》に殺害してもよい。これならば、明応の政変という先例もあることだし、三好は主殺しの汚名を回避し、世間を敵に回す不利益も縮減できたことだろう。

にもかかわらず、三好義継は主君を殺害した。それも白昼にこれを敢行した。どうしてだろうか。三好義継は「自分の力を誇示しようとした」のだろうか。そのような意見もある。あるいは「三好は将軍を弑逆し、自分が将軍家を継承することを意望していた」などといった見方も出されている（天野忠幸：二〇一六年）。しかし、そうだろうか。

三好にとって将軍は主君である。その主君を、たんに自分の立場を強化したいという理由だけで殺害してしまったとすれば、それはまさに「暗愚《あんぐ》の極《きわ》み」といってよい。なぜならば、将軍をあからさまに殺害すれば、世間を敵に回し、大きな不利益を受けることは明白だからだ。それに、立場の強化を図る方法は他にいくらでもある。主君を殺害しなければならない必然性は、まったくない。

また、戦国末期においても家格はなお厳然として存在していた。そして、三好は数年前まで細川の従臣に過ぎなかった。そのような者が将軍を殺害したうえ、あまつさえ、自身をいきなり将軍家の後継に擬したとすれば、天下の諸侯はきっとその正気を疑うだろう。三好義継が当時の常識をまったく弁《わきま》えない、桁外れの愚者であった可能性も絶無ではないが、まずありえまい。となると、彼が主君を白昼に殺してしまった理由がどうも見えにくい。

そこで、次のような疑問が出てくる。果たして三好は、そもそも将軍を殺すつもりがあったのだろうか、という疑問である。そこで改めて将軍弑逆事件を眺めてみると、いくつかの謎を見出すことができる。以下、三つほど示そう。

三つの謎

第一は、事件決行のタイミングが悪過ぎることである。主犯・三好義継は弑逆事件の直前、将軍義輝に願ってその偏諱《へんき》（＝名前の一字）を賜った。これは、将軍に対して臣従の姿勢を示した、ということに他ならない。なぜならば、偏諱は主君から臣下に与えられるものだからである。したがって、この直後に将軍を弑逆したりすれば、どうしても主殺しが世間にクローズアップされてしまうことになる。

ところが、三好義継は将軍から偏諱を賜ったわずか二〇日後、将軍弑逆を決行してしまった。つまり、三好はわざわざ主殺しが世間に強調されてしまう、最悪のタイミングで弑逆を決行したわけである。どうしてなのだろうか。将軍側を油断させるためだろうか。その可能性はある。将軍やその近臣たちも、将軍に臣従の意を示した三好が、まさかその直後に襲ってくるとは考えもしなかったことだろう。しかし、それでも謎は残る。三好は当時、京都で万の単位で数えるほどの大兵を擁していた。そのような三好が将軍を襲うのに、かかる奇計を弄《ろう》する必要があるのだろうか。

第二の謎は、将軍御所襲撃のあり様から見出される。冒頭のプロローグで紹介したように、『足利季世記』には「三好は将軍側を油断させるために、偽って「公方様に訴訟したいことがある」と称して将軍御所を襲った」とある。実はこの「訴訟」の件は、他の史料からも確認することができる。たとえば当時、朝倉氏が上杉氏に事件の詳報を伝えた書状が残されており、そこにも「三好らは訴訟と号し、将軍御所の門外に祗候《しこう》した」とあるのだ（『上越市史』別編1・四五九号）。

してみると、どうやら三好が「訴訟あり」と称して将軍御所を包囲した、というのは事実だったようだ。では、この訴訟は『足利季世記』がいうように三好の詐謀《さぼう》だったのだろうか。

戦国時代より前の室町時代に一つの奇習があった。それは「大名たちが、将軍御所を大兵でもって包囲し、将軍に圧力を加えて訴訟する。ただし、将軍自身に危害を加えることはしない」というもので、これを「御所巻《ごしょまき》」といった（清水克行：二〇〇四年、第Ⅰ部第一章）。何とも乱暴な風習だが、こうしたことをしても、大名たちはとくに謀叛ということにはならなかったようだ。

そして戦国時代でも、これと近似した場面を見出すことができる。たとえば天文一六年、六角定頼は、女婿《じょせい》である細川晴元と主君である将軍父子（義晴・義輝）とが対立したことで板挟みになり、苦悶した。そこで、六角は将軍父子の籠城する京都・北白川城を大兵でもって包囲した。そして、将軍父子に圧力を加え、細川との和解を強要してこれを承諾させた（↓第一章3）。このケースなどはまさに御所巻といってもよかろう。ちなみに、六角はこれ以降も逆臣とされることなく、将軍家の支柱として活躍し続けていた。この点も御所巻と近似している。

さすれば、三好義継もこの御所巻のような「訴訟」を企図していたのではないだろうか。すなわち、彼は将軍弑逆を目的にしていたわけではなく、将軍御所を包囲して義輝に要求を承諾させようとしていただけではないのか。もっといえば、三好の本意は義輝への訴願、たとえば、義輝から阿波公方（足利義栄）への穏便な政権交替＝禅譲《ぜんじょう》などを要求することにあったのではないか。

戦国期にも先ほど述べた六角のごとく、御所巻と近似したケースが認められる。もとよりこの時期に、はたして御所巻という風習がどこまで明確に意識されていたのか、はなはだ疑わしい。だが、近似した現象が戦国期にも認められることを考えるならば、先述のような可能性も十分にありえよう。

また、もし三好が主殺しまでは企図しておらず、たんに「訴訟」だけを考えていたとすれば、わざわざ主殺しが世間に際立ってしまうタイミング（将軍から偏諱《へんき》を拝受した直後というタイミング）を選んだこと、しかも白昼に将軍御所を包囲した、というのも納得がいく。三好は「訴訟するだけで、義輝の弑逆はもとより、将軍家そのものに対して逆意を示すわけではないのだから問題なかろう」と判断していたのではないだろうか。

なぜ慰霊したのか

第三の謎は、将軍弑逆後における三好の挙動にある。後年、織田信長は主君である将軍・足利義昭を京都から追放した際、「義昭が将軍としていかに欠格であったか」ということを公表し、将軍追放という自身の行為が正当であることを世間にアピールした（↓第七章）。

しかし、三好には将軍弑逆後、そうした行動は見られない。義輝を梟首《きょうしゅ》することもなければ、将軍としての欠格事由を並べ立て、弑逆が正当であったことを世間にアピールすることもなかった。また、義輝の葬儀が催行されることも阻害しなかった。それゆえ、義輝の葬儀は永禄八年六月九日、京都・北山の等持院《とうじいん》（将軍家の菩提寺）で滞りなく実施された（『言継卿記』同日条）。

しかも、三好は将軍義輝の菩提を弔《とむら》う動きすら見せていた。たとえば、将軍弑逆から三カ月ほど経った永禄八年（一五六五）八月、三好の宿将は、妙満寺という寺が故義輝のために千部経の仏事を催行したと聞いた。すると、彼は同寺を叱責するどころか「御大義、是非に及ばず」と褒詞《ほうし》を下し、そのうえ惣領・三好義継の意向を受けて寄宿免除（＝寺に兵の駐屯を禁ずる）の特権までも与えている。

義輝の葬儀が催行された等持院
（京都市北区等持院北町）

また、三好は故義輝を弔うための仏事料として、相国寺などに田地を寄進してもいた（以上、『戦国遺文』三好氏編一一七〇・一一八九・一一九〇・一二四三号）。

しかし、将軍を殺害したのは三好一門である。それが将軍を慰霊する、というのはどういうわけなのだろうか。これより百年以上も昔の南北朝・室町時代では、政敵を非業の最期に追い込んだ者は政敵の鎮魂をしばしば行った。政敵が怨霊になることを懼《おそ》れ、その荒ぶる霊魂を鎮めたのだ。たとえば、足利尊氏（初代足利将軍）は自分が打倒した鎌倉幕府の執権・北条《ほうじょう》一門や後醍醐《ごだいご》天皇を弔い、寺院を建立《こんりゅう》したり土地を寄進した。そしてその後も室町時代では、恨みを抱いて横死した政敵の鎮魂・追善が、その時々の将軍によってなされたという（山家浩樹：二〇一八年）。

さすれば、三好もこういった古昔《こせき》の風習を踏襲し、非業の最期を遂げた義輝の荒ぶる魂を鎮めようとしたのだろうか。しかし戦国時代も末期であるこの時期に、政敵の鎮魂という風習がなお残っていたのか、かなり疑わしい。たとえば、織田信長などは討ち取った敵主将の首級を飾り立て、酒席での肴《さかな》に供していたのだ（『信長公記』巻七）。では、なぜ三好は義輝を慰霊したのだろうか。

三好による義輝弑逆後、支配層はもとより一般庶民に至るまで、義輝の横死を歎き、三好への怒りを示した。このことを考えれば、義輝を慰霊し、その死に悼惜《とうせき》の形を示した三好の姿勢は、こういった世間の反発に対処するためだったという可能性はあるだろう。しかし先にも述べたように、もし三好の目的が「訴訟」であり、したがって義輝の弑逆までは三好の計策に入っていなかった、とするならば、義輝の慰霊は案外、三好の本意だったのかもしれない。

二つのシナリオあり

さて、将軍弑逆事件をめぐる謎を三つほど提示した。もちろん、このような謎があるからといって、それでただちに「三好義継が意図的に、将軍義輝やその一門を殺害した」というシナリオが崩れるわけではない。ただ、次のような別のシナリオの成り立つ余地もあろう。

すなわち、永禄八年五月当時、三好一門は長慶をはじめ一門の重鎮たちがことごとく死没してしまうなど、凶事が重なってその勢威を低下させていた。一方、義輝のほうはいよいよ政治家としての才能が光輝を放ち始めていた。それゆえ、三好はこうした義輝を危険視するようになった。そして、ついに義輝の勢威を縮減せしむべく、大兵でもって将軍御所を包囲するに至った。

ただし、その目的は義輝の弑逆ではなく、足利義栄を挙用すべきことなどを義輝に訴訟し、この受諾を強要することだった。このような「将軍の居所を大兵でもって包囲し、将軍に圧力を加えて要求を受諾させる」ということは、戦国期においても先例があった。しかも、それは反逆とされてこなかった。だから、三好は義輝から偏諱を賜り、臣従の姿勢を示した直後というタイミングであっても「問題ない」と判断し、これを決行した。ところが、思いがけなく義輝側から激越な抵抗を受けた。その結果、大混乱が惹起《じゃっき》することになり、その中で三好兵が義輝を殺害してしまった――

興福寺（奈良市登大路町）

こういったシナリオである。どちらのシナリオが正鵠《せいこく》を射ているのか、現段階では判定することができない。将来、新たな事実が発見されるかもしれない。その時まで、この問題は今後の楽しみにとっておくことにしよう。
さて、こうして将軍義輝は凶刃に斃《たお》れた。この悲報は、ただちに奈良の大寺・興福寺《こうふくじ》にも伝えられた。ここには、義輝の次弟・覚慶《かくけい》が僧侶として生活していた。後の足利義昭である。彼は凶報に接し、きっと震慄《しんりつ》したことだろう。そして迷ったことだろう。奈良をすぐさま脱出すべきだろうか。それとも、奈良に留まって情勢をしばらく観望すべきだろうか。また、もし奈良を脱出するとして、どこに逃げるべきだろうか。

そして、その後はどうすべきだろうか――

エピローグ――義輝はなぜ苦難の人生を歩むことになったのか

義輝の生涯はわずか三〇年に過ぎなかった。政界へのデビューは早かった。一時的・形式的だったとはいえ、生後半年で父・義晴から将軍家の家督を譲られた。また、いまだ嬰児《えいじ》だったにもかかわらず、宮中に参内して政界デビューを果たし、さらにその後も、しばしば父の名代として童形《どうぎょう》のまま参内した。次いで父の意向により、父と同じくわずか一一歳で将軍となった。

まさに艱難の生涯

そして、そのあと義輝は連続する艱難《かんなん》を凌《しの》ぐ日々を過ごした。彼は有力大名たちの抗争に遭遇し、しばしば京都から近江に流寓《るぐう》した。とりわけ天文二二年（一五五三）からは五年間にもわたり、朽木《くつき》で屈従することを余儀なくされた。そして、ようやく京都に復帰し、政治家としての才能が光輝を放ち始めたまさにその矢先、凶刃に斃《たお》れてしまった。彼の短い生涯において、閑安《かんあん》の日々はほとんどなかったといっても過言でもない。

義輝がかくも苦闘の人生を強いられたのは、なぜだろうか。それは、将軍家に元々「力」（＝軍事力やそれを支える経済力など）が備わっていなかったからに他ならない。序章で論じたように、戦国社会は「利益」や「価値」とともに「力」の論理がモノをいう世界であった。すなわち、「力」の強弱が政治を左右していくという、そのような世界であったのだ。そうした戦国社会において、「力」の乏しい将軍家が生き残っていくのは容易なことではなかった。

そこで、義輝ら戦国期の歴代将軍たちは、「力」を有する有力大名との連携を模索した。だが、栄枯盛衰の激しい戦国期において、頼りになる大名を見つけるのは簡単なことではなかった。そのうえ、これまで畿内に威勢を敷いていた大名が次第に凋落《ちょうらく》し、代わって別の大名が畿内の覇権を握ろうとする、その端境期《はざかいき》に遭遇してしまうと、頼りになる大名を見極めることはより至難になった。義輝の時代は運悪く、畿内の覇権が細川氏から三好氏に移ろうとする時期に当たっていた。それゆえ、義輝は頼りになる大名が細川か三好か、しばしば悩み、時には誤った判断を下してしまった。

また、将軍がたとえ頼りになる有力大名を見つけることができたとしても、これとうまく連携し続けていくことがまた至難であった。どうしてだろうか。

連携は容易ならず

それは、将軍と有力大名のどちらか一方が他方より優勢になってくると、問題が生じたからである。そもそも、連携には互いの均衡《バランス》が大事であった。なぜならば、たとえ連携し合っている者同士であっても、互いに相手の真意を正確には把握できないから、双方の間で勢力バランスが失われると、劣勢になったほうはどうしても「裏切られるのではないか」という不安や恐怖を抱きやすくなる。その結果、連携が崩れてしまうことが多くなるからだ。

いわば「不安による対立」の危機が生じてくるわけである。永禄八年五月、この頃、一門有力者の相次ぐ死没によって勢威を減退させていた三好が、政治的地歩を強固にしつつあった義輝をついに殺害してしまったのも（もしこれが三好の意図的な行為だったとすれば）このような「不安による対立」が一因していた可能性があるといえよう。

また、たとえ将軍が頼りになる有力大名と連携しえたとしても、それですぐに安泰を得られたわけではなかった。というのは、有力大名にあまり過度に依存してしまうと、将軍は、この有力大名の意思を拒否することができなくなってしまう、という「拘束」の危機に直面したからである。しかも、将軍が特定の大名に依存し過ぎると、この大名が抱える紛争に将軍が不本意に巻き込まれてしまう、という「巻き込まれ」の危機や、この大名が没落すると将軍もまたこれに連動して没落せざるをえない、という「連鎖没落」の危機にも直面しかねなかったのだ。

このように、将軍が特定の大名に過度に依存すると、さまざまな危機が生じることになった。では、こういった危機を回避すべく、将軍が連携する有力大名と距離を置き、その依存度を低下させれば安泰を得られたのだろうか。だが、もし有力大名と距離を置くと、今度は、万一の時には助けてもらえなくなる、という危機が生じた。いわゆる「見捨てられ」の危機である。つまり、将軍は連携する有力大名に依存し過ぎても、逆にあまり距離を置き過ぎても問題が生じた、というわけである。

しからば、将軍が一人の有力大名に過度に依存することなく、連携相手を複数にしたらどうだろうか。一人の者に依存し過ぎると、先に述べたような多くの危機に直面しかねない。そこで前もって別の連携相手を見つけ、次善のオプションを用意しておくというわけである。でも、将軍が多くの者に連携を求め、いわば二股をかけたりすれば、最初に連携した有力大名はこのような「浮気」に不信感を抱くかもしれない。そしてこの結果、最も頼りになる有力大名との関係が悪化してしまう、という「浮気の報い」の危機が生ずることもありえた。

今に通じる難問

足利将軍にとって戦国社会で存続していくには、頼りになる有力大名を見つけ、これと連携していくことが不可欠であった。しかし、将軍はこの連携に際しては、以上のような多くの危機——(1)不安による対立、(2)拘束、(3)巻き込まれ、(4)連鎖没落、(5)見捨てられ、(6)浮気の報い、といった、少なくとも六つの危機に直面しかねなかった。

このように整理してみると、将軍が有力大名と連携し、これを円滑に維持していく、ということがいかに困難であったかを理解することができよう。しかし、将軍家には十分な「力」がなかったから、歴代の将軍はどこかの大名と連携していかねばならなかった。そしてその当然の帰結として、この連携に伴ういくつかの危機に直面し、苦慮を重ねることになったのだ。義輝も、またそうした苦慮を重ねた将軍の一人であった。

ところで、このような連携をめぐるさまざまな危機は、戦国期における将軍と大名との関係に限ったものではない。たとえば、今日の日米同盟や「集団的自衛権」に関する議論で「巻き込まれ」と「見捨てられ」の危機のジレンマが話題になっている。すなわち、日本がアメリカとの連携を強化すれば、日本がアメリカと他国との戦争に不本意に巻き込まれる恐れが生じる（「巻き込まれ」の危機）。さりとて、日本がアメリカと距離を置けば、今度はアメリカに見捨てられ、万一の時に日本はアメリ力から支援を受けられなくなってしまうかもしれない（「見捨てられ」の危機）。

まさにジレンマであり、これがしばしば議論の的になっていることは周知に属していよう。そう考えたならば、ここで論じてきた「連携をめぐる危機にどう対処するか」という問題は、私たちが今日においてもなお十分に解決することができない、厄介な問題だといってもいいかもしれない。

第Ⅱ部　足利最後の将軍・義昭——信長を悩ませた希代の梟雄

プロローグ――梟雄、静かに眠る

慶長二年（一五九七）は太閤・豊臣秀吉の治世である。この年の春には、第二次朝鮮出兵が始まった。後に「慶長の役《えき》」と呼ばれる戦いである。日本軍は、朝鮮半島各地で死闘を演じつつあった。

そうした最中の慶長二年八月一〇日、京都近郊に住む高僧・義演《ぎえん》（醍醐寺三宝院《さんぼういん》の住持）のもとに一つの報告がもたらされた。それは、前将軍・足利義昭についての知らせだった。義昭は今は出家して「昌山《しょうざん》」と号し、太閤秀吉から一万石の所領を与えられて大坂で暮らしていた。その昌山が「大坂で病に倒れた」というのだ。

次いで翌一一日、義演のもとにさらに続報が入った。「足利昌山は腫物《はれもの》を患《わずら》っている」という。これを聞いて義演は、兄である九条兼孝《かねたか》（元関白）のもとに向かった。実は、義演も兄の兼孝も足利昌山とは縁があった。二人とも昌山の猶子《ゆうし》（＝形式的な養子）になっていたのだ。それゆえ二人は、昌山に万一のことがあった場合について申し合わせた。

それから数日後、義演のもとに大坂から凶報が届いた。ついに足利昌山が薨《こう》じたというのだ。八月二八日のことだったという。享年、六一歳だった。昌山には嗣君《しくん》がいなかった。唯一の男子は出家していたからである。この男子は「義尋《ぎじん》」と名乗り、奈良・興福寺大乗院《だいじょういん》の門跡になっていた。義演は、足利昌山の訃音《ふいん》に接して次のように述懐した。

近年、将軍の号、蔑《ないがし》ろなり。有名無実、いよいよもって相果《あいは》ておわんぬ。

すなわち、「今や「征夷大将軍」の称号は価値が隕墜《いんつい》し、最後の将軍だった足利昌山も、嗣君のないまま没した。将軍の有名無実なることは、相極《あいきわ》まった」というのだ（『義演准后日記』各日条）。

さて、足利昌山の葬儀は秀吉の許可を得て、京都・北山の等持院で催行されることになった。昌山の訃報を聞き、真木島昭光《まきしまあきみつ》をはじめ、昌山の侍臣や旧臣らが集まってきた。次いで九月一日、足利昌山の遺骸が大坂から等持院に到着し、寺内に安置された。侍臣らはこれを見て皆、剃髪して亡君の菩提を弔《とむら》った。そして彼らは、できるだけ将軍の礼遇に見合った形で葬儀を進めようとした。だが、それは許されなかった。前田玄以《げんい》（秀吉の吏僚で、京都を差配していた）から許可が下りなかったのだ。そこで、やむなく簡略化した葬儀とせざるをえなかった。

九月八日、等持院において足利昌山の葬儀が執り行われた。参列したのは、僧侶を除けば侍臣ら三〇人余りだったという。しめやかな、良い葬儀だったようだ。しかし、寂しい葬儀でもあった。ある僧侶はこの状況を次のように歎いた。「世が世ならば、洛中洛外の大工を悉《ことごと》く召し、盛大な施設を作って葬儀を挙行するのに、今は簡素な葬儀しか許されない」というのだ（以上、『鹿苑日録』慶長二年八月二九日〜九月九日条）。

こうして、足利昌山、すなわち足利義昭は死んだ。彼は往時、策謀を弄して織田信長と戦った。そして、ついにその天下統一を数年遅らせ、信長に天下を握らせなかった。そうした希代の梟雄《きょうゆう》というべき人物の最期にしては、まことに寂しいものだった。一体、義昭という人物はいかなる人生を歩んだのだろうか。そして、なぜかくも寂寥《せきりょう》の中で最期を迎えることになったのだろうか。

第五章　京都に旗を揚げよ――義昭は兄の死後、どう動いたのか

1　義昭はなぜ上洛断念に追い込まれるのか

まさに危亡の時

永禄八年（一五六五）五月一九日、将軍義輝が三好らに殺害された。この時、次弟の足利義昭は奈良にいた。その義昭に危機が迫っていた。三好らは義輝だけでなく、末弟の周暠《しゅうこう》まで殺害した。となると、次弟の義昭も危ないからだ。

ところが、ここで奇妙なことが起きた。この頃、奈良は松永久秀（三好宿将）が差配していた。その松永が義昭に、身の安全は保障すると申してきたのだ（『戦国遺文』三好氏編一一五三号）。松永がなぜこのよう申したのか、その理由は判然としない。将軍一族を殺害することに対する世間の批判を懸念したのだろうか。それとも義昭をこのあと、何かに利用するつもりだったのか。

しかし、義昭としてはこれを信用することはできないだろう。なぜならば松永久秀は、三好義継と

ともに将軍義輝を弑逆した張本人・松永久通の父なのだ。さすれば、その保証などは当てにならない。実際、松永は義昭に身の安全は保障すると述べる一方、義昭の居所に番兵を配置し、義昭を厳しく監視したという（『上杉家文書』五〇七号）。

義昭はどうすべきか迷ったことだろう。彼はこれまで奈良で生活してきた。「覚慶《かくけい》」と名乗り、奈良の大寺・興福寺の一乗院《いちじょういん》で僧侶をしていたのだ。生年は天文六年（一五三七）である（『公卿補任』）。父は第一二代将軍・足利義晴だった。一歳違いの兄がいた。それが義輝である。この兄が将軍家の嗣《し》君《くん》となった。一方、義昭は僧侶になった。彼は三歳の時、父の命で「一乗院に入室し、僧侶になる」と決められたのだ（『常興日記』天文八年六月二八日条）。そして六歳になると彼は奈良に下り、一乗院に入室して僧侶となった。天文一一年（一五四二）一一月二〇日のことである（『親俊日記』同日条）。

一乗院のある興福寺は奈良仏教界最強の大寺院である。大和国（奈良県）一国に威勢を敷き、事実上、大和の国主であった。さすれば、父・義晴はここに自分の若君を入れ、彼をいずれ興福寺のリーダーとすることで、興福寺をはじめとする大和の寺社勢力が将軍家を扶助するような状況を作り上げよう、と目論《もくろ》んでいたのだろう（やはり、この父は策士である）。

さて、こうして義昭は僧侶になった。そして以後、二〇年あまりを奈良で過ごした。このまま何事もなければ、彼は将軍家連枝《れんし》の最上級僧侶として、平穏な生涯を送ったことだろう。だが、そうはならなかった。兄・義輝が三好に殺されたからだ。この結果、義昭は政争の真っ只中に放りこまれることになった。この時、彼は二九歳になっていた。

さて、義昭は結局、奈良から脱出することを決断した。永禄八年七月二八日のことである。兄・義輝が殺害されてから約二カ月後に当たる。この日の夜、義昭は兄の遺臣らに手引きされ、密かに奈良を発った（『言継卿記』同二九日条ほか）。向かったのは、近江国和田《わた》（滋賀県甲賀市）である。和田に到着したのは、奈良を脱出した翌日であった（七月二九日）。義昭は地元の有力者・和田惟政《わだこれまさ》の屋形に入って一安を得た。この惟政の祖母は義昭と何か関係があったらしい。そこで、彼は和田を脱出先に選んだようだ（「和田惟政関係文書」C・G号、久保尚文：一九八四年）。

奈良から脱出す

さて、義昭はここで三好・松永に対する復讐の兵を挙げた。そして、各地の大名たちに書状を認《したた》め、自分に協力するようにと求めた。ただ、義昭のいる和田は、近江の山奥にあって交通至便の地とはいいがたい。そこで、彼は和田から居を移すことにした。同じ近江国内の矢島《やじま》（滋賀県守山市）というところに移座したのだ。永禄八年一一月二一日のことであった（『上越市史』別編1・四九六号）。

義昭が矢島に移り住むことができたのは、近江の大名・六角氏（六角義賢《よしかた》）の好意があったからに違いない。でも、なぜ六角は義昭に好意を寄せたのだろうか。それはおそらく、この頃の三好一門が内部分裂したことと無関係ではあるまい。

三好一門は将軍義輝を殺害し、阿波公方・足利義栄《よしひで》を迎立《げいりつ》しようとした。ところがそのわずか半年後、内部分裂を起こした。すなわち、三好一門の宿将である、三好三人衆（三好長逸《ながやす》・三好政康・石成《いわなり》友通）と松永久秀とが仲違いをしたのだ。永禄八年一一月のことである。双方は各地で干戈《かんか》を交え、その結果、戦火はたちまち畿内全域に拡がった（『多聞院日記』永禄八年一一月一六日条ほか）。

近江六角氏はこのような形勢を観察し、義昭を手元に置いておこうと判断したのだろう。畿内の政情は、三好一門内に生じた騒擾《そうじょう》によって混沌としていた。それゆえ、いま義昭を優待しておけば将来役に立つかもしれない――六角はそう考えたに違いない。

一方、義昭にとっても、三好一門の内訌は好都合だった。六角の好意を手に入れ、交通至便な矢島に拠点を移すことができるようになったからだ。また、三好が混乱しているスキに、彼らを討つため

義昭が滞在した和田の御座所跡
（滋賀県甲賀市甲賀町和田）

矢島における義昭の御座所跡
（滋賀県守山市の矢島町自治会館前）

の準備を進めることもできる。とはいえ、義昭はまだ僧侶のままだった。三好らを攻伐するのに、僧のままというわけにもいくまい。

そこで、義昭は矢島で還俗《げんぞく》した。僧から俗人に戻ったわけだ。永禄九年（一五六六）二月一七日のことである（『御湯殿上日記』同日条）。このあと、名前も「足利義秋《よしあき》」に改めた（後に義昭と改名）。そしてその二カ月後、彼は密かに朝廷に手を回し、「左馬頭《さまのかみ》」の官位を手に入れた（『言継卿記』永禄九年四月二一日条ほか）。この官位は、将軍家嗣君《しくん》を示す特別な官位である。

諸大名に支援を求む

こうして義昭は俗人に戻った。次いで、彼は三好・松永らを攻伐すべく、大名たちへ協力を求めた。すなわち、「三好らを討って上洛したいので、その御供《おとも》をせよ。力を貸せ」といった内容の書状を何通も作成し、各地の大名たちに遣わしたのだ。だが、義昭のもとに趨《すう》走《そう》してきた大名は一人もいなかった。兵を送ってきた者も皆無だった。

それはそうだろう。大名たちは近隣の大名と生存を賭けて戦い合っている。それゆえ、彼らはたとえ将軍家の貴公子・義昭からの要請であっても、領国をカラにして畿内に派兵するわけにはいかない。もしそのようなことをすれば、ライバルたちが手薄になった領国に攻め寄せて来るのは必至だったからだ。したがって、義昭から協力を求められた大名たちは、義昭に「合力します」と返答はしたものの、実際に兵を送ってくる者はいなかった。

しかし、義昭はそれでも大名たちに合力を求め続けた。せっせと書状を下し、使者を遣わし続けた。なぜだろうか。他に手立てがなかったということもあろうが、おそらく、彼は大名たちと書状をやり取りし、使者を交換し合うことで、大名たちとの間で人脈を築こうとしていたのではないか。

義昭は政界にデビューしたばかりである。彼はこれまで奈良にあったことから、大名たちとの間に個人的な人脈は十分にはなかった違いない。そうした義昭にとってまず重要だったのは、大名たちとの人脈作りである。大名たちと接触し、名前を覚えてもらい、上洛したいという志望を認知してもらうのだ。本格的な仕事はそれからでも遅くはない。準備が肝要だった。

もっとも、義昭からの合力要請に対し、かなり積極的に応諾の姿勢を示してきた大名もあった。その一人が織田信長である。

信長への期待

信長は尾張国（愛知県）を領する青年武将であった。年齢は永禄八年当時で三二歳である。この五年前、駿河（静岡県）の有力大名・今川義元を討ち、勢威を拡大させていた。その信長が義昭に「上洛戦に御供《おとも》します」と申してきたのだ。義昭はこれに悦んだ。そこで、彼はすぐさま侍臣らを信長のもとに遣わし、「早々に挙兵するように」と促した（「和田惟政関係文書」Ｉ号）。

しかし、信長は当時、一つの問題を抱えていた。それは、隣国の大名と交戦中だったことである。彼はこの頃、美濃国（岐阜県）の大名・斎藤氏（斎藤竜興《たつおき》）と戦っていた。これでは、信長が義昭を奉じて上洛することなどは、とてもできない。そこで、義昭は斎藤氏に「信長と和睦せよ」と下命した。だが、斎藤氏はこれに難色を示した。というのはこの頃、斎藤氏は信長に対して優勢に戦いを進めていたからだ。したがって、和睦などしたくなかったのである。

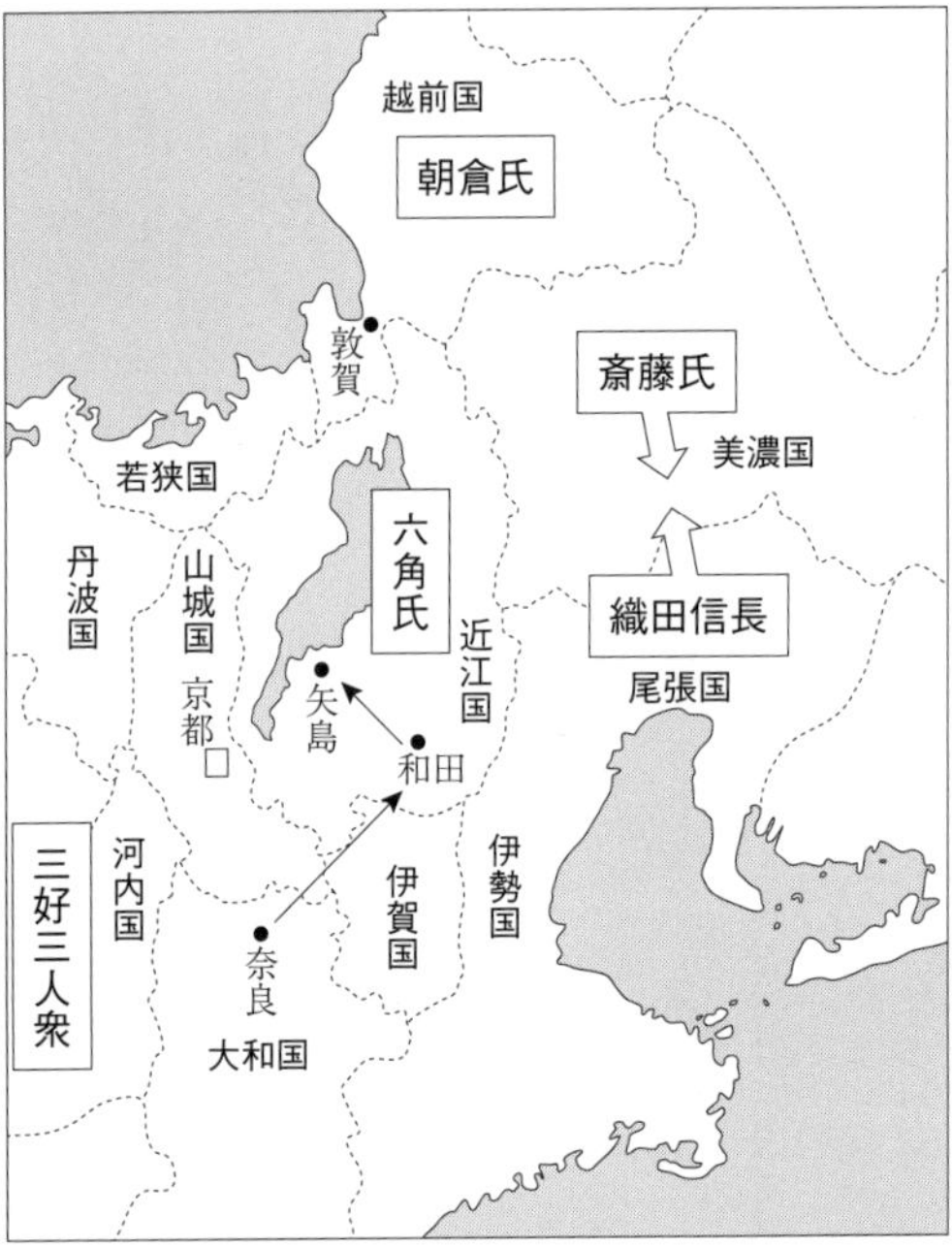

地図5　義昭は奈良を脱出すると和田，次いで矢島に移り，織田信長を頼ったが…

しかし、斎藤氏は結局、信長との和睦に応じる姿勢に転じた。斎藤氏重臣たちの書状によると、その理由はどうやら次のようなことだったようだ。すなわち、もし斎藤氏が和睦に応じなければ、信長はきっと「将軍家御曹司《おんぞうし》・義昭の上洛戦がうまくいかなかったのは、斎藤のせいだ」と周囲に言い触らすだろう。そうなると、斎藤氏は「将軍家の逆臣」という世評を受け、その誉聞《よぶん》を損なうことになる。それは避けたい、というわけである。斎藤氏としても、世間の評判は無視できなかったのである（『愛知県史』資料編一一〈織豊一〉五一六号。神田千里：二〇一四年、二一九～三二一頁）。

この結果、義昭の仲介で、信長・斎藤氏との間で和睦が成立した。永禄九年三月頃のことである（『上越市史』別編1・四九六号）。これによって、信長は義昭を擁佑《ようゆう》して上洛することができるようになった。いよいよ義昭の京都進撃が現実味を帯びてきた。この頃、義昭は「今年〈永禄九年〉の八月中旬には上洛戦を始めたい」と述べている（『愛知県史』資料編一一〈織豊一〉五〇八号）。

さらに義昭方では「信長が味方についた」ことを周囲に盛んに喧伝《けんでん》した。たとえば「信長は、永禄九年八月二二日には参陣する予定である。これにより、我が方には尾張・美濃・三河・伊勢の四カ国が味方になった」という内容の書簡を周囲にばらまいた。こうすることで、義昭方が「勝ち馬」であることを吹聴し、募兵《ぼへい》を推進しようと図ったのだろう（『多聞院日記』永禄九年八月二四日条ほか。村井祐樹：二〇一四年）。

一方、同じ頃、義昭の目指す京都・畿内は、相変わらず三好一門内の騒擾《そうじょう》が続き、紊乱《びんらん》していた。三好三人衆と松永久秀とが抗争していたのだ。彼らは、義昭が京都進撃の準備を整えつつあることを聞きつけたのか、永禄九年三月頃、義昭と手を組もうとした。それぞれが義昭に和を乞うてきたのである。そして、前将軍・義輝の弑逆については互いに「相手のせいだ」としたうえで、義昭に連携を求めてきたという。だが、義昭方ではこれを一蹴した（『上越市史』別編1・四九六号）。

無念の北陸逃亡

ところが、このあたりから義昭周辺の情勢は次第に悪化していく。まず、義昭にとって不都合なことに、宿敵・三好一門の内訌《ないこう》が収束しつつあった。三好三人衆が松永久秀を圧倒し始めたのだ。永禄九年の夏頃のことである。三好一門は、内訌が収束すればきっと再び畿内で勢威を回復してこよう。したがって、義昭としてはその前に上洛戦を開始しなくてはならない。ところが、これが開始直前で中止になってしまった。

その原因は信長にあった。というのは、信長は義昭の周旋で斎藤氏と和睦したのに、斎藤氏との再戦を決意してしまったのだ。永禄九年六月頃には再戦の動きを見せていたようで、義昭はこれを翻意させるべく、信長のもとに侍臣を増派せんとした。だが結局、信長は再戦の決意を変えなかった（八月末には再戦を始めてしまう。「和田惟政関係文書」J号、『愛知県史』資料編一一（織豊一）五一六号）。

おそらく信長は、「いかに斎藤氏と和睦したとはいえ、宿敵・斎藤氏が隣国に存在している限り、領国をカラにして上洛することはできない。まずは斎藤氏を倒すことが先決だ」と判断したのだろう。あるいは、信長は最初から「義昭を利用して斎藤氏を和睦に引き込む。そして和睦が成立したら兵を休め、兵粮を蓄え、しかる後に頃合いを見はからって斎藤氏との再戦におよぶ」という計画だったのかもしれない。

いずれにせよこうなると、信長は上洛どころではなくなる。さすれば、義昭としては上洛戦を延期せざるをえない。なぜならば、信長の支援がなければ上洛戦を始められないからだ。そうした中、義昭周辺で凶事が起きた。義昭はこの頃、近江国矢島で起居していた。これは、地元の大名・六角氏の好意があったからに他ならない。だが、その六角が三好三人衆と手を組んでしまったのである。先述のように、三好三人衆は永禄九年夏頃には、宿敵・松永久秀を圧倒して畿内を席巻しつつあった。そこで、六角はこうした状況を見てこの三人衆と連和したのだ。

このことは、義昭をたちまち危殆《きたい》に陥れた。というのは、三好三人衆は阿波公方・足利義栄（＝義昭のライバル）を擁佑《ようゆう》していたからである。その三人衆と六角が手を結んだということは、六角が三好三人衆と共謀し、いずれ義昭に戈矛《かぼう》を向けてくるかもしれない、ということを意味した。実際、危機は迫っていた。義昭の起居する矢島の御座所が三好方に夜襲されそうになる、という事件が起きていたからだ。六角は、もはや義昭を守ろうとはしなかった（『言継卿記』永禄九年八月四日条ほか）。

そこで、義昭はやむなく矢島から脱出することを決断した。時に、永禄九年八月二九日夜半のことである。義昭は、四〜五人の侍臣に守られて北に奔《はし》った。若狭国（福井県西部）に向かったのだ（『多聞院日記』同年閏八月三日条）。若狭の大名・若狭武田氏のもとには、妹が嫁いでいたからである。しかし折悪しく、若狭武田氏はこの頃、家中で騒擾が起き、攪乱《こうらん》していた。そこで、義昭は安座の地を求めてさらに北行した。そして越前国主の朝倉氏を頼り、同国の敦賀《つるが》（福井県敦賀市）に到った。永禄九年九月八日のことである（『上杉家文書』一一三〇号）。

こうして義昭は北陸に遁走した。彼としては「京都から遠く離れた」ことに忸怩《じくじ》たる思いがあったに違いない。というのは、京都からあまり遠方に移座してしまうと、周囲から上洛の熱意を疑われかねなかったからである（『上杉家文書』五一二号）。

こうなった責任の過半は、信長その人にあった。信長は斎藤氏との間で成立していた和睦を破り、再戦を決意してしまった。この結果、義昭は信長から支援を受けられなくなった。それゆえ、上洛戦にすぐに打って出ることができなくなり、ついには矢島を脱出する羽目になったのだ。義昭はこの頃、敦賀で親しい大名に次のように慨嘆《がいたん》している。「信長が支援してくれなかったので、矢島の御座所が三好・松永に攻められそうになった。そこで、ここを逃げ出さざるをえなくなった」というのである。まさにその通りだったといえよう（『上杉家文書』一一三〇号）。

義栄が先に将軍に

さて、義昭はこうして北陸に去った。では、そのライバル・足利義栄《よしひで》はどうしていたのだろうか。義栄は、将軍義輝殺害（＝永禄八年五月）後、三好三人衆と手を組み、阿波から上洛して将軍になろうとしていた（『言継卿記』永禄九年三月一三日条ほか）。しかしこの直後、前に述べたように三好三人衆と松永久秀とが抗争を始めてしまった（＝永禄八年一一月）。これでは、義栄としても上洛はできない。彼はしばらく様子見を決め込んだ。

その後、三好一門の内訌《ないこう》は、永禄九年の夏頃になると三好三人衆の勝利でほぼ収束した。そこで、足利義栄はこのような情勢を通観して一安し、ようやく上洛に動き出した。すなわち、阿波から摂津国（大阪府）に渡海したのだ。時に永禄九年九月二三日のことであった。なお、父・義維《よしつな》と弟の義助（一四歳）も、この時一緒に渡海した（『言継卿記』同二五日条）。

その後足利義栄らは、まずは摂津国の越水城《こしみず》（兵庫県西宮市）に入り、次いで総持寺《そうじじ》（大阪府茨木市）に移座した。永禄九年一二月七日のことである（『言継卿記』同八日条ほか）。そのあと、彼らは摂津国富田《とんだ》（大阪府高槻市）に駒を進め、ここで義栄の将軍就位準備に着手した。この結果、朝廷から義栄に対し、将軍家嗣君《しくん》を示す「左馬頭《さまのかみ》」の官位が授けられた。永禄一〇年正月のことである。次いで二月には、来るべき将軍宣下《せんげ》（＝将軍任命）の儀式を主宰する、公家衆の人選もなされた。いよいよ義栄の将軍就任は目前となったといえよう（『言継卿記』同年正月五日、二月一三日条ほか）。

ところが、ここで変事が生じた。なんと三好一門で再び内訌が起きたのである。そもそも前回の内訌は、三好三人衆と松永久秀との対立だった。この時、三人衆は三好義継《よしつぐ》（＝三好一門の惣領）を擁して松永と戦った。ところが三人衆と三好義継は、このあと仲違いをしてしまった。そして三好義継は、かつての宿敵・松永久秀のもとに奔った。この結果、今度は、三好三人衆と松永久秀・三好義継との間で戦いが始まることになった。永禄一〇年二月のことである（『多聞院日記』同一八日条）。三好一門は、またもや分裂したわけであった。もはや、三好は末期的状況にあったといえよう。

これによって、畿内はまた攪乱した。永禄一〇年一〇月には、松永と三人衆との戦闘によって奈良・東大寺の大仏殿が焼失してしまった（『多聞院日記』同一〇日条ほか）。戦いは畿内各地に広まり、なかなか決着がつかない。この結果、足利義栄の将軍就任はまたしても延期になった。義栄にとって三好一門は支柱である。それがかくのごとく騒擾を繰り返していては、義栄としても方途《ほうと》が見つからなかっただろう。

とはいえ、足利義栄にとっては、今が将軍の栄位を手にする天与の好機であった。というのは、ライバルである義昭はこの頃、越前にあり、上洛の目処をつけられないでいたからだ。そこで義栄の近

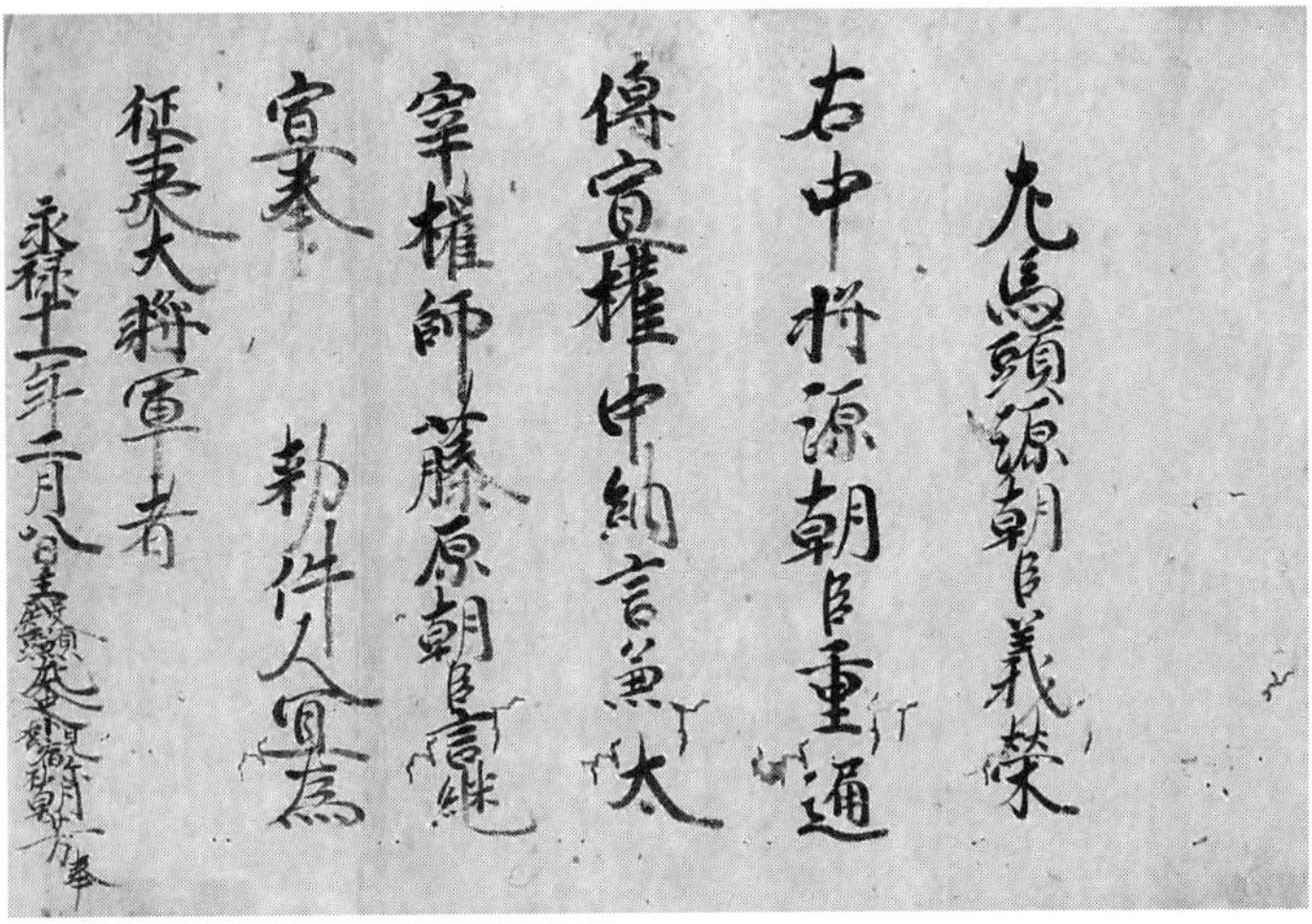
左馬頭源朝臣義栄
右中将源朝臣重通
傳宣權中納言兼太
宰權帥藤原朝臣言継
宣奉　勅件人宜為
征夷大将軍者
永禄十一年二月八日

義栄の14代将軍宣旨案（宮内庁書陵部蔵）
足利義栄を征夷大将軍に任ず，とある。

臣たちは、朝廷側と談合を重ね、「早期に義栄へ将軍宣下する」ことで一決した。永禄一一年（一五六八）正月のことである（『晴右記』同二七・二九・三〇日条ほか）。そしてついに二月八日、朝廷から足利義栄に対し、将軍宣下がなされた。宣旨《せんじ》（＝朝廷の任命書）は一二日、勅使をもって義栄のいる摂津富田に遣わされたという（『言継卿記』各日条ほか）。

義維の宿願果たさる

こうして足利義栄が一四代将軍となった。彼は三三歳になっていた。父・義維《よしつな》の喜びは、いかばかりだったろうか。義維はこれまで長い間、将軍位を手に入れることを志望し、奮闘してきた。そもそも、義維は父（一一代将軍・義澄《よしずみ》）の意向で阿波国で成長した。そして長ずるに及び、上洛して将軍の地位を手に入れることを目指した。しかし、一二代将軍の地位は、さまざまな事情から兄弟である義晴に先に取られてしまった。でも、義維は諦めなかった。

大永七年（一五二七）に畿内の政情が紊乱した。するとこれに乗じて義維は、阿波から堺《さかい》（大阪府堺市）に上陸し、たちまち京都やその周辺を席巻した。そうした義維を、世間は「堺公方」とか「堺大樹《たいじゅ》」と尊称した。公方とか大樹というのは将軍という意味である。つまり、義維は事実上の足利将軍とみなされていたわけだ。だが、彼はこの時将軍位を得ることはできなかった。なぜならば、支柱としていた細川晴元が義維を裏切り、彼のライバルである一二代将軍・義晴と手を組んでしまったからである。この結果、義維は阿波に退かざるをえなかった（→第一章1）。

しかし、義維は素志を曲げず、志望を捨てなかった。天はそうした彼に再び好機を与えた。このあと細川晴元が義晴と仲違いし、阿波にいた義維を新将軍として擁佑《ようゆう》せんとしたのである。義維にとってこれは好機であった。彼は勇躍して立ち、阿波を出帆して堺に上陸した。天文一六年（一五四七）のことである。だが、この時も彼は夢を果たすことはできなかった。細川晴元がまた裏切り、義晴と仲直りしてしまったからだ。それゆえ、義維は阿波に戻らざるをえなかった（→第一章3）。

でも、天は義維をまだ見捨てない。天文二二年（一五五三）、今度は、三好長慶が一三代将軍・義輝と仲違いし、代わりに義維を新将軍に迎立する動きを見せたのだ。義維に再びチャンスがめぐってきたわけである。ところが、この時もまた彼の夢は実現しなかった。三好が方針を転じ、将軍義輝との和睦へと進んでしまったからだ。この結果、義維は阿波に籠居せざるをえなかった（→第三章1）。

こうして、義維は将軍位を目指して戦い続けた。それは実に四〇年もの長きにわたった。この間、何度かチャンスはあった。だが、いつもあと一歩のところで夢は実現しなかった。まさに九仞《きゅうじん》の功を一簣《いっき》に欠《か》くというあり様だったのである。

しかしここに至り、ついに子息・足利義栄が将軍となった。義維自身が将軍の栄位に就くことはできなかったが、子息が将軍となったのだ。義維の宿願は、見事に果たされたといってもよかろう。もとより、新将軍の立場はいまだ脆弱である。しかし、ライバル・義昭は京都から遠く離れた越前にあった。こうした情況を考えれば、新将軍・義栄の地位はとりあえずは安泰といえよう。

だが――情況は目まぐるしく変転していた。まさに滄海桑田《そうかいそうでん》であった。

このあと、ライバルの義昭がたちまち京都に迫って来るのである。これを知って義維や将軍義栄らは、きっと困惑したに違いない。義昭は越前にあり、上洛の目処もつかずに逼塞していたのではなかったか。なぜ、それが今、京都に迫っているのか……

2　信長はなぜ義昭と手を組んだのか

信長からの招き

義昭は永禄九年（一五六六）八月末、近江国矢島を脱出した。そして、朝倉氏（朝倉義景）を頼ってその領国・越前国に入った。すなわち、同年九月八日には越前国敦賀《つるが》に到着し、しばらくここで過ごした。そのあと義昭は永禄一一年（一五六八）正月以前に、一乗谷《いちじょうだに》（福井県福井市）に移座したようだ。一乗谷は、朝倉氏の本拠地である（『多聞院日記』永禄一一年正月一七日条ほか)。

そして、義昭はここで朝倉氏の支援のもと、正式に元服(＝成人)の式典を挙げた。だが義昭にとって、この越前は回天の地とはならなかった。彼は上洛を志望していた。しかし、朝倉氏は一向に上洛する気配がなかったからである。この間、ライバルの足利義栄が一四代将軍となってしまった。義昭はこれを知り、きっと焦燥のうちにあったことだろう。

ところが、そうした義昭のもとに思わぬ朗報が飛び込んできた。信長が義昭に「上洛戦の御供《おとも》をしたい」と言上してきたのだ。永禄一一年七月頃のことである(『上越市史』別編1・五七七号)。信長はこの二年前にも義昭に同じことを言上したが、この時は北隣に美濃斎藤氏がいたため、義昭を十分に支援することができなかった。だが、今の信長は二年前の彼ではない。というのは永禄一〇年(一五六七)夏頃、信長はついに宿敵・斎藤氏を伏滅せしめ、美濃国を併呑《へいどん》していたからである。それゆえ、彼は今や上洛戦が可能な状況にあった。

その信長が義昭に支援を申し出てきたのだ。義昭にとっては、これは千載一遇の好機といえよう。義昭は喜悦し、すぐさま信長のもとに向かった。越前を去り、永禄一一年七月二

義昭が滞在していたという一乗谷の御座所跡
(福井市城戸ノ内町)

二日に信長の本拠・美濃国岐阜に到った（『多聞院日記』同二七日条ほか）。信長の伝記『信長公記《しんちょうこうき》』（巻一）によれば、義昭は岐阜の立政寺《りゅうしゅうじ》に居を定めたという。こうして、義昭は信長のもとに趨走《すうそう》した。でも、信長はなぜ義昭を、このタイミングで自国に招聘《しょうへい》したのだろうか。

信長の意図は何か

信長が義昭を岐阜に呼んだのは、永禄一一年七月のことだった。義昭は上洛を宿願としていたから、その義昭を招いたということは、信長が、この時上洛に動き出そうとしていたことを意味する。でも、なぜ彼はこのタイミングで上洛に動こうとしたのか。

信長が前から上洛を計図《けいと》していたことは確かである。それは、彼が永禄一〇年夏の美濃併呑頃から、「天下布武」という印章を使っていたことからも明らかだろう（この「天下」とは、京都とその周辺を意味する）。そもそも信長は、美濃を平定した直前後から早くも上洛準備に動いていたらしい（村井祐樹：二〇一四年）。その準備がついに整ったことから、信長は義昭を招聘したのだろう。

しかし、信長は義昭を招いた時点でも、まだ美濃平定から一年ほどしか経っていない。これほどの短期間では、おそらく信長はいまだ美濃を十分には掌握しきれていなかったのではないだろうか。にもかかわらず、彼はこのタイミングで早くも上洛に動いていた。どうしてだろうか。

信長はこの直前まで、美濃斎藤氏と死闘を演じていた。美濃衆との戦いは長期におよんだ。そして信長はようやくこれを制し、美濃を併呑するに至った。だが、尾張と美濃の諸将は、これまで長きにわたって激越に戦い合ってきた。さすれば、たとえ信長のもとに尾張・美濃が合体したとしても、双方の間で「わだかまり」が残っただろうことは想像に難くない。それゆえ、信長はこういった「わだかまり」を持つ尾張・美濃の諸将を団結させ、自分のもとに結集させていかなくてはならない。そしてそれには「外に共通の敵を設ける」のが一番であった。

すなわち、信長が尾張・美濃の別なく、すべての諸将を引率して「共通の敵」を叩くのだ。そして、王城の地・京都に旗を立て、武門としての面目を施す――こうすることで諸将の一体感を醸成し、家中の団結力を強めていく、というのが信長の目論《もくろ》みだったのではないか。つまり、信長は美濃併呑から間もなかったからこそ、あえて上洛戦に打って出る必要があった、というわけである。

なぜ義昭を招いたか

では彼は、この上洛戦に先だってなぜ義昭を招いたのだろうか。すぐに思いつくのは、義昭に「緩衝」の役を期待したということだろう。そもそも、信長や織田氏はこれまで京都・畿内に縁がなかった。さすれば、そのような信長がいきなり大兵を率いて京都に急迫すれば、京都の人々は「よそ者」信長に対してアレルギー反応を起こすに違いない。一方、義昭は足利将軍家の貴公子として京都に由縁《ゆえん》を有する。京都の人々も、義昭ならば順服しやすいだろう。それゆえ、信長は上洛戦にあたって義昭を招き、これを旗印として擁佑《ようゆう》したのではないだろうか。

また、信長が義昭を招いた理由として、以前の恥辱を雪《すす》ぎたかったということもあっただろう。先にも述べたように、信長は二年前、義昭に上洛への支援を約束しながらこれを果たせなかった。それゆえ、義昭からは「信長のせいだ」と非難され、斎藤氏からも「天下の嘲弄《ちょうろう》だ」と批判されて面目を失うことになった（『愛知県史』資料編一一（織豊一）五一六号）。

この状態を放置しておくと、信長の声誉《せいよ》は地に堕ちたままである。また、家臣や同盟諸将から「頼もしからず」という批判も受けかねない。そうしたことから信長は、義昭を招き、その上洛戦を今度はきちんと支援することで、この時の恥辱を除き払いたいと考えた――そのような可能性は十分にあるだろう（柴裕之：二〇一七年）。

さらに一四代将軍・足利義栄を擁佑する三好三人衆への対抗上、義昭が必要だった、ということも考えることができよう。信長が上洛戦を進めるにあたり、最初の敵になるのは、西隣りの近江六角氏だった（信長は美濃を併呑した結果、六角領と境を接するようになった）。そして、この六角氏は三好三人衆と手を組んでいた（『言継卿記』永禄一一年八月一七日条）。それゆえ、三人衆が六角を支援し、信長に挑んでくる可能性は十分にあった。

もしそうなった場合、三人衆側は、きっと将軍義栄を前面に押し立て、信長を「将軍家の逆臣だ」と誹謗《ひぼう》しつつ攻め込んでこよう。これに対抗するには信長側も、足利血胤《けついん》の貴公子を擁していかねばならない。信長はそう判断し、義昭を招聘するに至ったのではないだろうか。

さて、こうして信長は義昭を招き、上洛への軍旅を発すべく着々と準備を進めた。まず狙うのは近江の六角氏である。六角氏は、畿内で威勢を敷く三好三人衆と連携していた。そこで、信長は三人衆と抗争していた、三好義継・松永久秀と手を組んだ。「敵の敵は味方」というわけだ。また、北近江の大名・浅井《あざい》氏（浅井長政）とも連携した。このようにして六角包囲の準備を整えると、信長はついに大兵を引率して岐阜を出陣した。

信長軍は怒濤のごとく、近江になだれ込んだ――

3 義昭・信長はいかにして上洛したのか

すさまじき快進撃

信長は上洛への軍旅を発した。時に永禄一一年（一五六八）九月七日のことである。信長軍の侵攻を知った六角氏は、ただちに邀撃《ようげき》の陣を布《し》いた。しかし歯が立たない。信長軍に痛撃され、たちまち潰敗《かいはい》した。これを見た信長軍は勢いに乗じて六角軍をますます猛追し、永禄一一年九月一二日には六角氏の主要拠点・箕作《みつくり》城（滋賀県東近江市）を攻め落とした。

さらにその日の夜半には、なんと六角氏の本城・観音寺《かんのんじ》城（滋賀県近江八幡市）まで落としてしまった。信長軍はまたたく間に六角の保有する城塞を、一一〜一二も攻め落としていったという。六角氏当主・六角義賢はこれを見て逃亡した（『言継卿記』同一三・一四日条ほか）。

なぜ、六角はこうも脆《もろ》かったのか。その一つの理由は、大量の造反者が出たことにあるだろう。六角麾下《きか》の有力諸将（後藤、長田、進藤、永原ら）が、次々に六角氏を見捨てて信長に寝返ったのだ（『言継卿記』永禄一一年九月一四日条ほか）。これは、以前から六角主従の間で騒擾《そうじょう》があったからである。というのは、六角氏では永禄六年一〇月、「観音寺騒動」と呼ばれる主従の対立事件が起きていた。そしてその後も家中で争いが絶えなかった。つまり、六角は信長と戦う前に内部崩壊していたのだ。

こうして、信長は南近江をたちまち平定した。岐阜を出陣してたった一週間のことであった。続いて彼は、畿内を差配する三好三人衆を討つべく京都に急迫した。京都の諸人はこれを知り、駭然《がいぜん》とし

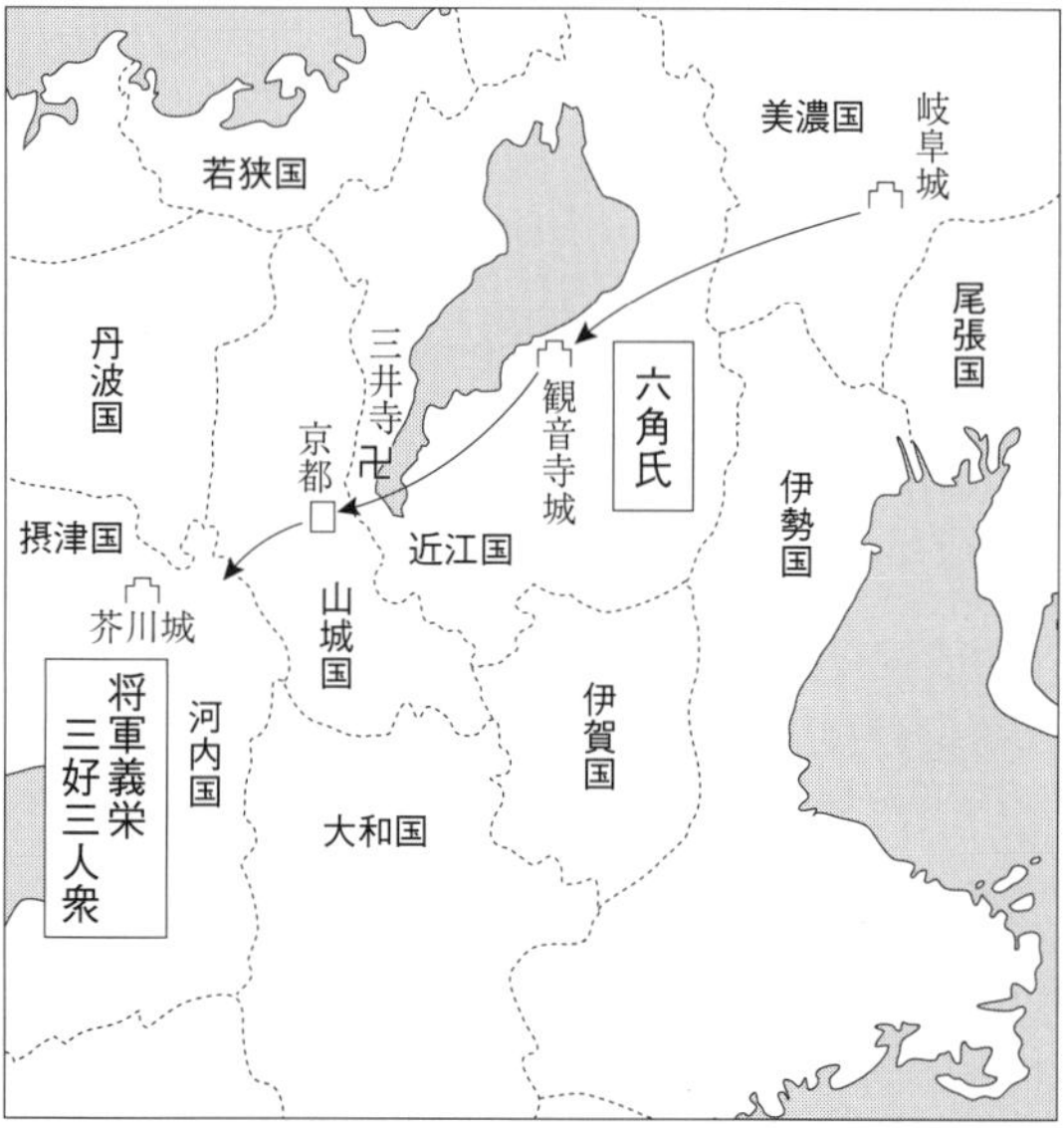

地図6　義昭・信長の進撃ルート。二人は岐阜を発ち，京都に向かった。

六角氏の本城・観音寺城跡
（近江八幡市安土町）

て恐怖に慄《おのの》いた。人々は今にも凶暴な信長軍が攻め込んでくると感じ、恐慌を来《きた》した。当時の記録には「終夜、京中騒動」、「騒動以《もっ》ての外《ほか》」とある。

朝廷もまた恐怖した。そこで信長に急使を発し、禁裏《きんり》（＝皇居）を警固するよう訴願した。将軍・

足利義栄に昵近《じっきん》していた公家の中には、信長や義昭の報復を恐れ、いち早く逃亡した者もあった（以上、『言継卿記』永禄一一年九月一四・一六・二〇日条ほか）。

一方、義昭は「信長軍が快進撃中」との報に接すると、近臣たちに守護されながら岐阜を出立した。そして、永禄一一年九月二五日には大津（滋賀県大津市）に到り、三井寺《みいでら》の光浄院に陣したという（『足利義昭入洛記』、木下聡：二〇一五年）。ちなみに、この光浄院は将軍家所縁《ゆかり》の寺である。かつて一〇代将軍義稙《よしたね》が近江出征の際、ここを本営にして指揮を執ったのだ。もう八〇年近くも昔のことである。義昭は遠祖も陣した光浄院に入り、何を思ったであろうか。

畿内を席巻す

さて、信長軍はついに京都に入城した。義昭もまた永禄一一年九月二六日に京都・清水寺《きよみずでら》に入った。信長は同日、東寺に陣し、侍臣を急派して禁裏警固に当たらせた。信長は畿内に基盤がない。それゆえ、人々の尊崇を受けている禁裏・天皇を保庇《ほひ》し、これによってきちんと人心を攬《と》ることが不可欠であった。

一方、三好三人衆は京都南郊で邀撃の陣を布いた。すなわち、彼らは要衝・勝龍寺城《しょうりゅうじ》（京都府長岡京市）で信長軍を待ち構えたのだ。これを見た信長は三人衆攻伐に着手した。義昭も、東寺に詣でて戦勝を祈願すると、勝龍寺城に近い京都・西岡《にしのおか》の寂照院《じゃくしょういん》という寺に陣した。永禄一一年九月二七日のことである。信長軍は勝龍寺城を包囲し、これに襲い掛かった。と同時に信長軍は、摂津国芥《あくた》川《がわ》城（大阪府高槻市）に対しても攻伐を始めた。

義昭はこういった戦況を通覧し、九月二八日に京都南部の山崎（京都府大山崎町）に駒を進め、芥川

14代将軍・義栄の墓
(徳島県阿南市那賀川町赤池・西光寺境内)

攻城戦に参陣した。芥川城は三人衆の畿内における主要拠点である。したがって、三人衆方からの激越な反撃が予想された。ところが、ここで意外なことが起きた。勝龍寺城も、そして芥川城ですら、三人衆側の諸将はさしたる抵抗を見せぬまま、信長方に開城・退却してしまったのである。永禄一一年九月二九日のことであった。信長軍の進撃速度があまりにも早かったことから、三人衆方は、虚を衝《つ》かれて混乱し、信長軍を十分に迎撃することができなかったのだろうか。

義昭はこうした捷報《しょうほう》を得ると、永禄一一年九月三〇日に芥川城に入城した。この日は、三人衆の拠点・河内国高屋《たかや》城(大阪府羽曳野市)も信長軍によって落とされた。この結果、山城・摂津・河内三カ国(今の京都府南部から大阪府)という畿内の主要部分が、たちまち義昭・信長のもとに平伏《ひれふ》することになった(以上、『言継卿記』、『多聞院日記』各日条ほか)。信長が岐阜を出陣して、まだ一カ月も経っていないのにこの戦果である。驚嘆すべきことといえよう。

ちなみに、一四代将軍・足利義栄は、信長軍の攻勢に堪《たま》らず逃走したようだ。彼は本営としていた摂津国富田《とんだ》から姿を消した。その後の足どりは杳《よう》として分からない。『公卿補任』などの公式の記録には、この直後に病死したことになっている。しかし、真相は不明である。ただ、弟の足利義助は阿波に戻ったようだ。そして、彼の子孫は阿波で生き続けた。江戸時代には阿波国平島《ひらしま》（徳島県阿南市）に居館を構え、代を重ねて江戸後期に至った。歴代当主は地元の人々から「公方」と称され、敬仰《けいぎょう》されたという（長谷川賢二：二〇〇六年）。

さて、こうして信長は畿内を席巻した。義昭も、信長という驥尾《きび》についたがゆえに畿内に君臨することになった。奈良のある僧侶は、この状況に次のような称嘆の声を上げた。「これまで将軍家が、かくのごとき広大な領域を一挙に支配下に置いたことはなかった。希代《きだい》のことだ」というのだ（『多聞院日記』永禄一一年一〇月六日条）。

その後、信長は京都のある山城国や丹波国（いずれも京都府）などを差配することになった。ここは、三好一門、それ以前は細川氏が国主だったところである。また、大和国は松永久秀に任された（『多聞院日記』永禄一一年一〇月五日条）。松永は、三好三人衆と対立していたことから、主君・三好義継とともに義昭・信長と手を組み、その上洛戦に協力していたからだ。これ以外の畿内各地も、功を樹《た》てた諸将に委《ゆだ》ねられた。あとは、いよいよ義昭の将軍就任であった。

一五代将軍の誕生

義昭は永禄一一年一〇月一四日、これまで滞在していた芥川城から京都に帰着した。そして六条（下京）にある本国寺（本圀寺）に入った。一方、信長も入京し、清水寺を営所とした。次いで、義昭は一〇月一六日に上京にある細川屋形に移座した。ここは、かつて畿内最大の勢威を誇った細川氏当主の邸宅である。この頃、細川氏は三好一門の台頭もあり、凋落《ちょうらく》していた。だが、京都の屋形はまだ健在だった。義昭は本国寺を出て、この細川屋形に入った

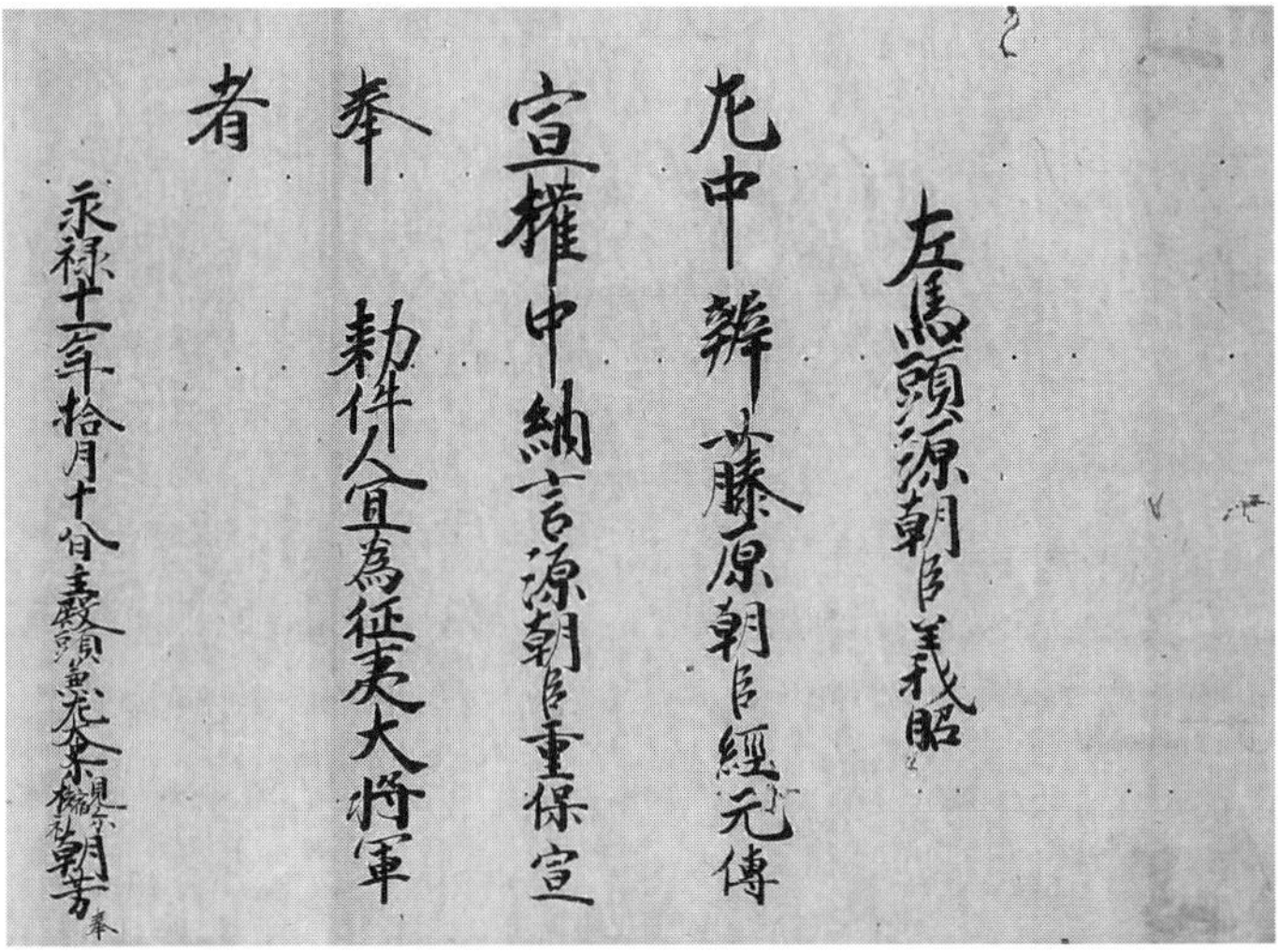
左馬頭源朝臣義昭
右中弁藤原朝臣経元傳
宣權中納言源朝臣重保宣
奉　勅件人宜為征夷大将軍
者
永禄十一年拾月十八日

義昭の15代将軍宣旨案（宮内庁書陵部蔵）
足利義昭を征夷大将軍に任ず，とある。

のだ。おそらく、将軍宣下を受けるに際し、寺では慶事にふさわしくないとされたからだろう（以上、『言継卿記』各日条ほか）。

その二日後、ついに義昭は朝廷から征夷大将軍（一五代将軍）に任じられた。

時に永禄一一年一〇月一八日のことであった。兄・義輝が非業の最期を遂げ、住み慣れた奈良を脱出してからすでに三年あまりが過ぎていた。この間、義昭は各地を転々とし、辛酸を嘗《な》めた。だが、ここに至ってようやく宿願を叶えたのだ。この時、義昭は三二歳になっていた（ちなみに、信長は三五歳であった）。

こうして、義昭は将軍となった。信長の勲功は抜群である。そこで、義昭は信長に報恩《ほうおん》すべく、功賞として高いランクの栄典（称号・爵位）を授与しようとした。しかし、信長はそのほとんどを謝絶したという（『信長公記』巻一）。また朝廷も、信長を「副将軍」に任じようとした。だが、信長はこれも受けなかった（『言継卿記』永禄一二年三月二日条）。このことはしばしば、信長が「義昭の家臣になることは決してない」という意思表示をしたもの、と理解されてきた（小島道裕：二〇〇六年、九四頁）。だが、そうなのだろうか。

この当時の社会常識に照らして考えれば、義昭と信長は君臣の関係である。もとより義昭が主君で、信長が臣下である。この二人が対等などということは、まずありえない。信長が義昭から栄典を受けようが謝絶しようが、それは変わらない。信長自身もまた、義昭との関係を（本心はともかく）「君臣だ」と表明していた（→第七章2）。

では、なぜ信長は栄典を謝絶したのか。たんに寡欲《かよく》だったからだろうか。そうではあるまい。おそらく政治的な意図があったのだろう。たとえば、義昭から大げさな栄典を拝受することで、義昭との君臣関係を殊更《ことさら》に強調されるのは好ましくない、といった判断が信長側にあったのかもしれない。

また、かつて三好一門は、将軍から高いランクの栄典を手に入れ、その結果、分不相応だとして大名たちから批判された（→第三章2）。さすれば信長としては、こうした批判を避けたかった、ということもあっただろう。信長は畿内を席巻した。だが、この地に強固な基盤があるわけではない。そのような中で畿内で威権を振るうには、諸大名をはじめ、世間を味方につけておくことが肝要だった。

『信長公記』（巻一）によれば、信長が栄典を辞退すると、「希代《きだい》の御存分」だと「都鄙《とひ》上下」が「感じ申し」たという。信長を皆々が称賛した、というのだ。当時の信長にとって最も欲しかったのは、こうした世評を手に入れることだったに違いない。

さて、信長は岐阜を出陣して、わずか一カ月あまりで畿内を席巻し、京都を制圧した。すなわち、近江六角氏を痛撃し、三好三人衆を敗走させ、擁佑《ようゆう》する義昭を将軍にした。ここまでの信長は、打つ手がすべて的確であったといってよい。だが、信長とて神ではない。ここで大きな失策を犯した。

信長の手抜かり

それは、岐阜に帰国してしまったことである。永禄一一年一〇月二六日のことであった（『足利義昭入洛記』）。京都には、一部の宿将とわずかな手勢を残しただけであったという（『多聞院日記』同年一一月二二日条）。なぜ、信長はこのタイミングで岐阜に戻ってしまったのだろうか。三好三人衆の反撃を予想していなかったのだろうか。それとも、反撃されても撃退できると考えていたのか。あるいは、信長にとってこれほど早い畿内制覇は予定外であり、それゆえ準備が不十分で、兵粮などが欠乏していたのだろうか。

だが、この帰国は重大な事変を招いた。三好三人衆が反撃に転じたからだ。三人衆は、信長によっていったんは京都周辺から追われた。しかし、なお兵勢を維持し、着々と反撃の準備を進めていた。そうした三人衆にとって、信長の帰国はまさに天与の機会だったろう。彼らはその本国である四国から到兵《けいへい》を呼び寄せると、たちまち畿内各地で蠢動《しゅんどう》し始めた。

このような事態に、信長や義昭らが無警戒だったわけではない。たとえば、義昭は京都東郊外の勝軍山《しょうぐんやま》に営塁を築き、京都の防備を厚くした（『多聞院日記』永禄一一年一一月二二日条）。この勝軍山は彼の兄・義輝も城を築いた険要の地である。

しかし、油断があった。たとえば松永久秀はこの頃、大和国を任されていた。その松永が、畿内各地で三人衆の蠢動が顕著になっていたにもかかわらず、大和を離れて信長のいる岐阜に下ってしまった。永禄一一年一二月末のことである。信長に新年の賀辞を述べようとしたのだろうか。だがこの結果、京都近辺の防備は手薄になった（『多聞院日記』同月二四日条）。

三好三人衆はこれを見逃さなかった。彼らは動いた。精兵を督率し、ただちに京都を襲ったのだ。永禄一二年（一五六九）正月四日のことである。ちなみにこの時、義昭は京都・六条にある本国寺を御座所としていた。彼は前年の一〇月二九日、細川屋形から本能寺に移り、次いでこの本国寺に移座していた。その本国寺が三人衆に急襲されることになった。

三人衆麾下の勁兵《けいへい》たちは、勝軍山の営塁を焼き払い、永禄一二年正月五日にはついに京都市内になだれ込んだ。そして、義昭のいる本国寺に猛迫した。

この事態に、義昭や近臣たちは必死で防戦にあたった。こうした中、苦戦する義昭のもとに味方が駆けつけた。摂津からは池田や伊丹《いたみ》といった有力武士たちが来援した。河内からは、三好義継の兵が義昭のもとに支援に駆けつけた。ちなみに、この三好義継というのは、将軍義輝を弑逆したあの三好義継である。彼は今や信長・義昭麾下の大名となっていた。なお、このあと彼は信長の媒酌によって、義昭の妹を夫人に迎えることになる（『言継卿記』永禄一二年三月二七日条）。

さて、義昭の与党は次第に本国寺に集結し、三人衆方と激しく斬り結んだ。この結果、三人衆方は総崩れとなった。永禄一二年正月六日のことである。三人衆は散兵を集め、四国方面に落ち延《の》びていった。義昭は危ないところで死地を脱した（以上、『大日本史料』永禄一二年正月五日条ほか）。

一方、信長は凶報に接すると、すぐに岐阜を発った。京都に入ったのは永禄一二年正月一〇日だったという（『言継卿記』同日条）。彼にとってこの「本国寺の変」は、痛恨の失策だったといえよう。もし義昭が三好三人衆に討たれるか拉致されたりしていたら、信長の面目は失墜し、今後の政治日程も大きく狂ったに違いない。義昭が無事であったのは、信長にとって何よりもの僥倖《ぎょうこう》であった。

殿中掟の狙い

さて、信長はこの本国寺の変直後に二つのことに着手した。一つは、義昭とともに「殿中掟」を制定・布達したことである（『増訂織田信長文書の研究』一四二号。以下『信長文書』と略記す）。この「殿中掟」は、義昭の近臣たちが殿中（＝将軍御所内）で遵守すべき諸規則を定めたものである。条文の写しが仁和寺や毛利氏のもとに伝えられているので、殿中だけで秘匿されたわけではなく、外部にも公開されていたようだ。

その内容は、大きく分けて次の二つである。すなわち一つは「将軍侍臣のうち、常勤の者は前々のようにきちんと精勤し、常勤でない上級者は御用があり次第にしっかり出仕して精勤せよ」、「御所内での身分秩序を乱すべからず」といった、将軍御所内での作法についての規則である。将軍（義昭）への精勤を求め、下級身分の者が猥《みだ》りに殿中で跋扈するのを戒める、といった、ほぼ常識的な内容の条文で占められている。

もう一つは「裁判は、前々のように遂行すべし」といった、裁判の仕方についての規定である。たとえば「裁判を実施する日は、前々のようにせよ」とか、「当番の人を介さずに、将軍に訴訟を披露してはいけない」、「直訴は禁止とする」といった条文などがある。これら裁判に関する条文は、これまで歴代将軍やその佐吏たちによって遵用《じゅんよう》されてきた、裁判の諸規則とほぼ同じ内容である。この掟では、こういった規則を踏襲すべきことが謳われている。

では、なぜこのような掟が、このタイミングで定められたのだろうか。この「殿中掟」が制定されたのは永禄一二年の正月一四日付である。ということは、義昭の将軍就任からまだわずか二カ月あまりしか経っていないことになる。義昭はこの時点でもすでに、京都内外の諸領主からの要請を受けて、彼らに権利保証などの沙汰を下してはいた。しかし通常、将軍家の御沙汰始《ごさたはじめ》（＝年初の仕事始め）は二月一七日である。さすれば、まだ義昭の政権は実働してはいなかったと見てよい。

こうしたことを考えれば、「殿中掟」は、二カ月前に発足した義昭新政権がこれから本格的に始動するにあたり、義昭近侍の者たちに対し、将軍御所内での作法、および義昭・信長らの裁判方針を告《こく》諭《ゆ》し、その厳守を改めて徹底させるために制定された、と理解するのが穏当な解釈だろう。

おそらくこの「殿中掟」によって、将軍侍臣らは「新将軍となっても以前と変わらない形で精勤せよ」とされて一安を得たことだろう。また、裁判を担う奉行衆（＝事務官僚）も「裁判は前々のごとく遂行すべし」という方針が明らかとなったので、今後仕事がしやすくなったに違いない。

さらに、これまで京都内外の諸領主は、義昭・信長による新政権がどのような施政方針を持っているのか分からず、懸念していたことだろう。というのは、義昭や信長はこれまで畿内を差配したことがなかったからである。そうした中、「殿中掟」が公表され、義昭や信長はこれまでと同じ形で裁判を行う、ということが明らかになった。さすれば、諸領主たちはこれを見て安堵したことだろう。

また「殿中掟」は、本国寺の変が解決してからわずか一週間あまりで制定されたものであった。そもそもこの変は、信長が岐阜に帰国してしまったことに起因したものである。このことは、京都内外の諸領主、さらに義昭の近臣たちに「信長は本当に義昭を支えていくつもりなのか」という疑念を与えたに違いない。しかし、「殿中掟」が義昭と信長によって制定・公表されたことで、信長は今後も義昭と連携していく、ということが改めて明示されることになった。さすれば、これもまた諸領主や義昭近臣たちを安堵させたことだろう。

このように「殿中掟」は、義昭・信長の施政方針を将軍近臣たちに示すのみならず、これを外部の諸領主にも伝え、また「義昭・信長の連携は今後も続く」ことを内外に公表するという役割も果たしたといえる。してみればこうしたことも、この「掟」の制定された理由だったのかもしれない。

勝ち馬をアピールせよ

さて、信長が本国寺の変後に着手したもう一つの事業は、将軍御所の建設である。義昭は御座所としていた本国寺を三好三人衆に急襲され、危うく落命しかけた。信長はこのことを悔悟したのか、すぐさま義昭のために堅牢な防備施設を備えた将軍御所の建設を決した。信長が堅牢な将軍御所を造り、これを義昭に提供すれば、義昭を守護することができる。と同時に「信長は将軍の忠臣である」ことも世間に示せよう。信長にとっては一石二鳥の施策だった。そこで彼は早速、御所の建設に着手した。

建設場所は故・義輝の将軍御所跡地であった。上京と下京の中間点、勘解由小路《かでのこうじ》室町の地である。

起工は永禄一二年正月二七日であった。そして、わずか三カ月後の四月一四日に一応完成を見たことから、義昭はこれまで起居していた本国寺からここに移徙《いし》した（『言継卿記』各日条）。

ところで、信長は将軍御所建設にあたり、大量の人員を動員した。日々、数千もの人々が工事に携わったという。これを大勢の人々が見物した。彼らは皆、作業員のあまりの多さに目を驚かし、称嘆の声を上げた。

たとえば奈良のある僧侶は、京都より戻った者から「工事には数万人が参加し、武士が自身で汗を流している」と聞き、驚いている（『多聞院日記』永禄一二年二月二八日条）。また、工事を見物したある公家は、その日記に次のように書いている。「この工事には一三カ国の者どもが携わっている」、「一〇カ国もの武士たちが、自身で参加して建設にあたっているそうだ」というのだ（『言継卿記』永禄一二年二月二・一四日条）。

将軍御所跡（京都市上京区室町通下立売角）
信長が義昭のために建設した。

当時の信長は、まだ京都を制覇して半年ほどしか経っていない。そのような信長が本当に一〇〜一三カ国もの人々を動員することができたのか、かなり疑わしい。だが、そう見えるほどの大人数を信長は動員していたのだろう。あるいは、信長方が周囲にそのように喧伝《けんでん》していたのかもしれない。

また、信長は工事に際し、派手な演出《パフォーマンス》もした。たとえば永禄一二年三月三日の節句の日、「藤戸石」という巨石が新御所に運ばれた。その際には三〜四〇〇〇人もの人々が集められた。そして笛や鼓で囃《はや》し立て、音頭を取りながら石を運んだという（『言継卿記』同日条ほか）。

こうした派手な演出や大量の人員動員は、いずれも「信長に威勢あり」ということを世間に印象づけることになったに違いない。すなわち、信長にとって将軍御所建設は、自身が「将軍の忠臣」であることをアピールするだけでなく、その威勢を世間に広く知らしめる場でもあったといえよう。

さらに、信長はこの頃、大名に対しても積極的に「信長に威勢あり」というイメージを浸潤《しんじゅん》せしめようと努めていた。

たとえば、彼は上洛から一年後の永禄一二年頃、西国の雄・毛利《もうり》氏（毛利元就）と手を組んだ。信長の宿敵・三好三人衆の残党は、本国寺の変で敗北したあと、阿波国（徳島県）などに逃れていた。これを牽制するうえで、信長にとって毛利氏との提携は有用だったからである（毛利のほうもこの頃、四方を敵に包囲されて苦境にあったから、畿内の信長と連携することは有益だった）。

さて、信長はこの毛利氏と提携する際、毛利氏に次のように伝えていた。すなわち、「山陰方面には信長軍二万人がすでに進出し、一〇日で一八もの城を落とした。また、備前・美作両国（岡山県）にも信長軍二万人が進出し、さらに一万五〇〇〇人が進出する予定だ。信長自身は、一〇万人の大兵を率いて伊勢国（三重県）を攻伐している。一〇日以内には伊勢を平定することができよう。信長の支配圏は、すでに一二カ国に及んでおり、今後は越前（福井県）か四国に侵攻する予定だ」というのである（『益田家文書』二九五号）。

これによれば、信長軍の総勢は実に一五万人以上ということになる。もとより、かなり誇張があろうが、これを知った毛利側は、きっと信長の威勢を強く認識したことだろう。このように、信長は自らに「威勢あり」ということをアピールしていった。一体、彼は何を狙っていったのだろうか。

バンドワゴニング

こうした信長のアピールの結果、この頃各地には「信長に威勢あり」という噂が広まっていた。たとえば越後の上杉謙信は、飛騨《ひだ》国（岐阜県北部）に住む親しい大名から次のような書状を受け取っている。「京都から帰ってきた者が次のように話している。「信長は本国寺の変で三好三人衆を退けたあと、五畿内は申すに及ばず、四国・中国まで残すところなく支配下に置いている」という。諸大名も続々と上洛しているらしい」というのだ（『上杉家文書』五四一号）。

ここでは、すでに信長は畿内はもとより、なんと四国や中国までをも制圧したことになっている。そうした世評が遠方にまで広まっていたのである。これこそが、信長の狙いだったのではないか。

信長はいったんは畿内に威勢を敷いた。しかし、この地にはなんら基盤がなく、それゆえその威権は決して盤石とはいえなかった。したがって、信長としては今後も畿内やその周辺における諸豪族を、一人でも多く順服せしめなくてはならない。だが、そのために武力をいちいち使っていては、コストも時間もかかってしまう。彼にとって最も理想的なのは、信長に反対していたり、去就を明らかにせずに日和見《ひよりみ》を決め込んでいる諸豪族を自発的に信長に合力させることだろう。

だからこそ、信長は頻《しき》りに「信長には威勢あり」、「信長は勝ち馬だ」ということを世間にアピールしていったのではないか。なぜならば、このような世評が広まれば「今のうちに「勝ち馬」についておこう」と考え、信長に味方しようとする者が増えるだろうからだ。ちなみに、弱者が勝者を「勝ち馬」と見てそれに積極的に随従していくことを「バンドワゴニング（bandwagoning）」という。信長は内外に威勢を示すことで、このバンドワゴニングを促す戦略を採っていたといえよう。

しかし、この戦略が奏功するためには、信長が実際に「勝ち馬」であるか、世間から「信長は勝ち馬だ」と認識されていなければならない。つまり、信長にとって「戦争で惨敗すること」は禁物だったわけである。もし惨敗すれば、バンドワゴニングを促す彼の戦略はたちまち頓挫する。さらに、信長を「勝ち馬」と思って随従していた者たちが一斉に離反する、といったことにもなりかねない。

だが、このあと信長は、その惨敗を喫してしまうのだ。彼は越前朝倉氏を討つべく出陣するのだが、味方の裏切りにあって大敗におよぶのである。では、この事態に信長、そして義昭はどう対処していったのだろうか――

第六章　信長包囲網を粉砕せよ——義昭・信長は「元亀元年」をどう乗り切ったのか

1　信長・義昭は越前での大敗にいかに対処したのか

まさかの大敗北

元亀元年（永禄一三年。一五七〇年）四月二〇日、信長は軍旅を発した。三万の大兵を引率し、京都を出陣したのだ。彼は若狭に至ると、馬首を北に廻らして越前に向かった。越前の大名・朝倉氏（朝倉義景）を攻伐するためである。信長軍は破竹の勢いで進撃した。四月二五日には越前国金ヶ崎《かながさき》（福井県敦賀市）に攻め込み、ここで朝倉軍を痛打してこれを敗走させた。ところが、この直後に信長は、同盟する北近江の大名・浅井氏に叛《そむ》かれてしまった。浅井氏当主・長政の夫人は信長妹である。だから、信長は浅井長政に異心があるのを見抜けなかったのだろう。

この結果、信長軍は朝倉と浅井勢に挟撃される形になり、総崩れとなった。信長は、これを見てい

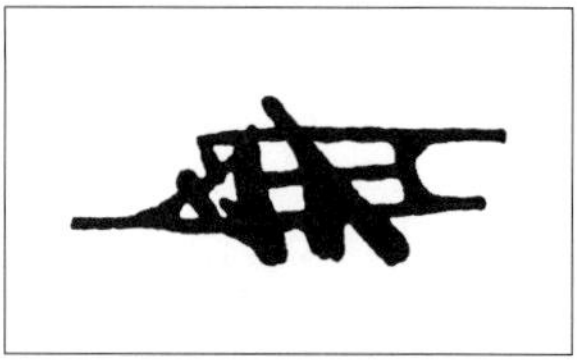

浅井長政の花押

ち早く戦線を離脱した。そして京都に遁走した。京着は元亀元年四月三〇日の午後一一時頃だったという。わずか一〇人ほどの侍臣に守られただけの、散々なあり様だった。まさに惨敗である（以上、『言継卿記』各日条、『継芥記』五月一日条ほか）。

しかし、信長はこのあとこの敗戦を、同盟する毛利氏に次のような言い訳をした。すなわち、「若狭国に武藤という武士があり、公方様（義昭）に違《い》背《はい》した。そこで、私は公方様の上意を奉じ、武藤を討たんとして出陣した。すると「武藤の背後に朝倉氏がいる」ということが判明した。それゆえ、朝倉を攻伐すべく馬首を越前に向け、その奥深くまで侵攻せんとした。だが、「毛利氏を支援して中国地方に出兵する」という約束を毛利氏と交《か》わしていることを思い出した。だから、あまり深入りせずに帰京した」というのである（『信長文書』二四五号）。

敗戦でないと強弁す

この「言い訳」からは、いくつか興味深い点を見出すことができる。一つは、信長が朝倉氏攻伐を「義昭の上意を奉じての戦い」と位置づけ、そのように外部に表明していたことである。すなわち、信長は朝倉攻めを私的な戦いではなく、「将軍家のための戦い」としていたのだ。そうすることで、朝倉攻伐の正当性を世間に主張せんとしたのだろう。つまり信長は義昭を、自身の行動を正当づける根拠として持ち出していたわけである。

第二は、朝倉攻伐の名目についてである。この直前、信長は各地の大名に書状を遣わし、「上洛し、将軍や朝廷に奉仕するように」と告諭《こくゆ》した（『二条宴乗日記』元亀元年二月一五日条）。しかし、朝倉氏はこれに応じなかった。これまでの研究では、この上洛拒否が信長による朝倉攻伐の名目になった、とされてきたのだが、それは誤りのようだ。というのは、先に示した毛利への「言い訳」には、上洛云々の件は何も書かれていないからである。

第三は、信長があくまで「敗北したわけではない」と毛利に強弁している点である。彼は「京都への撤退は、毛利氏との約束を優先した結果に過ぎない」としていた。なお、信長は浅井の背叛《はいはん》についても「京都への帰途に「浅井が叛いた」と聞いた。これまで浅井を家来同前と思って信頼していたので、残念だ」と毛利氏にうそぶいていた（『信長文書』二四五号）。実際は、浅井の造反によって信長軍は総崩れになり、信長は京都に遁走せざるをえなかったわけだが、そのことは一言も触れていない。

なぜだろうか。

この頃の信長は、「自分は勝ち馬だ」ということを盛んに内外に喧伝していた。毛利氏にも「信長には威勢あり」と伝えていた。そうした信長にとって「朝倉氏に惨敗し、京都に逃げ帰った」などとはとてもいえなかったのだろう。もし「信長弱し」ということになれば、毛利氏は信長を「頼りない」と見て、信長との同盟を変更するかもしれない。それは信長としては避けねばならなかった。

とはいえ、信長の敗戦は明らかである。これを完全に隠し通せるものではない。「信長は大敗した」、「彼には威勢なし」との世評がどうしても広まらざるをえない。そうなると、これまで信長の威勢を懼《おそ》れて雌伏していた者たちが、一斉に立ち上がってこよう。

実際、そうなった――

真っ先に立ち上がったのは、近江六角氏である。六角氏は信長の凋落を知ると、北近江の浅井氏と連携し、たちまち本拠の南近江で蜂起した（『言継卿記』元亀元年四月二九日条ほか）。六角氏はこの二年前、京都への征途上にあった信長軍と干戈《かんか》を交《まじ》えた。そして信長軍に大破せしめられた。しかし、まだ余力を残していたようだ。

そもそも六角氏はその昔、足利将軍の親征を受け、滅亡の淵にまで追い込まれた。しかし、その際に六角氏は優勢な敵に領国を明け渡し、いち早く山奥に撤退した。そして、敵を油断させつつそこから粘り強く抗戦し、ついに生き残りを勝ち取った。そうした歴史を踏まえたならば、六角氏がかつて信長にあっけなく敗北したのも、あらかじめ予定された、巧緻な兵術だったのかもしれない。

信長の都落ち

さて、六角氏の蜂起は、越前遠征の失敗で傷ついた信長をますます追い詰めた。そこで、信長はこの事態を打開すべく、京都から近江に下った。近江に赴き、六角方と直接交渉して和睦に持ち込もうとしたのだ。元亀元年五月九日のことである。

ちなみに、信長は京都を去る際、朝廷から見舞いの勅使を遣わされた。すると、信長はこの勅使に弱音を吐いている。彼は当時、禁裏（＝皇居）を修理中であった。そこで勅使に次のように述べたという。「たとえ近江に住むことになっても、あるいは岐阜に撤退することになっても、禁裏修理はきちんと行うので安心されたし」というのだ。どうやら信長は「もう京都には戻れないかもしれない」と思っていたようである。ここからは、この時彼がいかに追い詰められていたかが分かろう（『言継卿記』元亀元年五月九日条ほか)。

こうして、信長は近江に下った。だが、六角方との和睦交渉はうまく行かなかった。信長はこの事態に窮し、やむなく岐阜に引き上げることを決断した。まさに都落ちである。彼の命運は衰えつつあった。そういう時には不運につきまとわれる。信長は岐阜に戻る道すがら、何者かに狙撃された。鉄砲四丁に狙われ、山中から撃たれたのだ。弾丸は信長に当たらなかった。笠の柄《え》を打ち砕いただけであったという。危ういところであった(『言継卿記』元亀元年五月一九・二二日条)。

一方、義昭は京都に一人残された。彼にとって信長は柱石である。それが都落ちしてしまったのだ。これまでの足利将軍のパターンでは、信長のような支柱大名が都落ちした場合、将軍も一緒に離京するか、都落ちした大名を見限って別の大名を支柱にする、というのが多い。だが、義昭はこの時は信長との連携を保ったまま、京都に踏み留まった。

信長は都落ちしたとはいえ、まだ致命的な傷を負ったわけではない。また、今や敵となった朝倉氏や六角氏も、すぐに京都に侵攻してくる様子はない。そこで、義昭としては信長を見限ることを考慮しつつも、今しばらくは事態の推移を観望しよう、ということだったのではなかろうか。

反撃に転じる信長

さて、信長は岐阜に戻ると、必死で巻き返しを図った。活路を開くには戦いに勝つしかない。信長は果敢に撃って出た。宿将の柴田勝家・佐久間《さくま》信盛《のぶもり》に兵を授け、近江に出陣させたのだ。幸い、柴田らに率いられた信長軍は近江で六角軍と激突し、これを摧《さい》破《は》した。元亀元年六月四日のことである。六角勢は多くの戦死者を出し、山中に撤退していった

(『言継卿記』同日条ほか)。

この勝利は、信長にとってまことに大きかったといえよう。この直前まで信長は、浅井の背叛、越前遠征の失敗、六角氏の挙兵や狙撃事件といった凶事が重なり、これまでにない危苦の最中にあった。しかし六角に対するこの勝利で、彼は土俵際《どひょうぎわ》でなんとか踏み留まったのだ。この時、信長軍を督率していた柴田・佐久間の働きは殊功といってよい。後年、信長は佐久間を「功無し」として糾弾し、これを高野山に追放してしまう。彼は、往時に上げた佐久間の功を忘れてしまったのだろうか。

さて、信長はこうして六角に勝利した。すると、信長方では早速「六角に勝利した」ことを世間にアピールした。たとえば、この時京都にいたある公家は信長に近しい僧(日乗上人《にちじょう》)から、信長方に討ち捕られた六角将兵三〇〇人分の「頸注文《くびちゅうもん》」を閲覧させられている。この僧は、頸注文を持って信長の勝利を喧伝していたのだろう(『言継卿記』元亀元年六月一四日条)。

こうして信長は六角を討つと、続いて北近江・浅井氏攻伐に乗り出した。すると、これを知って朝倉氏がすぐさま動いた。浅井を支援しようとしたのだ。朝倉はこの二カ月前に信長の越前遠征によって敗亡の危機に瀕した。だが、浅井が信長から離反してくれたことで、なんとか救われた。ならば、今度は朝倉が浅井を救ってやらねばならない。これを怠《おこた》れば朝倉は「頼もしからず」との世評を受け、今後朝倉と連携しようとする者は皆無となろう。

そこで、朝倉方では一万五〇〇〇の大兵を繰り出し、浅井支援に乗り出した。一方、信長も動いた。彼は同盟する三河・徳川家康の支援を受けつつ、南下してくる朝倉勢を邀撃《ようげき》せんとした。こうして、朝倉・浅井軍と信長軍は近江で対峙した。後年「姉川《あねがわ》の戦い」と称されることになる戦いが、いよいよ始まろうとしていた。

義昭も出陣せんとす

京都にあった義昭はこうした状況を遠望し、信長を支援しようとした。手勢を率いて近江に出陣せんとしたのだ。

この出陣は、信長が義昭に乞うたものかもしれない。義昭は、なんといっても天下の将軍家である。したがって、この義昭本人が信長軍に参陣すれば、信長は朝倉らを「将軍家の逆臣だ」と誹謗《ひぼう》しつつ攻め立てられるようになる。そのことは、朝倉・浅井と戦う信長を支援することになろう。また、義昭は朝倉氏にコネがある。さすれば、もし朝倉との戦いが膠着した場合、信長は、義昭を使えば朝倉と和平交渉をする契機を得られるかもしれない。このように考えてみると、信長にとって義昭は、対朝倉戦を有利に展開するための重要な「カード」だったといえよう。

さて、義昭の出陣は元亀元年六月二〇日に予定された（『言継卿記』一九日条）。ところが、この出陣は直前で中止になってしまった。この時、義昭周辺で凶変が生じたからだ。

摂津国（大阪府）に池田氏という有力武将の一門があった。池田氏の当主（池田勝正《かつまさ》）は、義昭・信長に随従していた。本国寺の変に際しても、いち早く義昭のもとに馳せ参じている。そこで義昭は出陣に際し、この池田氏を兵力として期待していたようだ。ところが、その池田氏で変事が起きた。一門の者たちが当主を追放し、三好三人衆と手を組んでしまったのである（以上、『言継卿記』元亀元年六月一九～二七日条ほか）。

三好三人衆は回天を期した本国寺の変で大敗し、凋落していた。だが、信長の退潮に伴い、再び勢威を盛り返して来た。この頃、大坂方面で蠢動《しゅんどう》し始めていたのだ。池田一門の者たちはこの三人衆と連和し、義昭・信長を見限ったわけである。これまで、信長は自分が「勝ち馬」であることをアピールしてきた。しかし、越前遠征の失敗や「都落ち」などで、意外に勢威の乏しい実態が世間に明らかにされてしまった。それゆえ、池田一門の者たちは信長を見限ることに一決したのだろう。

さて、兵力として期待していた池田氏に内訌が生じたうえ、三好三人衆の復活もあったことで、義昭の近江出陣は困難になった。というのは、もし義昭が出陣すれば、京都周辺の信長方は手薄になる。そこを三人衆に猛撃されれば、京都を奪取されてしまうかもしれないからだ。もしそうなれば「信長派はもはや落ち目」ということになり、池田一門のような離反者が続出することになろう。義昭や信長としては、それは避けねばならなかった。

このような、信長方の凋落に伴う味方の離反は、今後も続くかもしれない。したがって信長としては、一刻も早く「信長が勝ち馬なのだ」ということを世間に再認識させねばならなかった。それには勝つしかない。朝倉・浅井氏との決戦で大勝するしかない。信長にとってこの戦いは、今後の運命を左右する一大決戦だった。彼は運命の岐路に立っていたのだ。負けるわけにはいかない。

こうして信長は、朝倉・浅井軍との戦いに臨んだ。「姉川の戦い」である。元亀元年六月二八日のことだった。

姉川で大勝できず

戦いは信長方の勝利に終わった。信長はこの勝利をすぐさま大々的に喧伝した。毛利氏には「討ち取った敵の首級《しゅきゅう》は数え切れない」と報告した。義昭の側近にも「野も田畠も、敵の死骸ばかりだ」と言上している（『信長文書』二四一・二四五号）。もっとも、信長がいうほど大勝利というわけではなかったようだ。

信長が勝ったことは間違いない。というのは、姉川の戦いから約一週間後、信長は京都に入っているからである。元亀元年七月四日のことであった。信長はこれまで「都落ち」状態だった。それが姉川の戦いの後、京都に戻ることができた。ということは、姉川でやはり勝利したのだろう。しかし、信長がこの時帯同してきた侍臣は、わずか四〜五騎、総勢で三〇人ほどであったという。しかも、信長は義昭に戦いの模様を報告すると、七日には慌ただしく岐阜に引き上げてしまった（以上、『言継卿記』各日条）。

信長にとって、かくも少人数で入京したことは不本意であったに違いない。なぜならば、越前遠征の失敗やそれに続く凶事によって、信長の武威は隕墜《いんつい》していたからだ。それゆえ信長としては、ここでその武威を内外に改めて印象づけねばならなかった。すなわち、「信長は勝ち馬だ」というイメージを再構築する必要があったわけである。それには姉川の戦い直後に大兵を引率し、京都に堂々と入城することが不可欠だった。

でも、信長はそれができなかった。もはや余力がなかったからだろう。姉川の戦いでは朝倉方も損害を受けたが、「徳川衆・織田衆モ多死」したという（『言継卿記』元亀元年六月二九日条）。この戦いは、信長がいうほど圧勝ではなく、いわば「辛勝」であったようだ。

さて、信長は姉川での傷を癒すために岐阜に引き上げてしまった。この結果、京都周辺では「権力の空白」が生じた。すると、その間隙《かんげき》を見事に衝《つ》いた敵がいた。三好三人衆である。

三好三人衆は信長に対する敵愾心に燃え、摂津国（大阪府）辺りで盛んに跳梁した。信長が京都から岐阜に引き上げた二週間後には、七〜八〇〇〇人もの兵力で摂津各地に跋扈したという（『言継卿記』元亀元年七月二一日条）。三人衆にとって信長不在の今こそが、京都奪還の好機だった。

義昭の孤軍奮闘

これに対応するのは京都にいる義昭しかいない。とはいえ、義昭には直属軍がわずか二〜三〇〇〇人ほどしかない。そこで、義昭は連携している京都近郊の大名・諸将に、ただちに来援するようにと下命した。しかし、諸将たちの動きは鈍い。それでもなんとか募兵《ぼへい》し、三人衆に当たらせた。だが、三人衆に攻め込まれ、義昭方は苦戦した。摂津や河内の各地でしばしば敗北を重ねた。それでも義昭方は必死になって防戦に努めた（『尋憲記』元亀元年八月二〇日条ほか）。

そうした中、信長がようやく岐阜から大兵を引率して上洛してきた。元亀元年八月二三日のことである。頼りになる相棒《バディ》の登場に、義昭はきっと愁眉を開いたことだろう。

さて信長は上洛すると、三好三人衆を攻伐すべくすぐさま軍旅を発した。信長軍は八月二三日から陸続と摂津方面に出陣していった。信長自身もまた二五日に出馬した。そのような信長のもとに、畿内各地から次々と諸将が雲集した。その結果、信長軍は急速に膨れ上がった。その数、実に四万とも六万人ともいう。

強大化する信長軍団

このことは、信長の「バンドワゴニングを促す」戦略が奏功し始めていたことを物語っている。彼は姉川の戦いで（なんとか）勝利した。そして京都に戻ってきた。この結果、「信長はやはり勝ち馬だ」というイメージが再び構築され、「今のうちに勝ち馬に乗っておこう」という動きが諸将たちの間で生起したのだろう。それが、大軍団という形で顕れたのだ（以上、『言継卿記』元亀元年八月二三・二五日、『尋憲記』同二八日条ほか）。

信長はこの大軍団を督率しつつ、元亀元年八月二八日には天王寺（大阪市）に布陣した。これに対して三好三人衆は、野田・福島（大阪市）に営塁を築いて邀撃《ようげき》の陣を布《し》いた。その数は五〇〇〇〇とも一万人ともいわれる（『言継卿記』各日条ほか）。

一方、京都にあった義昭もこれを見て出陣した。信長と合流して三人衆を討つためである。義昭にとって、三人衆は本国寺の変以来の宿敵である。そこで、彼は二〇〇〇人の手勢を引率し、元亀元年八月三〇日に京都を発って枚方《ひらかた》（大阪府枚方市）まで進んだ。ところが、そのあと京都に逆戻りし、京都郊外の勝龍寺《しょうりゅうじ》城（京都府長岡京市）に入った。これは信長から注進があったからだという。おそらく信長は義昭に「参陣には及びません」と申し上げたのだろう。

しかし、義昭は結局、再び進軍を開始した。すなわち、元亀元年九月二日に勝龍寺城を発つと、馬首を西に廻らして進み、信長の布陣する天王寺に到着した。信長の助言を無視し形になったわけだが、義昭が出陣に拘《こだわ》ったのは当然だろう。

武門の将たる者は自ら出陣せねばならない。出陣し、麾下《きか》の諸将に自身の姿を見せ、一緒に「共通の敵」を討つことによって初めて諸将と団結し、威望を得ることができるからである。それが武門というものだろう。ちなみに、義昭は天王寺に布陣すると、京都から大工や鍛冶《かじ》職人などを招き、陣中にヤグラを建設したという。こうすることで、彼は諸将に自分の参陣を「見せる」工夫をしたのだろう（以上、『言継卿記』、『尋憲記』各日条ほか）。

さて、信長は三人衆との戦いを優勢に進めていった。三人衆との優劣は明らかである。信長のもとには降参してくる者も現れた。もはや信長の勝利は目前だった。

ところが、ここでまさかの凶変が起きた――

2　本願寺はなぜ戈矛を向けてきたのか

本願寺が挙兵す

三好三人衆は野田・福島の堡塁《ほるい》に籠城し、信長軍に抗戦していた。この堡塁の近傍には、大坂本願寺の巨大な伽藍が建ち並んでいた。その本願寺が、とつぜん信長に反旗を翻したのだ。元亀元年（一五七〇）九月初めのことである。これを受け、本願寺の門徒衆が一斉に蜂起した。

彼ら門徒衆は三好三人衆と連携し、猛然と信長の陣所に襲いかかってきた。信長方はたちまち防戦一方となった。そこで信長と義昭は朝廷を使い、なんとか本願寺を宥《なだ》めようとした。しかし、うまくいかない。この結果、信長らは危殆《きたい》に瀕した（以上、『尋憲記』および『言継卿記』元亀元年九月六日〜二一日条、『御湯殿上日記』同九月一八日条ほか）。

信長はこの事態を予測していなかったのだろうか。そもそも、三好三人衆は本願寺のすぐ近く、野田・福島に籠城していた。おそらく三人衆は本願寺と、この少し前からすでに連和していたのだろう。信長もまたこの状況を眼前に観察し、本願寺の蜂起をあるいは予測していたかもしれない。だが、いかに信長といえども、このあとに起きる衝撃《インパクト》の大きさまでは予測しきれなかっただろう。朝倉・浅井がすぐさま本願寺に呼応したのだ。

朝倉・浅井らは姉川で信長に敗北した。しかし余力を残しており、本願寺の挙兵を知るやただちに再起した。そして六角氏を誘ったうえ、本願寺の近江門徒衆と一緒に近江各地になだれ込み、ついに要衝・坂本（滋賀県大津市）に殺到した。その数、実に三万人という。この坂本を守衛していたのは、信長の宿将・森可成《よしなり》と織田信治（信長弟）である。しかし、二人はたちまち斬られ、これによって坂本の信長軍は潰敗《かいはい》してしまった（『言継卿記』元亀元年九月二〇日条）。

畿内は大混乱となった――

信長は、西（大坂）と東（近江）とで敵に包囲され、挟撃されることになった。本願寺が三好三人衆と手を組んだうえ、朝倉・浅井・六角の各氏らとも連携し、信長に立ち向かったからだ。反信長派は一斉に信長を包囲し、これを封じ込めようとした。この結果、いわゆる「信長包囲網」が出来上がった。このように「強者の周辺にいる弱者たちが、皆で協力し合って強者を封じ込めていく」ことを

「バランシング（balancing）」という。反信長派の面々は、このバランシング戦略を採ったわけである。彼らは互いに連絡を取り合いつつ、東と西から信長を効果的に追い詰めていった。

包囲された信長

信長はなんとか大坂で持ち堪《こた》えていた。しかし「近江で朝倉らが蜂起した」との凶報に接したのか、京都に立ち戻った。義昭も一緒である。元亀元年九月二三日のことだった。京都に入ったのは義昭が午後九時過ぎ、信長は午後一一時過ぎ頃だったという。二人とも夜中にこっそりと帰京したわけである。一方、こうした信長の撤退を知り、「野田・福島（＝三人衆）、大坂（＝本願寺）等、満足」したという。凱歌を上げたわけだ（『言継卿記』同日条）。

信長は京都に戻ると、朝倉・浅井らを討つべく馬首を東に廻らせた。近江に向かったのだ。この時、信長軍は一万人ほどだったという。これに対して朝倉・浅井勢らは三万だった。朝倉らは京都東方の山々に立て籠もった。これは実に妙計といえよう。信長方は山に阻《はば》まれて朝倉らを攻めるに攻められない。そのスキに大坂方面では本願寺や三好三人衆らが、阿波などから来援した勁兵《けいへい》とともに京都に迫ったからだ。

信長方は必死で防戦した。だが、防ぎきれない。元亀元年一一月になると、延暦寺の僧兵までもが朝倉に加勢した。こうした中で朝倉の兵らは、しばしば山を下り、信長軍の陣地を突破して京都近郊を侵した。一方、三好三人衆も朝倉と連携し、同じ頃に西方から京都に猛迫した。一〇月二二日には京都からほど近い、信長方の御牧《みまき》城（京都府久御山町）が三人衆によって落とされてしまった。いよいよ、三人衆は京都に迫った（以上、『言継卿記』元亀元年一〇月二〇・二二日条ほか）。

信長はまさに危機に瀕した。このままでは敵に包囲・殲滅されるか、畿内でこれまで築き上げてきた成果をすべて失って都落ちし、本国である美濃・尾張二国に屈蟠《くつばん》を強いられかねない、という状況だった。もとより、義昭もまた危苦の最中にあった。彼はこの頃、近臣たちが定例日にきちんと将軍御所に出仕してこないことを知り、怒りを爆発させている。相当にイラついていたようだ（『言継卿記』元亀元年一一月一日条）。

そもそも、このわずか一カ月前までは、信長は戦いを優勢のうちに進めていた。三好三人衆が籠城

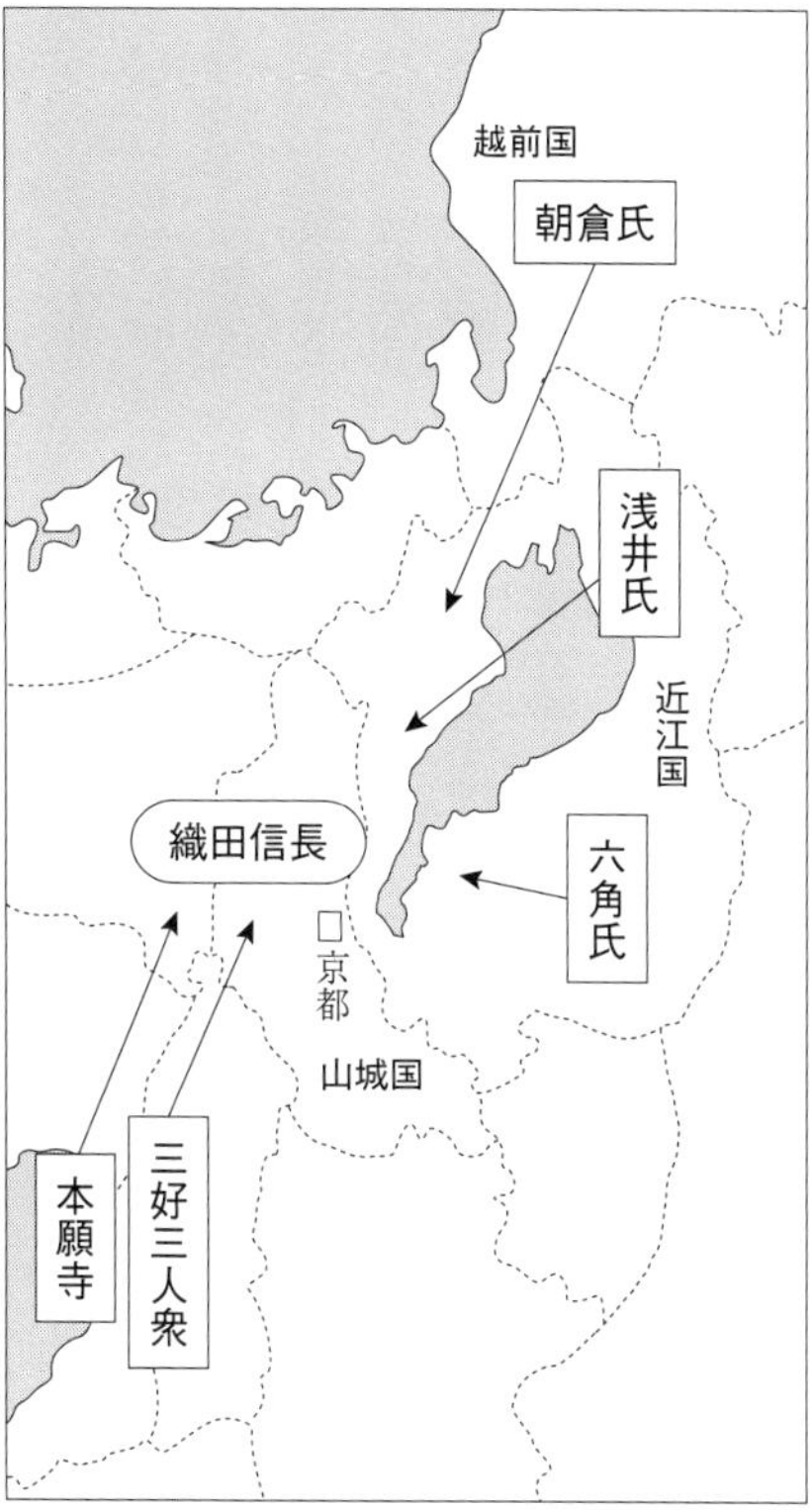

地図７　信長は多くの敵に包囲され，たちまち死地に陥った。

大阪城内にある本願寺跡
（大阪市中央区大阪城）

する野田・福島の堡塁を包囲し、彼らを敗亡寸前に追い詰めていた。それが、たちまちかくのごとく暗転してしまったのだ。その主因は、大坂本願寺が信長に敵対したことにある。でも、なぜ本願寺はここで信長に戈矛《かぼう》を向けてきたのだろうか。

なぜ挙兵したのか

本願寺は、このあと一〇年にもわたって信長と激越に戦うことになる。それゆえ、本願寺には「好戦的」というイメージがつきまとう。でも、このイメージは事実に反する。というのは、本願寺はこれまで戦国時代を通じて、大名たちと良好な関係が維持されるよう努めてきたからである。本願寺は大名権力を否定せず、共存共栄を目指していた。特定の大名に過度に肩入れするのを避け、大名同士の抗争には、できるだけ関与せずに中立を守るようにしていた。もとより信長に対しても、これまで敵対的ではなかった（山田康弘：二〇〇七年）。

では、なぜその本願寺が、ここで突如として信長に対して牙を剝いたのだろうか。

本願寺の宗主・顕如は信長に兵を挙げた時、門徒衆に対して次のように述べていたという。すなわち、「信長は永禄一一年の上洛以来、本願寺に何度も無理難題を吹っかけて来た。本願寺はやむなくこれに応じてきたが、ついに信長は「本願寺を破却する」とまで申してきた。そこで、仕方なく信長に敵対することにした」というのだ（「明照寺文書」、『大日本史料』元亀元年九月一二日条所収）。これを信じれば、信長は本願寺破却の態度を改めず、それゆえ本願寺はやむなく挙兵せざるをえなかった、ということになる。でも、信長が本願寺を破却しようとした、というのは本当だろうか。

信長は上洛以来、畿内の掌握に悪戦苦闘していた。とりわけ元亀元年（本願寺蜂起の年）は、越前遠征の失敗、姉川での辛勝など、苦しい戦いが連続した。そして、ここにきてようやく頽勢《たいせい》を盛り返しつつあった。さすればこうした中で、信長が本願寺に「破却する」などという態度を示し続けたとは考えにくい。なぜならば、そのようなことをすれば本願寺が怒り、信長に敵対してくることは明らかだからだ。いくら信長でも、やっと曙光《しょこう》を見い出しつつあったこの時期に、わざわざ自分のほうから新たな敵をつくるような庸劣さを見せることはあるまい。

したがって「信長の本願寺破却」は疑わしい。これは門徒たちを奮起させるための、本願寺側の方便と解するべきだろう。では、なぜ本願寺は信長に敵対し、反信長派に合力したのだろうか。以下、その理由として考えることができそうなものを、二つほど示しておこう。

「一強他弱」への恐怖

一つは、各地の門徒たちを保護するためには反信長派につかざるをえなかった、ということがあっただろう。そもそも、本願寺の門徒衆は日本列島各地に散在していた。とりわけ、信長の勢力圏よりも反信長派の勢力圏（越前や近江、摂津・河内など）により多く居住していた。したがって、もし本願寺が信長に味方したりすれば、より多くの門徒たちが反信長派によって迫害を受けることになる。本願寺としてはそれは避けねばなるまい。それゆえ、反信長派のほうに味方せざるをえなかった、というわけである。

もう一つは、信長の威勢がこれ以上、増進することへの懸念があったということである。後にも触れるが、この数年後、西国の雄・毛利氏が信長に反旗を翻した。その理由の一つは「今、信長を封じ込めておかないと、信長の勢威はどこまでも増進し、毛利氏にとって危険な存在になりかねない」というものだった（『毛利家文書』三三六号）。さすれば、本願寺も同じことを懸念したのではないか。

この頃の畿内近国には、信長と反信長派（＝朝倉・浅井や三好三人衆、六角氏ら）という二大勢力が対峙していた。だが、このうち反信長派は振るわなかった。すなわち、六角氏は二度にわたって信長に痛打された。朝倉・浅井も姉川の戦いにおいて信長に一敗した。三好三人衆もまた信長によって野田・福島の堡塁に追い詰められ、敗亡寸前だった。一方、信長のもとには各地から諸将が趨走《すうそう》し、その兵数は万の単位でもって数えるほどであった。

このような状況下で、もし本願寺がこれまでと同じように中立を守ったり、あるいは信長に協力したりすれば、どうなるだろうか。おそらく、ただでさえ劣勢の反信長派は、ますます追い詰められることになろう。そしてついに信長によって討滅されてしまうに違いない。そうなると信長の勢威は際限なく増進し、ついに彼は「天下人」となるだろう。だが、このような「一強他弱」という情況は本願寺にとってきわめて危険であった。なぜならば、信長があまりにも強大化すれば、本願寺はこれを抑えられなくなるからである。

このまま信長の勢威が増進し、ついに彼が天下人になってしまうと、本願寺は、もし信長から本当に「破却」を要求されても成す術がなくなってしまう。信長に屈し、要求されれば大坂の寺地を信長に明け渡さざるをえなくなる。それは、本願寺にとっては最悪のシナリオである。これを回避するには、信長を今のうちに封じ込めておいたほうがよい。本願寺だけでは信長に対抗することはできないが、反信長派はまだ健在であり、彼らと連携すれば勝機は十分にある――本願寺はこのように考えたのではあるまいか。

信長はどう出たか

こうして、信長は本願寺をはじめとする反信長派に包囲され、東西から挟撃されてしまった。この危機を前にして、信長側はきっと必死に籌策《ちゅうさく》をめぐらしたことだろう。だが、劣勢を一気に挽回するような奇計はない。定番の策を用いるしかなかった。

それは、敵同士を疑わせて不和となす、という謀計である。信長はこの策を採った。すなわち、反信長派のメンバーに対し、個別に和睦を提案することで彼らの相互離間を図ったのだ。もし反信長派の誰かが信長との和睦を受け入れれば、他の者は一気に疑心暗鬼に陥ろう。そうなれば、反信長派を分裂せしめることができる。定番だが、恐るべき策謀である。

そこで、信長はまず六角氏に狙いを定めた。六角氏は、反信長派の一員として信長包囲網に加わっていた。しかし、これまで信長に敗北を重ねてきたこともあって、もはや往時の勢威を失っていた。信長包囲網にも、なかなか十分な兵を出すことができず、浅井氏から「前々からの約束に相違する」と批判されるあり様だった（「護国寺文書」、『大日本史料』元亀元年九月二〇日条所収）。

信長はこの六角に和睦を提案した。これを六角は受け入れた。もはや戦う余力が十分にはなかったからだろう。こうして元亀元年一一月二一日、双方は和睦した（『言継卿記』同日条）。さらに、信長は三好三人衆にも和睦を提案した。三人衆もこれを受諾した。三人衆の主力は阿波衆である。この阿波衆は四国から長駆して畿内に布陣していた。それゆえ、長期戦になると補給が滞って苦しい。できれば休戦したい。信長はそこに目をつけ、和睦を提案したのだ。三人衆としてもこれを受け入れるしかなかった（『尋憲記』元亀元年一一月二一〜二二日条）。

こうして、反信長派は次第に切り崩されていった。とはいえ、反信長派もこの事態にただ拱手《きょうしゅ》していたわけではない。すぐに反撃に打って出た。まずは伊勢国で蜂起した。同国の長島（三重県桑名市）には本願寺の拠点があった。その門徒たちが立ち上がったのである。元亀元年一一月のことであった。彼らは、鎮撫に出向いた織田信興（信長弟）を討ち果たす殊功を上げた（『信長公記』巻三）。

さらに、反信長派は近江でも一大攻勢を仕掛けた。朝倉・浅井・門徒衆からなる連合軍が、近江国の要衝・堅田《かたた》（滋賀県大津市）に攻め込んだのだ。堅田の守将は坂井政尚《まさひさ》（信長の宿将）である。彼は猛鋭なる敵軍にたちまち大破され、元亀元年一一月二六日に討死を遂げた（『言継卿記』同二七日条）。信長はこれによって、森可成《よしなり》に続いて二人目の宿将を近江で失った。信長はこの事態に、焦燥を強めざるをえないだろう。彼は和睦戦略に注力した。

信長に貢献した義昭

反信長派連合軍の主力は、なんといっても朝倉軍である。信長としては、この朝倉氏を和睦に引きずり込まなくてはならない。これに成功すれば反信長派は一気に瓦解しよう。とはいえ、信長は今まさに朝倉氏と交戦中である。したがって、朝倉と接触する手段がない。そこで、信長はここでとっておきのピンチヒッターを起用した。義昭である。彼はかつて二年ほど越前にあり、朝倉氏の輔護《ほご》を受けていた。だから朝倉氏とはコネがある。仲介者としては適任だった。

義昭は信長の依頼を受け、自ら京都を発って近江・三井寺《みいでら》（滋賀県大津市）に下った。そして、関白・二条晴良《はれよし》（義昭と親しかった）を最前線に急派し、朝倉氏の陣中に働きかけた。二条を介して「信長と和睦せよ」と朝倉を説諭したのだ。その結果、朝倉氏は信長との和睦に傾いた。しかし、延暦寺（反信長派）は和睦に反対した。それゆえ、反信長派では「和睦か、戦争継続か」をめぐって路線対立が露呈することになってしまった。彼らの団結はもはや瓦解寸前だったといえよう。結局、朝倉氏は信長と和睦することに決した。そこで延暦寺や浅井氏、本願寺なども（やむなく）これに追随した。

こうして、朝倉以下の反信長派と信長との間でついに和睦が成立し、双方ともに撤兵した。元亀元年一二月一四日のことである（『大日本史料』同日条ほか。桐野作人：二〇一一年、三〇五～三一〇九頁）。この結果、反信長派は、信長を討滅する絶好の機会を逸してしまった。

三井寺（大津市園城寺町）
義昭はこの寺に下り，信長と朝倉氏との和平を調停した。

でも、なぜ朝倉氏は、信長との和睦に応じてしまったのだろうか。義昭の説諭がモノをいった可能性はあろうが、将軍の和睦命令は、大名たちを完全に拘束するほどの強制力はない。したがって、義昭の命令が決定的だったわけではあるまい。おそらく朝倉が和睦に応諾したのは、真冬が近づいていたからだろう。このまま滞陣し続けていると降雪が酷くなり、本国・越前に帰国することが不可能になる。本国からの補給も停滞しよう。朝倉はこれを懸念し、早期の和睦に動いたに違いない。

そう考えると、義昭の介在があろうとなかろうと、朝倉は、いずれは信長との和睦に応じざるをえなかったことになる。では、義昭の介在は無意味だったのだろうか。否、そうではあるまい。信長は義昭を朝倉氏との間に立てることで、朝倉氏と和睦する「きっかけ」を入手したからだ。

もとより、和睦が成立するか否かは、当事者である信長と朝倉氏双方の判断に依存する。義昭はたんにその「きっかけ」を与えたに過ぎない。しかし、信長と朝倉氏とはいわば宿敵同士である。そうした宿敵同士が和睦するには、何か「きっかけ」がなければならない。たとえ当事者同士が和睦を望んでいたとしても、「きっかけ」がなければ、和睦のための交渉すら実現しないのだ。そう考えたならば、義昭の果たした役割は小さくない。信長は、朝倉との和睦によって危難を脱し、活路を開いた。さすれば、義昭は信長のために多大な貢献をしたといってよい。

また義昭の存在は、別の点でも信長に利益をもたらした。すなわち、信長は朝倉との和睦を「朝倉のほうが望んだのだ」と吹聴した。もちろん、この和睦は信長も望んでいたのだろう。双方が和睦を望んだのだ。だから和睦が成立したのである。しかし、信長としては自分のほうから朝倉に屈し、和睦を望んだ、という形は好ましくない。メンツを失うからである。また、朝倉に屈したということになると、これまで信長を「勝ち馬」と思って随従してきた者たちが離反しかねない。

そこで、信長は義昭を利用した。「この和睦は、朝倉が望んだものであった。信長は乗り気ではなかったが、公方様（義昭）からも頻《しき》りに求められたので、仕方なく和睦に応じた」という形にしたのである（『信長公記』巻三）。「将軍家の上意」ということにすれば、世間に言い訳が立つ。こうすることで信長は、その威信を保とうとしたのだ。

信長大ピンチの一年

さて、元亀元年はこうして暮れていった。この年ほど、信長が危苦の最中にあった年はない。彼の生涯で最も危殆《きたい》に瀕した一年だったといえよう。すなわち、四月には越前遠征に失敗し、岐阜への撤退を余儀なくされた。その道すがら鉄砲で狙撃され、危うく落命しかけた。六月には姉川の戦いで辛勝したものの、九月には大坂本願寺に叛《そむ》かれた。この結果、反信長派によって包囲網を形成され、たちまち敗亡寸前に追い込まれた。

だが、信長はようやくここに死地を脱した。この成功要因は何だったのだろうか。信長や麾下《きか》の諸将が粘り強く戦ったこと、さらに、反信長派に団結力が乏しかったことなどを挙げることができるかもしれない。と同時に、義昭の貢献度もまた小さくなかったといえよう。義昭は、信長のために朝倉との和睦を取り持ち、和平交渉の「きっかけ」を与えてやった。また、信長が京都に来ることができない時には、寡兵でもって敵と戦い、信長に代わってなんとか京都を守備したからだ。

しかし、義昭は、信長とこのあと激越に対立していく――

実は元亀元年の時には、すでに二人の間には大きなヒビが入っていたのだ。一体、なぜ両者は対立していったのだろうか。

第七章　信長を討て——義昭と信長はなぜ対立したのか

1　信長は義昭の何に不満だったのか

相互に補完し合う

義昭と信長はこれまで互いに協力し合ってきた。信長は義昭を利用した。とりわけ、対大名外交において義昭を使った。たとえば、元亀元年（一五七〇）に越前朝倉氏を攻伐する際には、この攻伐が「義昭の上意」であることを示し、正当性の根拠とした。さらに朝倉氏と和睦する際、義昭に仲介の労を取ってもらった。一方、義昭もまた信長を利用した。すなわち、義昭は信長の武力を使って上洛し、念願の将軍位を手に入れた。さらに、信長の武力を使って京都を防衛し、その治安も維持した。

このように、義昭と信長とは相互に利用し、補完しあう関係、いわばギブ・アンド・テイクの共生関係にあったわけである。それゆえ、二人のうちどちらかが他方に対し、一方的に優位に立つ、ということはなかった。よく「義昭は上洛後、信長の傀儡《かいらい》（＝あやつり人形）に過ぎなかった」などといわれるが、そのようなことはない。

さて、義昭と信長はこのように相互に補完し合っていたが、その後二人は対立していく。なぜだろうか。そもそも、二人の対立はいつから始まるのだろうか。

いつから対立か

最初に対立の兆しが顕れるのは、永禄一二年（一五六九）四月である。義昭・信長が馬首を並べて上洛を果たしてから約半年ほど経った時期であった。この頃、信長は朝廷から次のような依頼を受けた。「禁裏修理などを担う「大工」（＝実務責任者）人事について、義昭に意見せよ」というのである。義昭はある人物を大工に推薦していたのだが、その人物は、朝廷の意に添わなかったからだ。

しかし、信長はこの依頼を断った。その理由として彼が述べたのは「この間、公方様（義昭）と申し結ぶ（＝対立する）ことがあった。また、この件での公方様の意思は固く、そもそも大工風情のことで、公方様に強く意見することはできかねる」ということだった（『言継卿記』同三日条）。ここからは、義昭と信長との間でこの頃、早くも波風の立っていたことを読み取ることができよう。ただし、信長は朝廷からの要請を断るなど、義昭に気を使い、彼との良好な関係を維持しようと努力していた。したがって、二人の関係にはまだ大きな阻隔《そかく》は認められない。

そのことはこの数日後、信長が帰国に際し、義昭に別離を述べた際のあり様からも看取しうる。すなわち、永禄一二年四月二一日に信長は岐阜に一時帰国した。その際に信長は、義昭のもとに帰国の辞を献じるために参上した。そして、義昭と互いに落涙して別れを惜しんだという。また、いよいよ信長が帰国する時間になると、義昭は信長を将軍御所の門外まで見送り、遠く離れつつある信長の行列を石垣の上から遠望し続けたというのだ（『言継卿記』同日条）。これを見れば、義昭と信長はまだ相思相愛だったといえよう。

それから数カ月経った永禄一二年八月、信長は、伊勢国（三重県）の北畠《きたばたけ》氏を攻伐して一〇月にこれを降《くだ》した。そして一〇月一一日に京都に凱旋した。ところが、彼は一七日に京都から岐阜に帰ってしまった。あまりにも突然のことだったので、信長の帰国は世間を驚かせた。

この帰国について奈良のある僧は、その日記に「上意と競《せ》り合いて下りおわんぬ」（＝信長は、義昭と対立したことから帰国してしまった）と書いた（『多聞院日記』同一九日条）。このことから、この時点で義昭と信長とはついに対立するに至った、とよくいわれる。でも、奈良は京都からやや離れている。その奈良に住む僧による情報だから「対立」が真実なのか、やや疑わしくもある。

信長が義昭への不満を露わにし、明確に反抗的な姿勢を見せるのは、これより二カ月後の永禄一三年（元亀元年）正月のことである。この時、信長は義昭に厳しい要求を突きつけた。その要求は全部で五カ条におよぶ（『信長文書』二〇九号）。では、これはどのような内容だったのだろうか。

五カ条の要求

各条文を瞥見《べっけん》しておこう。まず第一条は「義昭が諸国の大名たちに御内書《ごないしょ》を下す際には、信長の書状を必ず副《そ》えるべし」というものである。御内書は、将軍が大名などに下す格式の高い公文書である。その御内書を義昭が自由に下せないようにする、というのがこの条文の主旨だろう。

第二条は「義昭がこれまで下した判決文は、すべてこれをいったん破棄せよ。そして、改めて考えて下すべし」というものである。これはかなり厳しい内容である。というのは、もしこれが実行されたならば、義昭の判決文はいったん紙切れになってしまうからである。そうなれば大騒擾《そうじょう》が生じよう。そして、おそらく将軍家（義昭）は裁判機関としての社会的信頼を致命的に失い、もはや義昭に裁判を依頼する者はいなくなるに違いない。

第三条は「義昭は功を樹《た》てた直臣に恩賞を給付できないようだ。ならば、信長が代わりに給付してもよい」というものである。これは一見すると親切な申し出のようだが、むろん違う。なぜならば、このようなことが実施されれば、将軍直臣たちは恩賞を授けてくれる信長のほうに靡《なび》き、義昭からは離れてしまうからだ。この結果、義昭は直臣という、権力の基幹部分を喪失することになる。つまりこの条目は、うっかり呑んでしまうと痛い目にあう毒薬条項《ポイズンピル》だったといえる。

第四条は「信長は、義昭から「天下」（＝京都とその周辺）のことを任されたのだから、今後は義昭にいちいち報告せず、勝手にやらせてもらう」というものである。信長の自立宣言といえよう。そして最後の第五条は「義昭は朝廷にしっかり精勤せよ」というものである。ここで信長が朝廷を持ち出したのは、もし義昭が要求を受け入れなければ義昭を捨てて朝廷を擁佑《ようゆう》する、という威嚇であろうか。

さて以上が、信長が義昭に突きつけた五つの要求である。ここからは、信長が義昭に強烈な不満を抱いていたことが分かる。どうやら、信長は次の三つの点で義昭に不満を持っていたようだ。

まず一つは、義昭が信長以外の大名とも交誼《こうぎ》を結ぼうとしていた、ということである。信長は、義昭の御内書発給をコントロールしようとしていた（第一条）。

信長の不満は何か

これは、義昭が御内書を使い、信長以外の大名たちと盛んに通好していたことが一因であろう。義昭は信長に断りなく、他大名に御内書を遣わして彼らと文通し、独自の人脈《ネットワーク》を築こうとしていたのだ（『大日本史料』永禄一二年六月一日条ほか）。つまり俗な言い方をするならば、義昭は信長という恋人がいたにもかかわらず、他の大名たちに恋文《ラブ・レター》（＝御内書）を送り、彼らと浮気をしていた、というわけである。これに信長は強い不満を抱いたようだ。だから、彼は御内書発給を自分の管下に置こうとしたのだろう。

第二は、義昭が信長の意向に従わずに裁判を行い、判決を下していた、ということである。信長は、義昭の下した判決文をすべていったん破棄させようとしていた（第二条）。このことは、信長が義昭の判決に強い不服を抱いていたことを示している。おそらく、義昭は信長の意向を忖度《そんたく》せず、信長側の利益を掩護《えんご》する判決を下さなかったのではないか。これに、信長は不満だったのだろう。

第三は、義昭が信長に「天下のことは任せる」としたにもかかわらず、信長の行動に干渉してくる、ということである。信長は義昭に「自分は天下を任されているのだから、今後は義昭の意向をいちいち伺わず、勝手にやらせてもらう」と通告した（第四条）。これは裏を返せば、信長は天下のことを任されていたのに、これまで義昭からさまざまな干渉を受けていた、ということを示唆しよう。

これに関連して注目したいのは、義昭には干渉癖のあったことである。後年、義昭は信長から離反して毛利氏のもとに下り、一〇年にわたって擁立された。その間、義昭は毛利氏にしばしば「助言」を下した。すなわち、「いついつまでに軍旅を発すべし」とか「どこそこに兵を急派せよ」といった指示を、毛利方に事細かに与えていたのだ（↓第九章2）。してみると、義昭は信長にも同じように、機会あるごとにこういった指示を与え、上意を受け入れるよう求めていた可能性が高い。これに信長はすっかり閉口し、今後は勝手にやらせてもらう、と義昭に通告したのではないだろうか。

さて、このように信長が義昭に突きつけた要求からは、義昭に対する信長の不満を見て取ることができる。要するに、信長にとって義昭は「浮気をするくせに、言うことを聞いてくれず、しかも口やかましく干渉して来る」という、三拍子揃った困った主君だったわけである。これに信長は強い不満を持ったのだろう。ただしこのことをもって、義昭は庸劣な人物だったなどと考えるのは早計である。なぜならば、義昭にも言い分はあったろうからだ。

義昭にも言い分あり

すなわち、義昭は信長以外の大名とも「浮気」をしたかもしれない。しかしそれは、信長が多くの政敵と対峙し、その立場が不安定だったからに他ならない。義昭がそのような信長に過度に依存すれば、もし信長が凋落した場合、義昭もまたこれに連動して凋落せざるをえまい。とすればこういったことを回避すべく、信長以外の大名とも交誼を結んでおき、前もって万一の場合に備えておく、というのは、心ある武将として当然なすべき行為ともいえよう。

また、義昭は信長の意を忖度せず、裁判を実施したかもしれない。だが、将軍家にとって裁判は、少なからぬ礼銭収入を期待することのできる重要な事業である。したがって、義昭としては彼の父祖たちと同様に、この事業をおおいに振興せしめなければならない。そしてそのためには、贔屓・偏頗《へんぱ》を止め、京都内外の諸領主らから裁判機関として信頼を獲得しうるような裁判を実施していかねばならない。それには、信長の意に添わない判決もまた下さざるをえないだろう。

さらに、義昭は信長に「天下のことは任せる」としながら、さまざまな指示を下したのかもしれない。しかし、義昭にとって信長は連立パートナーである。信長の失策はただちに義昭にも波及する。さすれば信長に何かと提言し、彼を陰助《いんじょ》していくのはこれまた当然といえよう。

義昭と断交せず

このように、義昭の立場から考えれば「そうせざるをえない」事情もあったわけだが、信長は強い不満を持った。もっとも、だからといって信長は、義昭との関係をここで断ち切ってしまったわけではなかった。実は、義昭は信長から出された「御内書に信長書状を副《そ》えるべし」（第一条）、「これまで下した判決文をすべていったん破棄せよ」（第二条）といった要求をすべて無視した。しかし、信長はそれでも義昭と断交することはなかった。義昭の裁判についても、結局、過度に干渉することは控えた。

この五カ条の要求書も信長は公表しなかった（堀新：二〇〇九年）。信長は義昭に不満の言を上げたけれど、これを表沙汰にはせず、あくまで内々で済まそうとしたのだ。

そもそも、この要求書自体も義昭方に直接出されたものではない。宛名は義昭でもその側近でもなかった。武家社会では将軍は至尊であったから、将軍に直接書簡を提出することは許されず、通常は側近宛てにして出した。だが、この要求書は義昭の側近宛てに出されたわけでもない。宛名は、明智光秀と日乗《にちじょう》上人であった。この二人は義昭に臣従してはいたが、信長に近い人物である。信長は義昭方に直接出したのでは「角が立つ」ので、この二人宛てにしたのではないだろうか。

信長は義昭に五カ条の条書を突きつけ、不満を述べた。しかし、義昭との関係が破綻する事態は避けようと配慮した。それは、信長にとって義昭は利用価値があったからである。もとより、義昭にとっても信長は欠かせない存在だった。それゆえ、二人はその後も協力し合った。ケンカはしたが、とりあえず「離婚」は避けられたわけである。元亀元年に連続した凶変（信長の越前遠征失敗、浅井の背叛《はいはん》、本願寺の蜂起、信長包囲網の形成）も、二人で協力しあって見事に乗り切った。

だが、このあと義昭と信長はついに断交してしまう。それは、京都から遠く離れた東国に湧き上がった戦雲が関係していた。どういうことだろうか――

2　義昭はなぜ反信長の兵を挙げたのか

反武田同盟の形成

永禄一一年（一五六八）は、畿内と東国で大きな事件の惹起《じゃっき》した年であった。畿内では、信長が義昭を奉じて上洛し、畿内一帯に威勢を敷いた。一方東国では、甲斐の武田信玄が今川氏の領国・駿河国（静岡県）に侵攻した。そもそも、今川氏はこの数年前における「桶狭間の戦い」で信長軍に痛打されて以降、威望を衰えさせていた。そこで、武田信玄は三河の徳川家康と連携し、今川領国を併呑《へいどん》せんとして駿河に攻め込んだのだ。この結果、今川氏（今川氏真《うじざね》）はたちまち敗亡寸前にまで追い込まれた。

ところが、関東の北条氏《ほうじょう》（北条氏康）がこれを見て動いた。北条は今川とは姻戚関係にあった。そこで、北条は今川支援のため（と称して）東から武田信玄に襲い掛かったのである。すると、武田信玄と連携していたはずの徳川家康も、武田から離反し、北条のほうに同調する動きを見せた。そのうえ北条・徳川は、越後の上杉謙信を味方に引き込んだ。この結果、北条・徳川・上杉の三大名が「反武田」で手を組むことになった。

おそらく三大名は、武田の威勢が大きくなり過ぎることを懸念したのだろう。武田信玄は今川領の駿河を併呑したことで、巨大な大名になりつつあった。しかしそれは、東国の勢力バランスを崩しかねなかった。そこで周辺の大名たちは互いに手を組み、「武田の封じ込め」を図ったのだ。いわゆるバランシング戦略を採ったわけである。

武田信玄の花押

武田信玄はこの包囲網に窮した。もとより必死に巻き返しを図ったが、うまくいかない。それでも北条氏とは話し合い、何とか和睦にこぎ着けた。しかし上杉と徳川は、北と西から武田に対して厳しく威圧を加えた。これに武田信玄は閉口した。そこで、彼は信長に支援を求めた。武田信玄と信長とは、これ以前から同盟関係にあったからである。しかも、信長は上杉や徳川と親しかった。

こうしたことから、武田信玄は信長に対し、上杉と徳川に意見してくれるよう哀訴した。この頃、武田信玄は侍臣に「もし信長に見捨てられたら、滅亡するしかない」と述べている。武田としては信長が頼りであったのだ（「古今消息集」、『大日本史料』永禄一二年三月二三日条所収）。これを受け、信長は武田の頼みを快諾した。ここで武田に恩を売っておけば隣国・武田からの脅威を縮減できる、と信長は判断したのだろう（信長の本国・美濃国（岐阜県）の東隣は、武田領国の信濃国（長野県）であった）。

信長は早速、上杉に「武田と和睦されたし」と求めようとした。ただし、信長は上杉とは対等な関係にある。それゆえ、上杉に「上から目線」で武田との和睦を要請することはできない。そこで、信長は義昭を利用した。「公方様の上意」という形にして武田との講和を上杉に求めたのだ。ここでも、信長にとって義昭は利便な存在だった（『大日本史料』元亀三年七月七日条）。

しかし上杉や徳川としては、武田信玄と簡単に和睦するわけにはいかない。彼らにとって「強すぎる武田」は脅威だったからだ。もっとも、それでも上杉は信長の要請に応じ、いったんは武田との停戦を承諾したようだ。だが、このあと上杉はこの和平を破棄し、徳川と一緒に武田に対峙した。そして徳川・上杉両者は、その後ますます武田封じ込めで連携し合った。すなわち、信長と武田信玄とを離間させよう、といった策謀を弄《ろう》したり、信長や義昭周辺に武田の悪口を流布せしめたりして、武田を悩ませた（以上、『大日本史料』元亀元年四月一〇日、一〇月八日条ほか）。

こうしたことから、徳川・上杉と武田信玄との対立は次第に激越となっていった。武田信玄は徳川・上杉への敵意を募らせた。そしてついに信玄は、徳川攻伐の軍旅を発することに決した。元亀三年（一五七二）一〇月のことである。この頃、上杉はたまたま越中国（富山県）に侵攻していた。そこで信玄は、もし武田軍が徳川攻伐に西進しても北から上杉に背後を衝《つ》かれることはない、と判断したのだろう。こうして、信玄は元亀三年一〇月三日、大兵を率いて本拠地・甲府（山梨県甲府市）を出立した。そして一〇日には、徳川領内に侵入した（『大日本史料』元亀三年一〇月三日条）。

信長の怒り

信長はこれを知って、たちまち嚇怒《かくど》した。徳川は信長の同盟者である。その徳川を攻伐する、ということは、信長に対して戈矛《かぼう》を向けるということに等しい。それゆえ、信長は武田信玄の徳川攻伐を知って怒った。信長はこれまで武田のために、武田・上杉間における和睦仲裁の労を取ってやったりしていた。にもかかわらず、武田は信長に報恩《ほうおん》するどころか、なんと信長に矛戟《ぼうげき》の刃を打ち込んできたのだ。これを黙止していては信長の面目は失墜する。

信長は武田信玄の背叛《はいはん》を知って怒った。そして武田を「前代未聞の無道者、侍の義理を知らず」と非難したうえ、すぐさま武田と絶交し、徳川家康のもとに援兵を下すことを決めた。そのうえで、信長は上杉謙信に急使を発し、戮力《りくりょく》して武田を討滅すべきことを求めた。すなわち、上杉に「武田を北（上杉）と西（織田・徳川）とで包囲し、挟撃しよう」と提案したのだ（『信長文書』三五〇号）。

一方、武田信玄はこうした信長方の動きに対抗すべく、畿内近国の反信長派と手を組んだ。すなわち、越前朝倉、北近江の浅井、大坂本願寺といった面々である。彼らは二年前（元亀元年）に信長を包囲し、敗亡寸前まで追い詰めたが、そのあと信長と和睦してしまった。だが、この和睦は半年ほどしか続かず、その後、彼ら反信長派は再び信長と対立し、小競り合いを繰り返していた。そこで、武

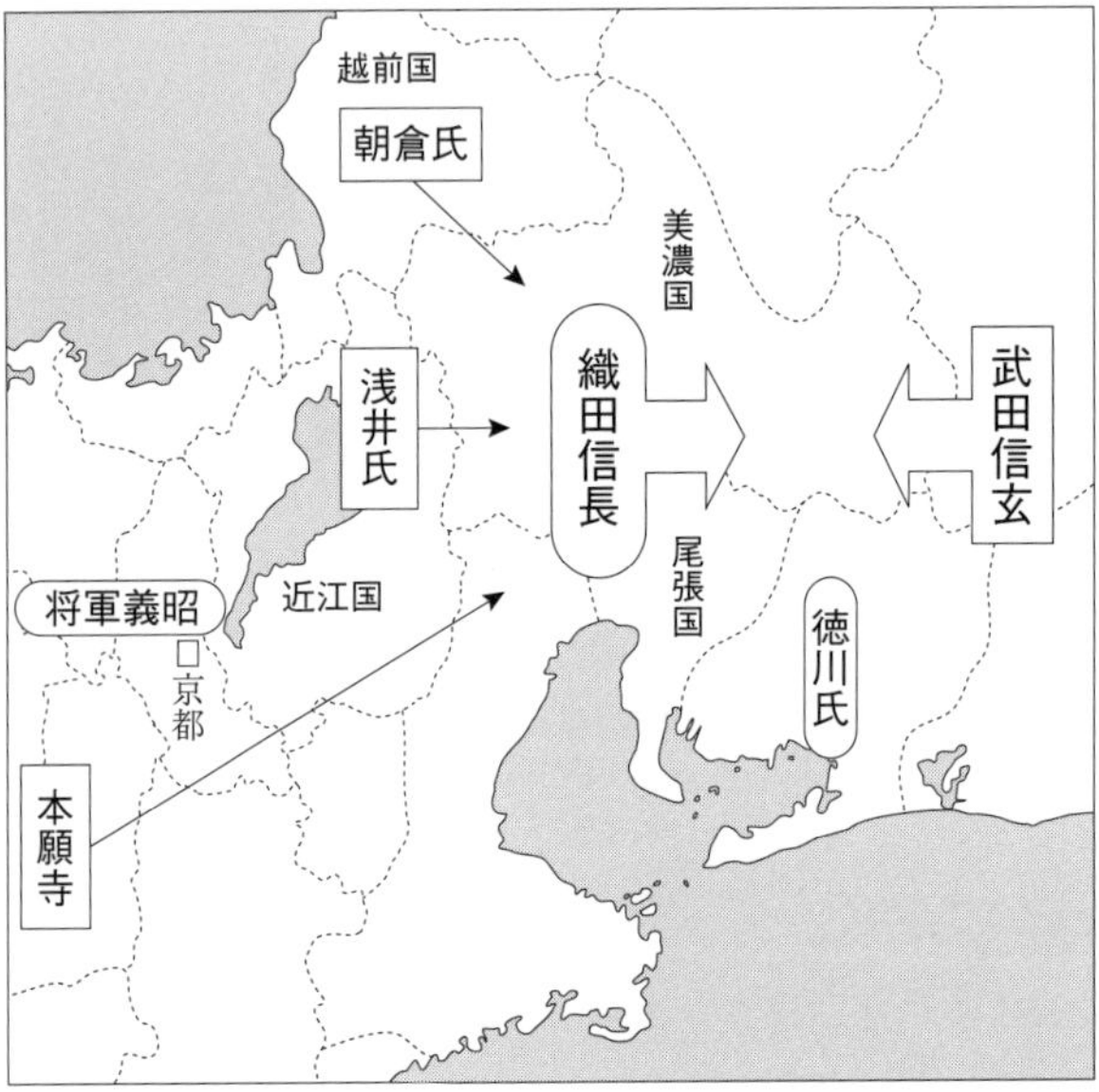

地図8　信長は武田や朝倉に包囲され，再び死地に陥った。

田信玄はこれら反信長派と連携し、信長を東（武田）と西（朝倉ら）で挟撃しようとしたのだ。

この結果、たちまち二大陣営が出現することになった。信長派（信長・徳川・上杉）と反信長派（武田・朝倉・浅井・本願寺ら）である。両者は激しく対立した。このうち信長派は、主敵である武田を北と西から封じ込めんとした。一方、反信長派は主敵・信長を東西から封じようとした。つまり、双方ともに相手を包囲しようと図ったわけである。そして、ついに両陣営は衝突した。

徳川軍と武田軍とが遠江国・三方原《みかたがはら》（静岡県浜松市）で激突したのだ。元亀三年一二月二二日のことであった。この戦いで徳川軍は力戦《りきせん》した。しかし、武田の到兵《けいへい》に痛撃され、ついに大敗して退却を余儀なくされた。主将の家康は辛うじて死地を脱し、居城・浜松城に逃げ込んだという。この結果、信長はたちまち危機に瀕することになった。徳川領国のすぐ隣は、信長の本国である尾張と美濃だったからだ。したがって、このまま武田軍に徳川領を抜かれてしまえば、すぐ隣の信長本国が危うくなる。信長としては震慴《しんしょう》せざるをえないだろう。

そうした最中、さらに信長のもとに驚くべき凶報が飛び込んできた。「義昭が信長に反旗を翻し、挙兵した」というのだ。一体、何があったのだろうか。

義昭はなぜ挙兵したのか

義昭は反信長の兵を挙げた。元亀四年（天正元年。一五七三年）二月一三日のことである。三方原の戦いから約二カ月後のことであった。義昭は挙兵すると、ただちに信長を将軍家の「御敵」に指定した。そして京都近郊の諸豪族を味方につけ、また、朝倉や浅井といった反信長派の諸将とも連絡を取り合った（「勝興寺文書」など、『大日本史料』天正元年二月二六日条所収）。

義昭は将軍就任以来、約五年にわたって信長と連携してきた。そして信長と相互に補完し合い、いわば禍福《かふく》をともにしてきた。その間、信長との間には軋轢も生じた。とりわけ永禄一三年（元亀元年）には、信長が義昭に不満を抱き、義昭に対して五カ条にわたる要求を突きつけた。しかし、そのあとも義昭と信長は、なんとか協力関係を維持し続けてきた。それは、互いに相手を必要としていたからに他ならない。だが、義昭はついにここで信長と訣別した。でも、これはなぜだろうか。

義昭の決断に、三方原の戦いにおける信長方の敗北が関係していたことは間違いなかろう。とはいえ、この敗北で義昭が信長を見限り、反信長派に鞍替えした、というわけではあるまい。なぜならば、三方原の戦いはまだ局地戦に過ぎなかったからである。成程、徳川軍は武田に痛打された。だが、信長本隊はいまだ健在であった。したがって信長と反信長派の戦いは、まだその帰趨《きすう》が決せられたわけではない。信長方が頽勢《たいせい》を挽回する可能性は、まだ十分にあったのだ。そう考えれば、義昭がこの時点で信長を見限るのはあまりにも早過ぎよう。しかし義昭は信長を見限った。なぜだろうか。

信長の本国・尾張と美濃は、三方原での敗戦によって危殆《きたい》に瀕することになった。この敗戦で信長本国は、いつ武田軍に攻め込まれても不思議ではない状況になったのだ。それゆえ、信長としてはこのあと、ただちに本国防衛に注力せざるをえないだろう。そしてそのためには、京都・畿内に駐屯する精鋭を本国に急派せざるをえまい。

しかしそうなると、京都・畿内の防衛は手薄になる。そこを朝倉をはじめとする反信長派に大挙して衝かれれば、京都は、たちまち彼らに席巻されてしまうことになるだろう。この時点で義昭がまだ信長と連携していれば、彼は即座に京都で死地に陥ることになる。さすれば、義昭がこのあとも将軍として京都に安座するためには、朝倉らが京都に殺到する前に信長とは訣別し、反信長派に鞍替えしたほうがよい——義昭はこのように判断したのではないか。

ただし、義昭はギリギリまで逡巡したようだ。彼が反信長の兵を挙げたのは、元亀四年二月一三日である。これは今の暦では三月中旬にあたり、もはや春であった。朝倉の本国・越前でも、そろそろ雪が溶け始める季節である。そうなると、いつ朝倉の到兵が北から京都に殺到してくるか分からない。

義昭が反信長派に鞍替えするならば、その前でなければならない。義昭は迷いに迷い、ようやく二月中旬という、朝倉軍の南下が予想されるギリギリになって決断を下すに至ったのだろう。

さて、義昭はこうして反信長派に身を投じた。このことは、反信長派の諸将をおおいに喜悦させた。彼らは早速「将軍がお味方す」を内外に大々的に宣伝した。ある有力武将（浅井長政）はただちに次のような情報を各所にばらまいた。すなわち、「武田信玄は三方原で大勝し、すでに徳川領国を占領している。このあとは信長本国たる尾張・美濃に進撃する、ということだ」、「公方様（義昭）もこちら側にお味方されることになった。公方様から御内書《ごないしょ》を下されたので、その写しを遣わそう」というのだ（「近衛家文書」、「勝興寺文書」など、『大日本史料』天正元年二月二六日条所収）。

反信長派は、こうすることで「こちらが勝ち馬だ」という世評を生み出そうとしたのだろう。「勝ち馬だ」と示すことによって、信長派の者たちや、いまだ日和見《ひよりみ》を決め込んでいる者たちを味方に引き入れよう、というわけである。いわゆる「バンドワゴニングを促す」戦略である。

信長譲歩の理由

一方、信長は義昭の離反を知ってことのほか驚愕した。信長は義昭離反の凶報に接すると「なぜ、私が公方様の御敵にされるのか。これは公方様のご意思ではあるまい。侍臣どもが勝手に企てたことだろう」と述べたという（『尋憲記』元亀四年二月二八日条）。信長としては、義昭離反を信じたくなかったのだろう。あるいは「義昭ではなく、その侍臣たちの謀計だ」という形で、この件を処理しようとしていたのかもしれない。

ともあれ、信長は義昭の離反を知ると、近臣を義昭のもとに急派した。そして、離反を翻意してくれるようにと義昭に哀訴した。すると、義昭は条件を出してきたという。その内容は明らかではないが、信長は、義昭から出された条件をすべて受け入れた。さらに「義昭のもとに人質として実子を差し出す」ということも、即座にこれを受諾した（『信長文書』三六二号ほか）。

信長は義昭に大幅に譲歩したわけである。全面降伏といってもよい。ここからは、信長がいかに義昭の離反に危機感を抱いていたかが判明しよう。でも、なぜ信長はかくも譲歩したのだろうか。義昭は寡兵《かへい》しか有していない。もとより、義昭は将軍とはいえ、彼の号令（だけ）で大名たちの兵を動かせたわけでもない。したがって、信長にとって義昭の武力は脅威ではない。にもかかわらず、信長は大幅に譲歩してまで義昭との関係修復を図ろうとした。どうしてだろうか。

その理由の一つに、義昭の離反によって信長に対する世間の目が変わることを懸念した、ということがあったのではないか。そもそも、信長は上洛以来、自分が「勝ち馬」であることを内外に喧伝してきた。しかし、ここに至って彼は、三方原で武田信玄に敗北したうえ、義昭にも離反されてしまった。この義昭は信長が擁佑《ようゆう》し、将軍位に就け、これまで支援してきた主君である。いわば、義昭は信長から最も厚恩を受けてきた者であった。その義昭にすら信長は見限られてしまったのだ。さすれば、このことは「信長は落ち目だ」という印象を世間に与えざるをえまい。

また、信長はこれまで義昭を奉じ、「信長は将軍家の忠臣である」というイメージを内外に浸潤《しんじゅん》せしめようと図ってきた。彼がこれまで義昭のために堅牢な将軍御所を建設し、また抜群の勲功を上げたにもかかわらず、栄典を謝絶するという姿勢を取ってきたのは、いずれもそのためだろう。信長は、これによって世間――「主従関係はなお重要」という思潮がなお色濃い世間の好意を手に入れ、味方を増やそうとしたのだ。しかし、ここで彼は主君・義昭に離反されてしまった。このことは「信長は、実は逆臣だったのではないか」との疑念を世間に与えることになっただろう。

このように、義昭の離反によって「信長はもはや落ち目だ」、「逆臣だ」という世評が広まりかねなかった。そうなると、信長を「勝ち馬」や「忠臣」と思って味方についていた者たちが動揺するのは避けられまい。場合によっては彼らの一斉離反が発生し、離反が離反を呼んで、ついには信長派の総崩れ、といった最悪の事態が惹起《じゃっき》するかもしれない。だから、信長は義昭を自陣営内に引き留めようとしたのではないだろうか。

義昭＝悪主説を流せ

さて、こうして信長は義昭に対して大幅に譲歩する姿勢を示し、離反を翻意するようにと訴願した。しかし、彼が打った手はこれだけではなかった。同時に、信長は義昭にこの訴願が拒否された場合に備え、別の一手を打っていたのだ。それは「信長は逆臣ではない。義昭のほうこそが悪主なのだ」ということを喧伝《けんでん》することである。

たとえば、信長は義昭に離反された後、義昭の近臣（細川藤孝《ふじたか》）に次のように述べている。すなわち、「上意は背《そむ》き難《がた》いものだから、私は公方様（義昭）からの要求をすべて受け入れた」、「公方様のお振舞いは実に困ったものだ。しかし、私と公方様とは君臣の間柄である。それゆえ、私は離反を翻意してくれるよう、公方様に何度も訴願し、人質として実子も差し出すつもりだ」というのだ（『信長文書』三六四号ほか）。

また、信長は近しい大名（徳川家康）にも次のように語った。「公方様の困ったお振舞いはご承知の通りだ。でも、私と公方様とは君臣の間柄だし、このお振舞いを放置していたら、これまでの私の忠節が無駄になってしまう。そう考えて、私は公方様に「味方に留まるように」と説得した。でも、お聞き届けにならない」というのである（『信長文書』三六七号）。

これらを見ると信長が正しく、義昭のほうが陋劣《ろうれつ》だ、と思えてしまう。信長は「自分は義昭の過誤を苦諫《くかん》する良臣だ」ということを盛んに喧伝した。そうすることによって、義昭のほうこそが悪主なのだ、ということを世間に浸透させようとした。実に狡猾なやり方である。

ところでこうした最中に、信長から突然「一七カ条の意見書」なるものが公表された。これは信長から義昭に呈されたという諫言《かんげん》の書である（『信長文書』三四〇号）。そこには一七カ条にわたり、義昭がいかに悪主であるか、ということが書き連ねられている。曰く「義昭は依怙贔屓《えこひいき》をしていた」、曰く「義昭は金銭の亡者だ」、曰く「義昭は京都を遁走する準備をしていた」等々である。

もっとも、ここに筆録された義昭の「悪行」なるものを、そのまま「真実である」とすぐに考えるわけにはいかない。というのは、この意見書が信長側によって公表されたのは、元亀四年二月二二日かその少し前のことだったからである（『尋憲記』同日条）。

仮に公表が二二日だとすると、義昭が信長に反旗を翻してからわずか一〇日後ということになる。そしてこの頃の信長は、義昭の離反によって「逆臣」との世評を受けかねない状況にあり、そこで「義昭のほうが悪主だった」という論理を持ち出して自己弁護に精力を傾注していた。そうしたタイミングで、この一七カ条の意見書が信長から公表されたのだ。このような状況を勘案したならば、この意見書が信長による「義昭＝悪主説流布のためのツール」だった可能性は否定できない。

すなわち、信長は義昭に離反された。それゆえ、信長は義昭を「悪主」に仕立てる必要があった。そこで、彼は義昭のわずかな瑕瑾《かきん》を捜してこれを針小棒大《しんしょうぼうだい》にして取り上げ、あるいは非違そのものを捏造し、それを一七カ条にわたって書き連ね、「信長が義昭に呈した意見書」として世間に公表した――そうした疑いは十分にある。

したがって、この意見書に見える義昭の「悪行」なるものを真に受けて、義昭を陋劣な将軍だったなどと評価することは危険である。この意見書に書かれたことをもって義昭を「悪主だ」と判定することは「信長の罠」に嵌《はま》ることになりかねない。このことは心しておくべきである。

さて、こうして信長は逆臣との世評を受けないよう自己弁護にも精を出しつつ、義昭との関係修復に努めた。しかし結局、義昭との和解は実現しなかった。義昭のほうが信長との和解を拒んだからである。義昭は反信長派に賭けたのだ。

しかし、義昭はここで想起すべきだったのかもしれない。反信長派にはどうしようもない欠点がある、ということを。かつて、彼らは信長包囲網を形成し、信長を土俵際まで追い詰めた。だが、めいめいが勝手に信長と和睦して、ついに信長を封じ込めることに失敗した。

そう、彼らには欠点があったのだ。「団結できない」という欠点が――

3　義昭は信長になぜ勝てなかったのか

動かなかった朝倉軍

武田信玄は、朝倉や本願寺らと連携しつつ三方原《みかたがはら》で徳川軍を大破した。元亀三年（一五七二）一二月のことである。信玄は「東からは武田、西からは朝倉らによって信長を封じ込めよう」と考えていたようだ。その企望《きぼう》は着々と実現されつつあった。

ところが、ここで意外なことが起きた。朝倉が手を引いてしまったのだ。朝倉は北近江まで兵を進出させていた。しかし突然、兵の過半を勝手に帰国させてしまった。武田信玄はこれを知って嚇怒《かくど》した。朝倉が兵を引いてしまうと、「信長を東西から挟撃する」という作戦が十分に機能しなくなるからである。彼は朝倉に対し、次のように述べて怒りをぶつけた。「聞くところによると、朝倉兵は過半が帰国したという。驚いた。兵を労わるのは大事だが、今は信長を滅ぼす好機だ。それなのにこの措置はどういうわけか」というのだ（「伊能文書」、『大日本史料』元亀三年一二月二二日条所収）。

一体、なぜ朝倉は兵を引いてしまったのだろうか。朝倉の撤兵は三方原の戦い（元亀三年一二月二二日）頃であった。となると、季節はもはや真冬である。北国では降雪が酷くなる。さすれば、朝倉としては北近江にいつまでも滞陣してはいられない。なぜならば、積雪によって本国・越前に簡単には帰れなくなってしまうからである。このままでは、北近江で孤立しかねない。そこで、朝倉は早々に撤兵を決断したのだろう。

また朝倉撤退の要因として、武田信玄への不信感もあったのかもしれない。そもそも、武田信玄は信長に敵対したが、少し前までは信長と同盟関係にあったのだ。したがって、朝倉が武田に疑念を持ったとしても不思議ではあるまい。すなわち、武田は信長と本気で戦うつもりはないのではないか、朝倉をうまく使って信長から好条件を引き出し、然《しか》る後に信長と適当なところで和睦するつもりではないか、といった疑念である。

朝倉はこれまで武田と深い親交があったわけではない。それゆえ、武田が何を目論《もくろ》んでいるのか、その意図を正確に把握することはできない。そこで、朝倉は武田の真意を確かめるべく、ここは一旦撤兵し、武田の「お手並み拝見」という行動に出たのではないか。これに武田信玄は怒ったわけだが、しかしこうなると彼としても方途がない。というのは、信玄には朝倉軍の指揮権はないからである。武田と朝倉とは対等・両敬な関係にあった。したがって、朝倉は武田信玄からの要請（「兵を退くな」）を拒否することができたし、そうなると武田としては切歯扼腕《せっしやくわん》するしかなかった。

このような中で、先にも述べたように義昭が信長と訣別し、反信長派に転じた。元亀四年（一五七三）二月一三日のことである。義昭は朝倉氏の軍事力に期待していた。そこで、彼はすぐさま朝倉に対し、大兵を引率して上洛すべきことを下命した。

ところが、朝倉は上洛してこなかった。義昭はこれを知って慌て、侍臣を越前に急派した。そして朝倉に、急ぎ上洛するよう何度も催促した。たとえば「朝倉の上洛が遅れているので、こちらで攻勢に出られない。今ほどの好機は他にない。だが、勝つためには軍勢が必要だ。朝倉はせめて六〜七〇

朝倉義景の花押

○○人ほどの軍勢を近江国に急派せよ。さすれば、近江はその日の内に我らの物になろう」と伝えた（「牧田茂兵衛氏所蔵文書」、『大日本史料』天正元年二月二六日条所収）。

だが、朝倉は上洛してこない。朝倉は「今春は大雪で、進軍がまだ困難だ」と返答していたらしい。こうなると、義昭としても成す術がない。なぜならば、義昭は将軍として朝倉に「出陣せよ」と下命することはできたが、それを強制することまではできなかったからだ。義昭は強制に必要な武力を持っていなかった。それゆえ、朝倉があくまで上意拒否の姿勢を貫徹してしまうと、もはや対応しようがなかった。

疑い合う反信長派

こうして朝倉は動かなかった。すると、これを知って大坂本願寺が立腹した。本願寺は朝倉や武田信玄らと一緒に、反信長派を構成している。それゆえ、朝倉が勝手に撤兵したことを知って怒った。本願寺宗主・顕如《けんにょ》は朝倉に「武田も怒っている。すぐに出馬されたし」と求めた。

さらに、顕如はそのあとも朝倉に急使を発し、ただちに師旅《しりょ》を率いて上洛するよう催促した。しかも、その際に顕如は朝倉のもとに下る使者に対し、「朝倉が出陣するところをきちんと見届け、そのうえで戻ってくるように」と命じている。朝倉を信用できなかったからだろう（以上、「顕如上人御書札案留」、『大日本史料』天正元年二月二七日条所収）。

実は、本願寺はこれ以前から同盟者である朝倉氏や浅井氏に強い不満を抱いていた。たとえば、本願寺や麾下の門徒衆らは朝倉について次のように概嘆していた。「朝倉軍は動きが緩慢だ。それゆえ、手筈《てはず》が狂い、信長軍にやすやすと攻め込まれてしまう。その結果、反信長派に味方しようと思っていた諸将も今や変心し始めている。そこで、本願寺から朝倉に「せめて坂本〔滋賀県大津市〕までは派兵して欲しい」と要請した。ところが、朝倉は「承知した」と返答するばかりで一向に兵を出してこない」というのだ。

また、本願寺は浅井にも不満を持った。「浅井は、共闘している近江門徒衆ばかりに先陣を押しつけてくる。この件で、本願寺は浅井に何度も苦情を申した。そして「先陣は、浅井と門徒衆とが交替で担うべきだ」と提言した。だが、浅井からは返事が来ない」というのである〔「誓願寺文書」、『大日本史料』元亀三年四月一六日条所収〕。ここからは、本願寺と朝倉・浅井との間で連携がうまくいっていなかったことが分かろう。

本願寺は朝倉・浅井に不満を持った。とりわけ浅井に対しては、一番犠牲の出やすい先陣を門徒衆に押しつけ、自分はただ乗り《フリーライド》しようとしている、と怒りを感じていたようだ。顕如は「北近江では、近江門徒衆が粉骨している。浅井が非力なせいだ」と歎いている〔「顕如上人御書札案留」、『大日本史料』元亀三年一二月二二日条所収〕。

もっとも、浅井のほうも本願寺に猜疑《さいぎ》の目を向けていた。たとえば、浅井は元亀四年二月、越中国〔富山県〕の本願寺門下寺院〔勝興寺〕に次のように説諭した。「もし上杉謙信と和睦の話があっても、勝手にこれに応じてはいけない。武田信玄ときちんと相談せよ」というのだ（「勝興寺文書」、『大日本史料』天正元年二月二六日条所収）。この頃、上杉謙信は信長と協力し合い、越中に兵を進めていた。そこで浅井は、越中門徒が勝手に上杉と和睦してしまうかもしれないとの疑念を抱き、クギを刺したわけである。ここからは、本願寺門徒衆に対する浅井の不信感を看取しえよう。

さて以上のように、反信長派はメンバー同士できちんと団結することができなかった。彼らにとって、三方原での戦勝（元亀三年一二月）から数カ月の間が信長を倒す好機だった。だが、彼らは団結することができなかった。互いに「何か策謀を弄《ろう》しているのではないか」、「こちらに仕事を押しつけ、自分はフリーライドするつもりではないか」と疑い合ってしまったのだ。その結果、彼らは天与の幸運があったのに、これを活かすことができなかった。

天は、そのような者たちには罰を下す――

反信長派にとって致命的な凶変が起きた。武田信玄が病に倒れたのだ。信玄の病は次第に篤《あつ》くなった。そこで、彼は本拠地の甲府に戻ろうとした。だがその途次、ついに陣中で没した。元亀四年四月一二日のことだったという。信長はこれを知って愁眉《しゅうび》を開いた。そしてただちに反撃に転じた。

朝倉はなぜ来ないか

信長はこれまで武田信玄の侵攻に備え、本国である尾張・美濃の防衛に忙殺されていた。しかし、信玄の死によってその仕事から解放された。つまり、京都・畿内に注力する余裕を得たわけだ。

信長はすぐさま馬首を西に廻らし、諸将を率いて京都に猛進した。京都に入ったのは、元亀四年三月二九日である。信長は東山の知恩院に陣を布《し》いた。この時の、「裏切り者」義昭に対する信長の怒りはすさまじかった。挨拶に来たある公家に「今度、大樹《たいじゅ》（＝義昭）御所行《しょぎょう》、沙汰の限りなり」と怒声を発したという。一方、義昭は信長の上洛を知り、将軍御所に引き籠った。ただし、御所には旗を掲げ、なお戦意を喪失してはいないことを示した（以上、『兼見卿記』同日条）。

そこで、信長は義昭に「和解」という名の降伏勧告を行った。しかし、義昭はこれを拒否した。すると、信長は忿怒《ふんぬ》し、京都を焼き払う決意を固めた。義昭に圧力を加えるためである。信長は、まずは元亀四年四月三日に京都郊外を放火した。そして、翌四日には上京一帯をすべて焼き払った。紅蓮《ぐれん》の炎がたちまち町々を焼き尽した。火は夜になっても消えなかったという。この一連の放火で犠牲になった者は数知れず、と伝えられる（『兼見卿記』各日条）。

本願寺顕如（反信長派）はこの状況を知り、「将軍家、危うし」と危機感を抱いた。そこで、彼はすぐに朝倉に書状を下し、兵を翕合《きゅうごう》して義昭を救うことを求めた。「今、信長は京都に押し入り、公方様（義昭）に和を乞うたが拒否された。それゆえ、信長は怒って京都各所を焼き払っているという。そこで、本願寺も兵を出すつもりなので、朝倉も信長の本国帰還を阻害すべく、近江国に早々派兵されたし」というのだ（「顕如上人御書札案留」、『大日本史料』天正元年四月四日条所収）。

だが、朝倉は動かなかった。もとより、義昭も朝倉に来援を求めた。急使を発し、「大兵を率いて上洛せよ」と何度も催促した。だが、朝倉はついに来なかった。もはや季節は春であった。したがって降雪の心配はない。それなのに、朝倉はついに上洛して来なかった。どうしてだろうか。

朝倉氏当主・朝倉義景は、この頃ある武将に次のように述べていた。「公方様から「信長が京都に押し入ってきて難儀している。すぐに上洛せよ」との下命を受けた。しかし、北近江を守る要害を造る仕事があるので、上洛は延期する」というのである（「尊経閣古文書纂」、『大日本史料』天正元年四月七日条所収）。つまり、朝倉は上洛して義昭を助けることよりも、本国・越前防衛を優先したわけだ。

朝倉にとって最も大事なのは「自分の生存」であった。朝倉はこの死活的利益を守るために反信長派に与《くみ》したにすぎない。したがって、朝倉にとっては自身の生存を犠牲にしてまで、義昭ら反信長派に尽す、ということはありえない。ここに、朝倉が非協力的だった真因があったといえよう。

義昭がついに降伏す

この結果、義昭はたちまち敗亡の危機に瀕した。信長はこれを見て、朝廷を動かした。勅命（＝天皇の命令）ということで義昭に降伏を勧告したのだ。このあたりに信長の「巧妙さ」がある。義昭としても、かつて臣下だった信長にたんに降伏した、ではメンツが立たないだろう。そこで、信長は義昭が降伏しやすいように勅命を貰った。これによって義昭が「信長に負けたからではなく、天皇の勅命が下されたゆえに降参したのだ」と世間に言い訳できるようにしたわけだ。

このように、信長は京都を放火して義昭を威嚇する一方、勅命を貰って義昭が降伏しやすい環境を整えた。こうした硬軟織り混ぜた信長の施策に、義昭も次第に耐乏しきれなくなった。そして義昭はついに屈し、信長に降を乞うた。元亀四年四月七日のことである（『御湯殿上日記』同日条ほか）。なお、上杉謙信に親しい武将が上杉側に送った書状によると、この時、義昭は信長に人質として嫡男の若君を差し出したという（『上杉家文書』六三四号）。

この若君は、後に僧侶となって「義尋《ぎじん》」と名乗ったので、本書でも彼のことを義尋と呼ぶことにしよう。義尋は元亀三年八月一五日生まれなので（『兼見卿記』同日条）、当時まだ二歳であった。このような幼子を宿敵のもとに人質に出すことになり、きっと義昭は無念だったろう。

もっとも義昭はこの時、無条件降伏だったわけではない。このあと、義昭側近と信長宿将たちは「和平を互いに遵守する」ことを誓い合った。そして双方の間で起請文《きしょうもん》（＝誓約書）を取り交わした。その起請文に次のような文言がある。「信長方はきちんと条目を遵守する」という文言である（『信長文書』三七一号）。また、そのあと信長宿将が義昭側近に次のような書状を送った。「この間の五カ条と先の起請文の旨を、信長方はしっかり遵守する」というのだ（『信長文書』上巻六三四頁）。

こうしたことから見て、どうやら義昭方は信長に降参する際に、五カ条にわたる要求を突きつけていたようである。この要求内容は不明だが、おそらく「義昭の安全を保証する」といったことだったのだろう。そして信長はこれを受け入れた。もとより、義昭が引き続き将軍として京都に安座することも、信長は許した。さらに人質として奪った若君・義尋も、このあとしばらくして義昭のもとに返してしまった。信長は意外なほど寛大な姿勢を義昭に見せたのである。

信長にとって、義昭はなんといっても主君である。さすれば、これをあまり苛烈に遇したりすれば、信長は世間から逆臣と見なされ、その誉聞《よぶん》を損なうことになる。一方、義昭を寛大に処置すれば「信長は君臣の節義を守る良将だ」といった世評を得ることになる。そこで、信長は義昭に対し、寛大な姿勢を取ることにしたのだろう。

義昭にとっては、まことに幸運だったといえる。彼の命運はまだ尽きてはいなかった。ところが、義昭はこのあと奇妙な行動を見せる。彼は、なぜか信長に再び兵を挙げてしまうのだ。

不穏な動きあり

信長は、元亀四年四月七日に義昭の降伏を受けると、翌八日には早くも陣を払って京都を去り、馬首を東に廻らして近江国に到った。浅井氏や近江門徒衆といった、この地における反信長派を掃討するためである。そのあと、信長は掃討戦の本営を佐和山《さわやま》城（滋賀県彦根市）としてここに入城した（『兼見卿記』各日条、『上杉家文書』六三四号ほか）。

さて、こうして信長は京都を去った。すると、この直後から京都では不穏な動きが見え始めた。まず次のような噂が流れた。「義昭が京都を退座し、真木島《まきしま》（京都府宇治市）に逃げる」というのだ。これを知って驚いたある公家が、将軍御所に問い合わせた。すると「そのような事実はない」ということだった。ところがその直後、この公家のもとに義昭の近臣（松田監物《けんもつ》）が訪ねてきた。そして「公方様が京都から退座されるのは本当だ。内々に決定した。ついては、家族を大津（滋賀県大津市）に逃したいので協力してくれ」と哀願してきたという（『兼見卿記』元亀四年四月一三日条）。

これは、信長が京都を去ってから一週間ほど経った、元亀四年四月一三日のことである。しかし、そのあとは何も変事は起きなかった。もとより、義昭が京都を退座することもなかった。

それからさらに二週間ほど経った元亀四年四月二七日、先ほどの公家のもとに、別の義昭近臣（曽《そ》我助乗《がすけのり》）が参った。そして「公方様と信長との和睦はいよいよ調《ととの》った」という情報を伝えた（『兼見卿記』同日条）。実際、この日と翌日には、先に述べたように義昭の側近たちと信長宿将らとの間で、和平を誓い合う起請文の交換がなされている。こうした情況を考えれば、義昭方と信長方との和睦に揺るぎはなく、京都は依然として閑安《かんあん》を楽しんでいた、といってよかろう。

ところが、元亀四年の五月に入ると、京都ではまたなにやら不穏な噂が広まった。そこで、信長方から義昭方に次のような提言がなされた。「世間で不穏な噂がある。笑止《しょうし》なことだが、看過することはできない。そこで、どうか公方様から信長に御内書《ごないしょ》を下してもらいたい。そうすれば信長は「了解した」という返事を重ねて公方様に差し上げるだろう」というのだ。こうすることで不穏な噂を打ち消そう、というわけだろう（『信長文書』上巻六三二～三頁）。

このあたりまで、義昭と信長との和平が蕩揺《とうよう》するような兆候は見られない。洛中ではなお平和が続いていた。だが、元亀四年の七月に入って事態は急変する。義昭が再挙兵したのだ。なぜだろうか。

4　義昭はなぜ京都を追われたのか

なぜ再挙兵なのか

義昭は（元亀四年）六月一三日付で、西国の毛利氏のもとに次のような御内書を下した。「信長との和睦は破れた。自分は信長を攻伐する準備をする。ついては、毛利は兵粮米をこちらに搬送せよ」というのだ（『吉川家文書』四八二・四八三号）。そしてこのあと義昭は、将軍御所を侍臣に預けてここを退去し、京都郊外・宇治にある真木島城に移座した。こ

義昭が籠城した真木島城跡
（京都府宇治市槇島町）

の城は義昭の寵臣・真木島昭光《あきみつ》の居城である。元亀四年（一五七三）七月三日のことであった（『兼見卿記』同日条ほか）。

義昭はなぜこのような行動を取ったのだろうか。彼はこの半年前、信長に最初の兵を挙げた。この時は、まだ武田信玄が健在だった。そして、信長はこの武田から本国を防衛するのに忙殺され、京都防衛に十分注力できなかった。したがって、京都は反信長派に制されるような情勢だった。こうしたことを考えれば、当時京都にあった義昭が反信長派に鞍替えし、信長に兵を挙げたことは、それなりに合理的な判断だったといえなくもない。しかし、七月の挙兵については合理的な理由をなかなか見つけにくい。この時点では、武田信玄はすでにこの世にはいないのである。

したがって、信長は本国防衛に力を割く必要はなく、それゆえ、いつでも京都に大兵を投下することのできる状況にあった。つまり、義昭がこのタイミングで京都で信長に兵を挙げても、勝つ見込みはきわめて低かったわけである。にもかかわらず、義昭は挙兵した。どうしてなのだろうか。義昭は一度信長に反旗を翻し、失敗した。しかし、信長からは幸いなことに寛大に遇された。それなのに、なぜ義昭はこの幸運をすべて放擲《ほうてき》し、危険な賭けに自分から打って出てしまったのか。

義昭は、武田信玄の死を知らなかったのだろうか。ちなみに、信長はかなり早くから

周知だった信玄の死

その死を察知していたようだ。武田信玄が死んだのは、元亀四年四月一二日といわれる。信長はその数日前に上洛していた（三月二九日）。これまで信長は武田軍の侵攻に備え、尾張・美濃防衛に当たっていたが、ここでその仕事を中断して上洛したのだ。これはおそらく、武田信玄はもはや再起不能であり、したがってもう武田軍が侵攻してくることはない、と知っていたからだろう。

また上杉謙信（信長の同盟者）も、この直後（元亀四年四月二五日）に親しい武将から次のような情報を伝えられていた。「武田軍は本国・甲斐に撤兵しつつある。どうやら武田信玄は病気なようだ。「死んだ」との説もある。それゆえ、信長は武田領国に攻めこむ準備をしている」というのである（『上杉家文書』六三四号）。さらに、上杉側ではそのあと次のような情報も入手した。「武田信玄は死んだらしい。少なくとも、病気なのは確かだ」という情報である。

次いで元亀四年六月になると、上杉方は「五月上旬に、徳川軍が武田領に攻め込んだ」ということを知った。徳川が武田領に攻め込んだということは、武田がすぐには反撃できない状態にある、ということに他ならない。そこで、上杉方ではこの情報から「信玄の死はいよいよ確実だ」との確信を持つに至っている（以上、「吉江文書」、「赤見文書」、『大日本史料』天正元年四月一二日条所収）。

このように、信長やこれと同盟する徳川・上杉は、早い段階で武田信玄の死を確信していた。信長や徳川は、おそらく信玄の死直後にこれを知り、上杉ですら元亀四年六月には信玄の死を確信していたのだ。とすると、義昭が七月の段階で、いまだ信玄の死を知らなかったとは考えにくい。

そもそも武田軍は、前年の元亀三年（一五七二）末に三方原で戦勝した後、ほとんど進撃していない（そして、ついに本国・甲斐に撤兵してしまった）。さらに元亀四年三月には信長が、武田を何ら畏懼《いく》することなく本国を留守にして自身で上洛してもいる。こういった情勢を見ればたとえ京都にあっても、武田に何か変事があり、もはや西進できない状況にある、ということは誰でも容易に察せられよう。ところが、義昭は元亀四年七月になって信長に再び挙兵し、真木島城に籠城してしまった。どうしてなのだろうか。

信長を信用できず

義昭はこの件について、どう語っていたのだろうか。彼は再挙兵について、のちに次のように説明していた。「信長方と（義昭の）京都安座について交渉していた。すると、本願寺をはじめとする味方の面々が「（信長には）不審が相晴《あいは》れず」と言上してきた。そこで、真木島に籠城することにした」というのである（「柳沢文書」、『大日本史料』天正元年八月一日条所収）。

義昭は、本願寺ら反信長派から言上された「信長には不審あり」という助言を信じた。それは、義昭もまた信長を信用しきれなかったからに違いない。そもそも義昭は半年前、信長から一度離反した。その義昭に信長は意外なほど寛容だった。しかし、義昭には信長が何を考えているのか、その真意を正確に把握することはできない。信長は今は寛大さを見せているが、このあと豹変し、義昭を裏切り者として刑戮《けいりく》するかもしれない――義昭には、このような疑念があったのではないか。

信長には、順服してきた者を保護する「やさしくて合理的」な顔や、世間の常識を遵守する「外聞に留意する」顔があった。しかし、彼にはこれとは別の顔もあった。それは、あらゆる大名を敵と見なしてこれを討滅せんとする「強面《こわもて》」の顔である（→序章）。おそらく、義昭は信長と五年も連携してきたのだから、信長にこういった酷虐《こくぎゃく》さ、凶暴性のあることは悉知《しっち》していたことだろう。さすれば、義昭は次のように考えたのではないだろうか。

信長は今は義昭に寛容な姿勢を見せている。しかし、いつか強面の顔を露わにし、「裏切り者」である義昭を（密かに）殺害するかもしれない。「そのようなことは決してない」とは誰も断言できない。そして、もし信長がかかる凶行におよべば、義昭はすべてを失うことになる。

であるならば、義昭としては今、立ち上がったほうがまだ生存の可能性は高い。朝倉も浅井も、本願寺もいまだ健在なのだ。毛利も味方してくれるかもしれない。武田だって、信玄を喪《うしな》ったにしてもその剄兵《けいへい》はなお健在である。このまま座して死を待つよりも、これら諸将を翕合《きゅうごう》して信長に立ち向かったほうが、まだ生き残る確率は高い――こういった考えである。だが、この賭けは裏目に出た。

義昭の京都追放

信長は義昭の再挙兵（元亀四年七月三日）を知ると、滞在していた近江・佐和山《さわやま》城からすぐさま大兵を率いて上洛した。京都到着は元亀四年七月九日である。そして、彼は上洛すると、義昭の去った将軍御所をただちに占拠し、御所内の殿舎を破却した。このあと、将軍御所は諸人によって略奪されたが、信長はそれを禁じなかったという。ここからは、義昭に対する信長の忿怒《ふんぬ》が伝わってこよう（『兼見卿記』元亀四年七月九～一三日条）。

一方、義昭は真木島城において信長の上洛を知った。そこで、彼はすぐさま本願寺をはじめ味方諸将に挙兵を促した。だが、諸将の動きはすこぶる鈍い。そうこうしているうちに、信長自身が大兵を引率し、真木島城付近に押し寄せて来た。元亀四年七月一七日のことである。信長軍は真木島一帯をただちに焼き払った。すると、義昭はこれを見てたちまち恐怖した。そこで、彼はやむなく信長に和を乞うた。そして和睦の条件として、若君・義尋《ぎじん》を再び信長のもとに人質として差し出した。信長はこれを受け入れた。

この結果、義昭は元亀四年七月一九日に真木島城を退いた。このあと、彼は枇杷庄《びわのしょう》（京都府城陽市）辺りに下り、二〇日には河内国津田に到った。そして、二一日には本願寺から派遣された警固の兵に守られながら、河内国若江城（大阪府東大阪市）に入った。この若江は三好義継《よしつぐ》の居城である。三好は、かつて前将軍義輝を殺害した張本人であるが、今は義昭に随従し、その妹を娶《めと》っていた。そこで、義昭は三好を頼ったのだろう（以上、『兼見卿記』、『二条宴乗日記』各日条ほか）。

こうして、信長は義昭を京都から追放した。ちなみに、信長はこの一件について親しい大名に次のように説明している。「公方様は遠国に没落されたようだ。実に嘆かわしいことだ。公方様がこのように天下（＝京都とその周辺）をお棄《す》てになってしまったので、信長が上洛して騒ぎを取り静めた。今後の将軍家のことは、諸大名による話し合いの結果に従うつもりだ」、「この信長が公方様を京都に安座させ、数年平和を保っていたのに、公方様は武田信玄や朝倉といった佞臣《ねいしん》どものせいで、ついに御逆心を企てられた。まことに無念だ」というのである（『信長文書』三七七・四三〇号）。

つまり、信長はあくまで「自分は逆臣ではない。忠臣だった。義昭のほうが悪主だったのだ」という姿勢を貫いたわけであった。

ところで、信長は義昭との訣別でただちに「足利将軍家を否定した」というわけではなかった。というのは、信長はこのあと、義尋《ぎじん》を擁立する姿勢を見せていたからである。すなわち、信長は義昭からその嗣君・義尋を人質に取ると、これを膝下《しっか》に置き、大名たちに参礼を求めたのだ。たとえば、毛利氏には次のように告諭した。「来年の春になったら、義尋にきちんと年始の挨拶を言上せよ。過分な挨拶は不要だが、忘れてはならない」というのだ（『吉川家文書』六一〇号）。こういった信長の挙動からは、今後は義尋を擁佑《ようゆう》していこうとの意識が垣間見えよう。

将軍家を否定せず

また信長はこの頃、朝廷に奏請《そうせい》し、改元を実施させた。元亀四年を天正元年としたのである（『大日本史料』天正元年七月二八日条）。これまで、改元は原則として足利将軍が朝廷に奏請し、これを受けて朝廷が実施してきた。したがって、自ら改元を奏請した信長の行為は、足利将軍家を蔑《ないがし》ろにしたものといえなくもない。だが、これには先例がある。

この時から半世紀ほど前の永正一八年（一五二一）、細川高国（有力大名・細川一門の当主）は、京都を出奔した一〇代将軍・義稙《よしたね》を廃し、幼君・足利義晴を新将軍に迎立《げいりつ》した（→第一章1）。この時、高国は朝廷に改元を奏請し、永正一八年を大永《だいえい》元年に改めさせているのだ。ちなみに、高国は改元を求めた理由を次のように述べたという。「将軍が他国に下られ、新たな主君を立てることになったので、新たな年号を所望する」というのである（『宣胤卿記抜書』大永元年八月二三日条）。

このように、細川高国は幼君を擁佑し、そして朝廷に奏請して改元を実施させた。これは信長の行動と同じである。つまり、信長の振る舞いは前例のない突飛なものだったわけではなかった。依然として「時代の枠組み」の中に収まるものであったといえよう。

朝倉・浅井の滅亡

さて、信長は義昭と絶交すると、このあとその与党たちの大規模な掃討を開始した。まず狙ったのは、朝倉氏である。すなわち、信長は天正元年（一五七三）八月に自ら大兵を引率し、朝倉氏の本国・越前（福井県）に怒濤のごとくなだれ込んだ。信長軍は、朝倉勢を痛撃してたちまちこれを完膚《かんぷ》なきまでに摧破《さいは》した。天正元年八月一四日には敦賀（福井県敦賀市）を制圧し、次いで潰走する朝倉勢を猛追し、険峻な木目峠《きのめとうげ》を踏破して府中（福井県越前市）に到った。

こうした中、朝倉方では諸将の離反が相次いだ。そもそも、朝倉諸将の多くは、自前の城館と領土を持つ「小さな大名」たちである。そして彼らにとっての死活的利益は、この自前の領土をいかに守り、家を存続させていくか、ということにあった。したがって、朝倉諸将は朝倉の倒潰《とうかい》が不可避であることを察知すると、たちまち朝倉のもとから離反し、信長という「勝ち馬」についてしまった。この結果、朝倉氏はほとんど抗戦することなく、敗亡するに至った。

もし義昭がまだ信長と連携していたならば、朝倉は、義昭の袖に縋《すが》り、義昭を通じて信長に和睦を持ち掛けることもできたかもしれない。だが、義昭はもはや信長陣営にはいない。それゆえ、朝倉氏当主・朝倉義景には成す術がなかった。彼は信長軍の鋭鋒《えいほう》をあしらえずに進退に窮し、やむなく本拠地・一乗谷《いちじょうだに》（福井県福井市）を逃亡した。これを知った信長は、兵を放って探索を行い、ついに義景を見つけてこれを捕斬《ほざん》した。天正元年八月二〇日のことであった（『大日本史料』同日条）。

こうして、百年にわたって越前一国に威勢を敷いてきた名門・朝倉氏はここに滅亡した。信長は返す刀で、今度は北近江・浅井氏に襲い掛かった。浅井にはもはやこれを防ぐだけの力はない。その命運は、朝倉という同盟者を失った瞬間に尽きていたといってよい。信長軍は無援の孤城となった浅井の小谷城《おだに》（滋賀県長浜市）をたちまち攻め落とした。当主・浅井長政は自刃して果てた。天正元年八月末のことだったという。浅井は朝倉に比べればずっと非力であった。それを考えれば、よく敢闘したといえよう（『大日本史料』同二七日条）。

こうして、信長は義昭を京都から追放した後、年来の宿敵・朝倉と浅井をついに殄滅《てんめつ》せしめた。畿内近国において残る宿敵は、大坂本願寺だけとなった。とはいえ、信長といえどもそう連戦はできない。補給と兵の休養が必要だった。そこで、彼はこの年の大坂攻めは控え、翌年に持ち越した。

和解を図った信長

ところで、義昭はどうしていたのだろうか。彼は真木島で信長に降参すると、河内の若江城に落ち着いた。しかし、しばらくしてそこを出て、堺（大阪府堺市）に移座した。どうやら、彼はこのあと西国の雄・毛利氏のもとに下向しようとしていたらしい。だが、これを察知して毛利氏は仰天した。

この頃、毛利氏は信長と同盟していた。毛利にとってこの同盟は重要だった。というのは、当時毛利は敵に包囲されていたからである（西からは九州の雄・大友氏（大友宗麟《そうりん》）に攻め込まれ、北からは尼子《あまご》

堺の町並み（大阪府堺市）

氏の残党（尼子勝久や山中幸盛）に攻められていた）。それゆえ毛利にとって、畿内の信長との同盟維持はいわば必須の要請となっていたのだ。しかし、もし義昭が毛利のもとに下ってくれば、この毛利・信長同盟に阻隔《そかく》が生じかねなかった。なぜならば、義昭は今や信長の宿敵だったからである。その義昭を毛利が抱え込む、ということになれば、毛利は信長から猜疑《さいぎ》を受けよう。

毛利はこのことを恐れた。そこで、義昭にはつれない態度を示した。すると義昭はこれに憤慨した。彼は毛利に対し、次のように問責している。「近日、毛利は信長と親睦を深めているようだが、曲事《くせごと》である。これまで毛利は「毛利家がある限り、公方様を疎《うと》んずることは致しません」と誓ってきたではないか。どういうことなのか」というのである（「乃美文書」、『大日本史料』天正元年八月一日条所収）。こういわれると、毛利としても言い訳ができない。

そこで、毛利は籌策《ちゅうさく》をめぐらし始めた。毛利としては、義昭の毛利下向は断然阻止しなくてはならない。そしてそのためには、信長に義昭を引き取ってもらう、というのが最適解であった。それゆえ、毛利は信長に「義昭と和解されたし」と訴願した。すると、信長はこの要求を受け入れた。彼は属将の羽柴秀吉を義昭の滞在する堺に下し、義昭との和平交渉に当たらせたのだ。でも、なぜ信長はこのような決断をしたのだろうか。

これは、そもそも信長が「足利将軍家の否定」を考えていなかったからだろう。また、信長にとって義昭は、なんといっても旧主である。それを追放したままでは、信長は世間から逆臣の誹《そし》りを受けかねない。逆に、二度も信長を裏切った義昭をまた奉戴すれば、信長は「度量のある忠臣だ」という声望を得ることになろう。加えて、義昭をこのまま「野に放つ」のはやはり危険であり、麾下《きか》に収めておいたほうが安全だ――こういった計算が信長方にあったからではないだろうか。

さてこうして、羽柴秀吉と義昭方との間で和睦交渉が始まった。交渉は天正元年一一月頃から開始されたようだ。しかし結局、うまくいかなかった。それは、義昭が和睦の条件として信長に人質を要求したからである（『吉川家文書』六一〇号）。

もっとも、義昭が人質を求めたのは当然である。義昭が信長と和し、信長の管下にある京都に戻る、ということは、信長に生殺与奪の権を委《ゆだ》ねてしまうことに他ならない。だが、義昭は信長の真意を正確に知ることはできない。信長は今は恭順の姿勢を示しているが、このあと豹変するかもしれない。さすれば、義昭が信長に人質を求め、自身の安全を確保しておこうとしたのは当たり前である。武門の者たちは「やるか、やられるか」の世界に生きている。そうした彼らにとって、相手に身を委ねる以上、万一の場合に備えておくのは常識である。

秀吉の失敗

だが、義昭の人質要求は羽柴秀吉を怒らせた。結局、秀吉は義昭との和平交渉を途中で打ち切ってしまった（『吉川家文書』六一〇号）。これを知って毛利は慌てた。義昭が毛利のもとに下向してくる、と考えたからである。しかし、義昭は毛利領国には下らなかった。毛利に歓迎されていないことを察知したのだろうか、彼はこのあと紀伊国（和歌山県）に下った。すなわち、堺から乗船して紀伊の宮崎というところに到り、天正元年一一月末頃に由良《ゆら》の興国寺（和歌山県由良町）に落ち着いたようだ（「根岸文書」・「道成寺縁起」、『大日本史料』天正元年一一月五日条所収）。

さて、このように秀吉は義昭との交渉に際し、強気な姿勢で臨んだ。これは、信長方に義尋《ぎじん》（義昭の子）がいたからだろう。信長方は義尋を輔護《ほご》している限り、逆臣との世評は避けられる。おそらく秀吉はこう計算し、無理に義昭との和解を進める必要はない、と判断したのだろう。また、秀吉は「義昭はもはや無力」と高《たか》を括《くく》っていたのかもしれない。義昭の左右にはこの時、侍臣が二〇人ほどしかいなかったという。それゆえ、秀吉は義昭を侮《あなど》ったのではないか。

秀吉は人質を求める義昭に怒り、「何をお考えなのか。このうえは、どこへでも勝手にお行きなさい。信長には「公方様は行方不明です」と報告しておく」と罵声を浴びせたという（『吉川家文書』六一〇号）。この頃、秀吉は信長軍団の宿将の一人に伸《の》し上がりつつあった。そうしたエリート部将・秀吉の、驕慢《きょうまん》さもここからは見て取ることができよう。

だが、実は秀吉はこの時、とんでもない失策を犯していたのだ。秀吉は、義昭との和平交渉を決裂させるべきではなかった。義昭に譲歩してでも、彼と和睦してこれを京都に呼び戻し、信長方の膝下《しっか》に置いておくべきだった。義昭を野に放ってはいけなかった。この秀吉の失策が、このあと信長の天下統一事業を数年遅らせることになる。秀吉は後年に「天下人」になった。決して浅才ではない。だが、その彼ですらこの時はまだ気づかなかったのだ。
義昭という人物が、いかに一筋縄ではいかないかということを――

第八章　死中に活を求めよ——義昭はいかにして再起したのか

1　信長の「天正三年の飛躍」はどのようにして達せられたのか

本願寺を攻伐せよ

信長は、天正元年（元亀四年。一五七三年）に義昭を京都から追放し、次いで朝倉・浅井を討滅した。この結果、畿内近国において残る強敵は、もはや大坂本願寺ただ一つとなった。そこで、信長は翌天正二年（一五七四）に、いよいよ大坂本願寺攻伐の軍旅を発した。すなわち、彼は天正二年三月に上洛すると、大坂攻めの準備を整えた。そして、四月中旬にまずは大坂に先鋒隊を差し向けたのだ（『多聞院日記』同年三月一七日、四月一二日条）。

この事態に、大坂本願寺はきっと緊張したことだろう。畿内最強の信長軍が攻め寄せてきたのだ。だが、本願寺は孤独だったわけではなかった。遙か東方に強力な同盟者がいた。それは、甲斐の武田氏である。武田氏では前年に信玄が逝去したのち、子息の勝頼が事実上の当主となっていた。そして、勝頼は父の遺志を継いで信長に敵意を示し、信長方と小競《こぜ》り合いを繰り返していた。それゆえ、本願寺は信長の大坂攻めが始まりそうになると、武田勝頼に救援を求めた。武田に「東から派兵し、信長の後背を衝《つ》いて欲しい」と哀訴したのだ。

これを受け、武田勝頼は大兵を動員し、信長の本国・美濃国東部などを攻め立てた。信長はこれを見て、やむなく大坂攻伐を中止した。そして天正二年五月に京都から岐阜に戻ると、六月には師旅《しりょ》を率いて東進し、同盟者・徳川家康と連携しつつ武田軍と対峙した。だが、武田兵は勁強《けいきょう》である。そのうえ、主将・武田勝頼は用兵に長じていた。それゆえ信長方は武田に一敗し、遠江国の要衝・高天神城《たかてんじんじょう》（静岡県掛川市）を武田方に奪われてしまった。信長はこれを知り、やむなく撤兵した（『大日本史料』天正二年六月一七日条）。

こうして、信長は大坂攻伐を中止に追い込まれたうえ、東方でも武田に敗北した。彼はどうもこの頃、冴えない。そのような中で凶変が起きた。信長は前年に朝倉氏を族滅せしめ、越前国（福井県）をその麾下《きか》に収めた。そして、信長のもとに降《こう》を乞うてきた朝倉旧臣（前波長俊《まえばながとし》）を擢用《てきよう》し、これに越前統治を任せた。ところがその後、その越前で内乱が勃発した。そしてあろうことかそのスキに、越前の本願寺門徒衆に越前一国を奪われてしまったのだ（『大日本史料』天正二年二月二〇日条）。

信長はこの凶報に接してきっと嚇怒《かくど》したことだろう。だが、すぐにはこの問題に対処することができない。そこで、彼は手近な本願寺門徒の拠点を急襲した。それは、伊勢国長島（三重県桑名市）である。ここの門徒衆はこれまで数度にわたり、信長方と激戦を繰り返してきた。そこで、信長はこの長島に襲い掛かったのだ。彼は天正二年七月、大兵を引率して長島に攻め込んだ。

これに対し、長島の門徒衆は籠城策を採った。堅塁に立て籠り、信長軍を邀撃《ようげき》したのである。そこで信長方では長島を包囲し、兵糧攻めでこれに対抗した。その結果、門徒たちは糧食が乏しくなってたちまち窮し、ついに信長に和を乞うた。だが、信長はこれを許さない。諸将らに「男女ともに、悉《ことごと》く撫《な》で切りにすべし」と下命し、ますます包囲の陣を重厚にした。

それゆえ、籠城する門徒たちの間では餓死者が続出するようになった（以上、『大日本史料』天正二年八月三日条）。大坂本願寺はこうした長島の窮状を知り、同盟する武田勝頼に再び救援を要請した。だが、武田は難色を示した。武田勝頼は本願寺に次のように返答したという。「武田軍はこの間も本願寺からの要請を受け、信長の後背を衝くべく出陣した。それ以来ずっと在陣し、ようやく先月に帰国したばかりだ。兵たちには疲労の色が濃く、すぐには出陣はできない」というのである（「保阪潤治氏所蔵文書」、『大日本史料』天正二年八月二四日条所収）。

しかし、武田勝頼はここは無理をしてでも、信長の背後を衝いて長島を救うべきだったろう。長島は信長の本国・尾張に近い。したがって、この長島（の門徒衆）は信長の喉元《のどもと》に突きつけた刃だった。さすれば、この長島を救援してここを確保しておくことは、武田にとって長い目で見れば大きな利得になったはずである。本願寺との信頼関係も、これでますます強化されたに違いない。だが、武田勝頼は結局、目立った動きを見せなかった。彼は「できるだけ早くに出馬しよう」と本願寺に申していたが、すぐには動かなかった。

この結果、長島の門徒衆は信長軍に攻め潰されてしまった。門徒衆は、三カ月間の籠城で過半が餓死した。そして生き残った者たちも、長島から退去する途次、信長兵によって弓・鉄砲で撃たれ、あるいは柵に入れられて火を放たれ、その多くが落命したという（『信長公記』巻七）。こうして長島は陥落した。この瞬間、武田勝頼や本願寺は重要な拠点を失った。

武田勝頼を討つべし

さて、信長はこの翌年の天正三年（一五七五）、大坂本願寺攻伐を再開した。前年に武田勝頼のせいで中断した仕事である。すなわち、信長は天正三年三月三日に上洛すると、大坂攻めの準備を進め、四月六日に自身で一万あまりとも二万ともいわれる大兵を引率し、大坂に進撃した。まず狙うのは、河内国の高屋《たかや》城（大阪府羽曳野市）である。ここには、本願寺に与同する者どもが籠城していたからだ（『兼見卿記』各日条ほか）。

ところが、大坂攻伐はまたしても中止になってしまった。武田が再び東方を侵したからである。武田勝頼は、徳川家康の本国・三河国に攻め込む気配を見せていた。おそらく、本願寺が信長の大坂攻めを前にして、武田に再び支援を求めたからだろう。今度は武田もこれを了解したようである（「田中義成氏所蔵文書」、『大日本史料』天正三年四月二九日条所収）。それゆえ、信長はやむなく京都に引き返し、次いで岐阜への帰国の途についた（『兼見卿記』天正三年四月二一・二八日条ほか）。

このように、信長は東方に宿敵・武田勝頼がいる限り、大坂本願寺攻伐になかなか着手することができなかった。信長が大坂を攻めようとすると、武田に後背を衝かれてしまうからである。したがって、信長にとって今や武田征伐は必須の要請となった。

そこで、信長は岐阜に戻ると準備を整え、ついに武田を討つべく軍旅を発した。天正三年五月一三日のことである。そして、同盟者・徳川軍と一緒に長篠城《ながしの》（愛知県新城市）に向かった（『兼見卿記』同日条ほか）。この城は、武田軍の猛攻を受けていたからだ。すると武田勝頼も「信長来る」と知り、信長を邀撃すべく兵を発した。この結果、織田・武田両軍はたちまち激突した。天正三年五月二一日のことである。世にいう「長篠の戦い」であった。

この戦いで武田勝頼は大敗した。彼は父・信玄以来の勇将・智将を数多《あまた》失い、深い傷を負って退却した。一方、勝利した信長は、武田を敗走させたことで、大坂本願寺攻伐を再開できる状況を手に入れた。彼は「このうえは本願寺など、物の数ではない」と豪語したという（『信長文書』五一二号）。したがってこのあと信長は、これまで延期を余儀なくされていた大坂攻伐を再開するかに見えた。

信長に屈した本願寺

ところが、信長はとつぜん馬首を北に廻らした。越前に向かったのだ。越前国は、前年に越前門徒衆らが信長方よりこれを奪取していた。しかしその後、本願寺から越前に派遣された僧侶と、地元の門徒たちとの間で対立が生じ、混乱状態に陥ってしまった。信長は、おそらくこうした越前の状況を察知していたのだろう、「今が好機」とばかりに猛然と越前に攻め込んだ。天正三年八月のことである（『多聞院日記』同月九・二〇日条ほか）。

信長は越前門徒を痛撃し、主だった者たちをすべて討ち果たした。これによって越前国はたちまち信長の手に帰した。信長は敵対した者たちを、男女老若を問わず徹底的に殺戮した。生け捕った者たちもすべて斬り、その数は万の単位で数えるほどであったという。この頃、信長は京都に残っていた侍臣に次のように述べている。「府中の町（福井県越前市）は、死骸ばかりで空き地がないくらいだ。お前にも見せたい」というのである（『信長文書』五三三号）。侍臣に述べたことだから、これはウソでも誇張でもなく、本当のことだったに違いない。

信長の持つ「強面《こわもて》」の顔が露わになった瞬間だった。大坂本願寺は、この凄惨さに恐怖したことだろう。しかも、頼みの綱である同盟者・武田勝頼は長篠で信長に大敗してしまった。それゆえ、本願寺はこのあと、やむなく信長に和を乞うた。すると、信長はこの申し出を受け入れ、本願寺を宥免《ゆうめん》した。この結果、信長と本願寺は和睦することになった。天正三年一〇月のことである。もっとも、「和睦」といっても、実質的には本願寺の降伏であった。本願寺も、ついに信長の軍門に降《くだ》ったわけである（『信長文書』上巻一〇五～一〇八頁ほか）。

高位を得た信長

こうした中、信長は朝廷から「権大納言《ごんのだいなごん》・右近衛権大将《うこのえごんのたいしょう》」という官位を授与された。天正三年一一月のことである（『多聞院日記』同二日条ほか）。これらの官位は、武家では過去二〇〇年間、足利将軍本人やその嗣君《しくん》など、将軍家近親者のごく一部しか手に入れたことのない高位のものであった。いわば、「将軍家並み」の官位といってよい。信長はそれを入手したのだ。とはいえ、これらの官位はいかに高いランクのものとはいえ、たんなる称号に過ぎない。信長がこれを入手したからといって、それで何か新たな権限を得られたわけではない。

ただし、もとより無意味だったわけでもない。というのは、先にも述べたように大名たちの間では、朝廷の官位や足利将軍の授与する栄典のランクが、自分たちの社会的な格《ステイタス》の上下を示す「ものさし」として認知されていたからである。したがって、信長は足利将軍並みの官位を手に入れたことで、大名たちに対し、自分が彼らとはステイタスが別格であり、将軍家に比肩しうる存在であると主張する根拠を得た、ということはできよう。

さて、この天正三年は、信長にとってまさに飛躍の年となった。すなわち、五月には宿敵・武田氏を長篠の戦いで摧破《さいは》した。八月には、越前に攻め込んで門徒衆を討ち、同国を奪還した。さらに一〇月には、年来の好敵手・大坂本願寺をも屈服させた。この結果、畿内とその周辺では、信長に敵対する勢力はほぼ一掃された。そして、一一月には朝廷から将軍家並みの官位を授与され、これによって自身が大名たちとは別格であることを内外に主張する根拠も得た。信長は上洛してわずか七年ほどでこの偉業を達成した。驚嘆すべきことだといえよう。

信長「帝国」の出現

信長は天正三年一〇月、奥州の伊達《だて》氏（伊達輝宗）に次のような書状を送っている。「自分は五畿内はもとより、西国に至るまで隷下《れいか》に置いている」、「去る五月に武田軍が侵攻してきた。そこで、即座にこれを大破して悉《ことごと》く討ち取った」、「八月には、越前や加賀の本願寺門徒衆数万人を撫《な》で斬りにした」、「関東八州も間もなく我が軍門に下ろう」というのだ（『信長文書』五七一号）。この書状の内容にはやや誇張が含まれてはいるが、ほとんど真実だといってよい。

信長は畿内近国をほぼ平定した。畿内では、忌憚《きたん》しなければならない大名・武将はもはや皆無となった。そして、この畿内近国に加え、本国の中部・東海を含めた信長の奄有《えんゆう》する領国の規模は、あらゆる大名のそれを遥かに上回った。しかも、北陸の上杉、中国の毛利は信長の同盟者であった。この両氏の領土を加えれば、信長の勢力圏は実に列島の過半を占めた。まさに、巨大な信長の「帝国」がここに生まれつつあったのだ。信長はきっと満悦だったことだろう。

しかし、信長はまだ知らなかった。彼の帝国はこの直後、ある人物の思い切った行動が発端となり、たちまち崩壊の危機に瀕していくということを。燎原《りょうげん》の火のごとく、各地で反信長の動きが拡がっていくことを――

2　毛利氏はなぜ義昭に合力したのか

義昭と直臣衆

義昭は何をしていたのだろうか。彼は天正元年（一五七三）一一月末頃に紀州に下った。この年の七月に信長によって京都を追放され、その後の和睦交渉も一決を見なかったからである。義昭は紀州に下る際、二〇名ほどの者しか帯同していなかったという。ということは、将軍直臣たちはそのほとんどが義昭から離反し、信長に随従してしまったことになる。どうしてだろうか。

その理由の一つに、多くの直臣たちにとって義昭は、馴染みの薄い主君だったということがあったのかもしれない。そもそも、義昭は六歳で奈良に下り、爾来《じらい》、奈良で起居していた。したがって、彼が将軍家の直臣らと本格的に関係を持つようになったのは、兄・義輝が殺害された永禄八年以降であ

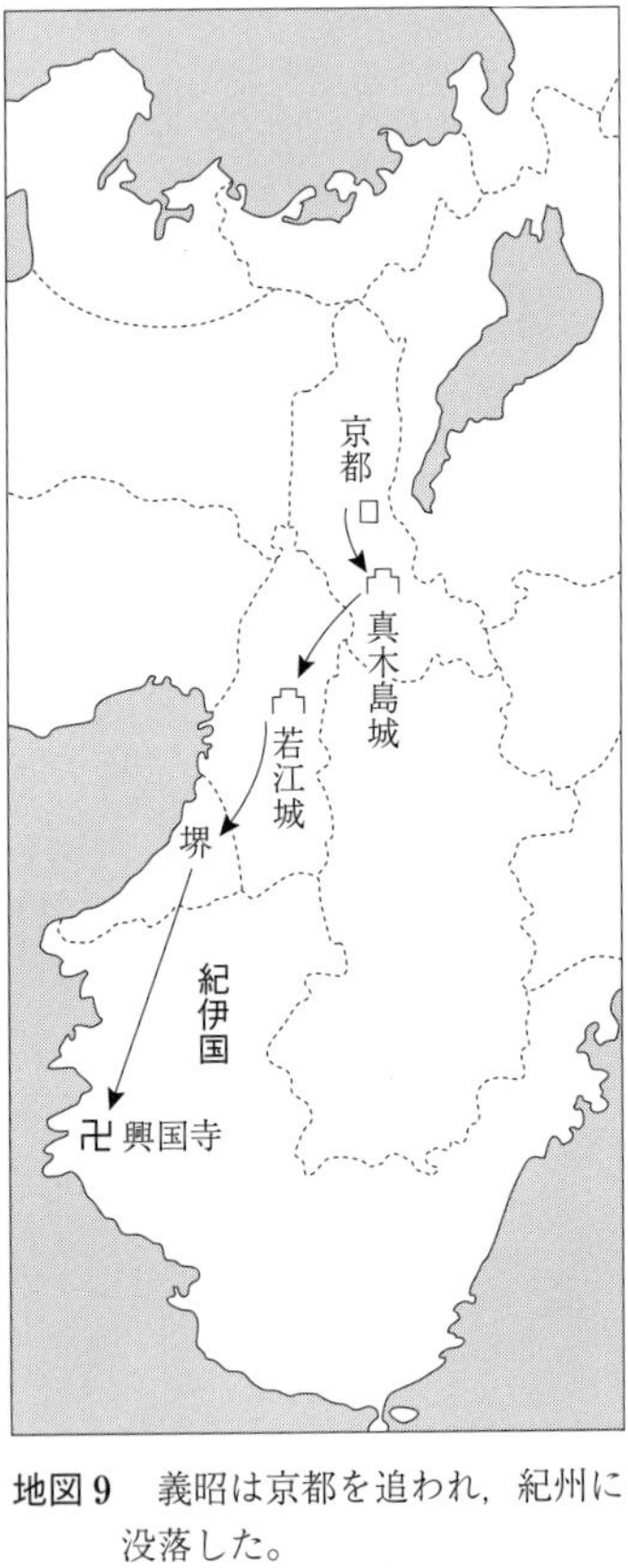

地図9　義昭は京都を追われ，紀州に没落した。

った。ということは、いまだ一〇年も経っていないということになる。それゆえ義昭は、直臣らとの間で君臣の情誼《じょうぎ》を十分に発達せしめられず、彼らを引き留めることができなかったのではないか。なお、義昭は臣下に対する好悪の差が激しかったようだ。彼は兄・義輝殺害後、近江や越前などで亡命生活を強いられ、苦労を重ねた。そうしたことからか、義昭は亡命時代に自分に扈従《こしょう》してくれた者はとりわけこれを愛した。一方、亡命時代の義昭に扈従せず、ましてや政敵・足利義栄《よしひで》（第一四代将軍）に参仕した者は、これをはなはだ憎んだ。

たとえば、二人の公家（二条晴良《はれよし》と勧修寺晴右《かじゅうじはれみぎ》）がある荘園の所有権をめぐって争い、その解決が義昭のもとに依頼されたことがあった。すると、義昭は二人の公家のうち一方（二条）が「亡命時代の義昭に扈従してくれた」という理由でこちらを勝訴とし、もう一方（勧修寺）が「かつて足利義栄に参仕した」ということで敗訴とした（『言継卿記』元亀元年三月二一日条ほか）。

つまり、義昭はこの時、理非に関わりなく裁断してしまったのだ。おそらく、彼は復讐感情を抑制できなかったのだろう。だがこれは、人君が臣下を駕御《がぎょ》する道に悖《もと》る、といわざるをえまい。こうしたことも、義昭の人気に影を落としていたのではないか。

また、義昭がもはや直臣たちに十分な「御恩」（＝所領などの給与）を下しえなかったことも、直臣たちが義昭から離れた一因だろう。直臣らも自家の存続を図らねばならない。そしてそれには、義昭から「御恩」を授与されることが不可欠だった。だが、紀州に没落する義昭に、直臣たちを養うだけの「御恩」を与える能力はない。これに対し、信長は畿内に威勢を敷き、直臣らを十分に給養することができた。それゆえ直臣たちは義昭を見限り、信長に随従してしまったのだろう。

そのうえ、信長の膝下《しっか》に義尋《ぎじん》がいたことも、直臣らの挙動に影響を与えたに違いない。戦国社会でも、君臣関係は「重視すべきもの」と認識されていた（→序章）。したがって、直臣たちにとって主君・義昭を見捨てたことは、逆臣との世評を受けかねない行為だった。だが、信長のもとには義尋（義昭の世子）がいた。それゆえ信長に随従することは、義尋に参仕するということも意味したのだ。つまり、逆臣にはならないわけである。さすればこのことも、直臣らが義昭から離反し、信長に随従しやすい環境を生み出したといってよかろう。

紀州・興国寺（和歌山県日高郡由良町門前）
義昭は京都追放後，ここを本拠に活発に活動していた。

紀州での義昭の奮闘

さて、義昭はこうして侍臣の数を減らしたが、紀州に下っても政治活動を継続した。とはいえ、義昭には武力がない。それゆえ、そう多岐にわたって政治活動を展開することはできなかった。可能なことは限られていた。その一つは情報収集である。義昭方の情報収集力は、なかなか優れていたようだ。

たとえば天正三年（一五七五）三月三日、信長が上洛してきた。大坂本願寺を攻伐するためである。すると義昭の側近たちは「信長軍は来る四月六日、大坂やその周辺を攻略する予定だ」ということをたちまち探知した（「於曽文書」、「尊経閣古文書纂」、『大日本史料』天正三年四月八日条所収）。実際、このあと信長はこの情報通りに動いていたから、義昭方は正確な情報を入手していたことになる。義昭の近臣たちは、必死になって情報収集・偵諜《ていちょう》に励んでいたのだろう。

また、義昭は大名たちを自陣に勧誘する活動にも精力を傾注していた。すなわち、彼は各地の大名たちに上使を派遣し、あるいは御内書《ごないしょ》を遣わして協力を求めた。たとえば、天正三年には上使を東国に送り込み、武田・上杉・北条の三大名に「停戦し、互いに協力して信長を討伐せよ」と下命している（丸島和洋：二〇一六年）。

なお、義昭はこうした勧誘の際、自分とその与党こそが勝ち馬である、としばしば喧伝していた。たとえば、伊予国（愛媛県）の大名・河野《こうの》氏には次のように伝えている。「甲斐武田氏や関東の北条氏といった東国勢が義昭に味方している。そして、たちまち信長方の城を数カ所も攻略し、大勝を得た」というのだ（「河野家之譜」、『大日本史料』天正二年三月六日条所収）。信長はしばしば「自分こそが勝ち馬だ」とアピールすることで味方を募った。義昭もまた同じことをしていたわけである。

ちなみに、こういった義昭の勧誘は、信長の同盟者・徳川家康のもとにまで及んでいた。義昭は家康のもとに侍臣を下し、「武田と和睦して義昭に協力せよ」と下命したのだ（「別本士林証文」、『大日本史料』天正二年三月二〇日条所収）。徳川は信長と同盟していた。しかし、この同盟が盤石かどうかは分からない。蕩揺《とうよう》の兆しがあったという説もある（金子拓：二〇一七年）。そこで、義昭は侍臣を徳川に送り込み、探りを入れたのだろう。

なお、義昭はこうした勧誘をいささかやりすぎて、薩摩島津氏から抗議を受けたこともあった。すなわち、義昭は遠く薩摩島津氏のもとにも侍臣を下し、御内書を与えて協力を要請した。その際、彼は島津麾下《きか》の諸将にも御内書を下し、協力を求めた。しかし、これを島津氏の頭越しに実施したことから、島津氏から抗議を受けたのだ（『上井覚兼日記』天文二年閏一一月一八日条）。

さて、このように紀州時代の義昭は多くの大名たちに協力を要請した。だが、義昭のもとに趨参《すうさん》してきた有力大名は一人もいなかった。もっとも、これは当然といえよう。信長はいまや最強の威権を持つ大名である。したがっていくら義昭の上意とはいえ、たんにそれだけでは、信長とあえて敵対しようとする大名がそう簡単に出るはずもなかった。

義昭は大名たちに御内書を下し、あるいは侍臣を遣わして彼らを説得しようとした。だが、そもそもこれが誤っていたのだと思う。なぜならば、御内書は義昭が花押《かおう》（サイン）を据えて下す格式の高い文書であったが、所詮は紙切れに過ぎない。また侍臣は、義昭の代理人ではあっても義昭本人ではないからである。結局、このようなものをいくら大名たちに下したところで、彼らを動かすことなどはできない。せいぜい、大名たちとの人脈が保たれるだけだろう。

義昭にとって必要なのは、彼自身が安全地帯を飛び出し、死中に分け入ることであった。自らリスクを取らなければ、活路を見出すことなどできるはずもない。義昭もそう考えたのか、「本願寺が信長に奮戦している」ことを聞き、自分も紀州から大坂方面に出陣しようとした（「日本学士院所蔵文書」、『大日本史料』天正二年四月二日条所収）。結局、これは実現はしなかったようだが、やるべき方向は正しい。無謀でも何でもよい。まずは自身で動くことが、八方塞がりを打開する唯一の策なのだ。

そこで、義昭はさらに思い切った行動に打って出る。そしてこれこそが、その後の歴史を大きく変えていくのだ。一体、それは何か――

突然現れた義昭

現在の広島県福山市に鞆《とも》という町がある。瀬戸内海に面した港町である。ここは古昔《こせき》より「潮《しお》待ちの港」として有名で、多くの船が往来した。足利将軍家とも所縁《ゆかり》が深い。たとえば、初代将軍・尊氏は九州から京都に攻め上る途次、ここにしばらく滞在した。また、第一〇代将軍・義稙《よしたね》もやはり西国から上洛する際、ここに立ち寄ったという。戦国時代末期、この鞆は備後国に属し、西国の有力大名・毛利氏の勢力圏内にあった。

そこに、義昭がとつぜん現れた。天正四年（一五七六）二月のことであった。

義昭は鞆に到ると、ただちに毛利氏に次のように通告した。「信長が毛利に逆意を抱いているのは明白だ。それゆえ、自分は毛利のもとに移座した。毛利はこの義昭に協力し、信長を討つべし」というのだ（『吉川家文書』四八九号ほか）。

実はこれ以前より義昭は、しばしば毛利方に「そちらに下りたい」という意望を伝えていた。だが、毛利は義昭の受け入れを渋った。というのは、義昭は信長の宿敵だったからである。毛利としては信長と対立したくない。したがって義昭を受け入れたくなかった。そこで、毛利は義昭に「信長方と協議したうえで検討します」といって言葉を濁していた（『吉川家文書』四八九号ほか）。ところが、その義昭が毛利のもとに下ってきてしまったのだ。

鞆の浦（広島県福山市鞆）

　毛利方は義昭の鞆下向を事前にまったく知らなかった。それは、義昭が毛利方に伝えなかったからである。彼は近臣たちに対し、「鞆への下向は御忍びなので、毛利に知らせるには及ばず」と命じていた。緘口令《かんこうれい》を布《し》いたわけである（『吉川家文書』六二一七号）。だから、毛利は義昭の下向を知って仰天したことだろう。しかもこの義昭の下向は、毛利にとって困ったタイミングでなされたものだった。というのは、毛利はちょうど信長と重要な和平交渉をしている最中だったからである。

毛利は信長と友好関係を保っていたが、この関係はこの頃次第にギクシャクし始めていた。それは、信長の勢力圏が西へ西へと拡大してきたからである。この結果、信長の勢力圏は毛利のそれに近づき、両勢力を分けていた緩衝地帯《バッファー・ゾーン》が狭まってきた。こうなると、一般的にいって紛争が発生しやすくなる。信長と毛利の間でもまた紛争が惹起《じゃっき》しつつあった。というのは、二つの勢力圏が次第に接近してくるに伴い、備前国《びぜんのくに》（岡山県）で問題が生じていたからだ。

天正四年当時、信長・毛利勢力圏の境界は、備前国やその周辺であった。そして、この備前では以前より、浦上《うらがみ》氏（浦上宗景）と宇喜多《うきた》氏（宇喜多直家）という二つの有力武将が対立し合っていた。このうち、浦上氏は信長の勢力圏が備前辺りまで拡がってくると、信長を頼るようになった。そこで宇喜多氏はこれに対抗し、毛利氏を頼った。この結果、備前における浦上・宇喜多の対立が信長と毛利との対立に発展しかねない、という状況になってしまったのである（次頁の地図10を参照）。

それゆえ、毛利方はこの問題を解決すべく、信長方と和平交渉を始めていた。ところがそうしたタイミングで、義昭が毛利氏のもとに下向してきてしまったのだ。

苦悩する毛利氏

義昭の下向は、毛利が努力していた信長との和平交渉を壊すものであった。それゆえ、毛利氏当主・毛利輝元は義昭の下向を知り、次のように嘆息した。「信長と備前問題などをめぐって交渉している時、公方様（義昭）が毛利のもとに下向してきてしまった。

これで信長は毛利に疑心を抱くようになるだろう」というのである（『戦国遺文』瀬戸内水軍編四四四号）。

毛利氏はこの事態にどう対処すべきか、すぐさま籌策《ちゅうさく》をめぐらし始めた。義昭が毛利氏のもとに来てしまった以上、信長は、もはや毛利を信用しないだろう。したがって、毛利が信長とこれまでと同じような友好関係を維持していくことは難しい。備前問題をめぐる信長との和平交渉も破綻せざるをえまい。そうなると、毛利としては信長との全面対決も考えねばならない。とはいえ、信長は最強の大名である。毛利はそれに勝てるのか――

毛利氏はこのことを検討した。この検討は実に三カ月にも及んだ。ここからは、毛利がいかに結論を出すまで苦悶したかが分かろう。毛利にはこの時、二つの選択肢があった。一つは「信長と戦う」である。そしてもう一つは「信長との戦いを回避する」であった。そこで、毛利はこの二つのシナリオについて検討した。それぞれを選んだ場合、何が起こりうるか、を予測したのである。

幸いなことに、その史料が今に残っている。それは、毛利

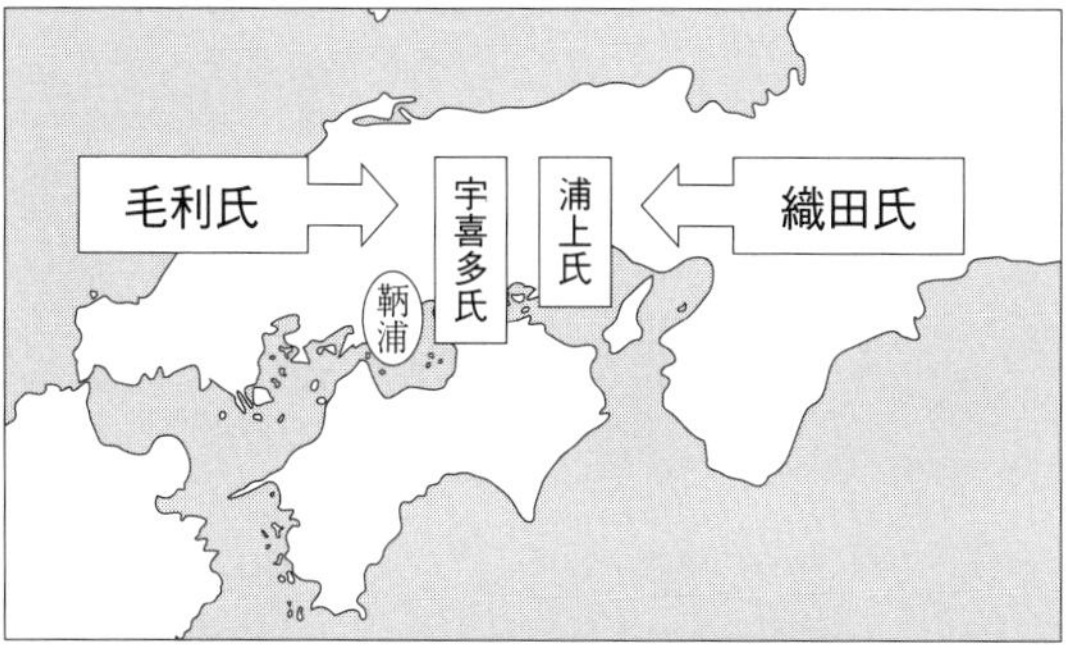

地図10　信長の勢力が西に拡がるに伴い，信長・毛利間では軋轢が生じていた。

の家に伝わった「弓矢ニ成り候《そうろう》ての事」（＝信長と戦った場合）と「弓矢ニ成らざる時の事」（＝信長との戦いを避けた場合）と題する史料である（『毛利家文書』三三六号）。以下、これをもとに、毛利がいかなる予測をしていたのかを見ていこう。

信長と戦った場合

毛利氏は信長と開戦した場合、予測されることを検討した。そしてその結果、導き出した結論は「その場合、毛利は両面作戦を強いられる」ということだった。というのは、毛利はこれ以前から、九州の有力大名・大友氏（大友宗麟）と交戦し、さらには山陰の大名・尼子《あまご》氏の残党（尼子勝久・山中幸盛ら）とも戦っていたからである。したがって、もし毛利が信長と干戈《かんか》を交える、ということになれば、毛利は西から大友や尼子に攻められたうえに、今度は東から難敵・信長にも攻め込まれる、ということになった。

つまり、毛利は東西から挟撃されることになるわけだ。当然、毛利にとっては厳しい戦いになろう。そのような戦いに、果たして毛利麾下《きか》の諸将は十分に耐乏しきれるのだろうか。次第にジリ貧になるのではないか——毛利はこのことを強く懸念した。

さらに、毛利にはもう一つ懸念があった。それは、毛利が劣勢になった時に備前の有力武将・宇喜多氏（宇喜多直家）がきちんと毛利側に協力し続けてくれるのか、ということであった。先にも述べたように、備前国内では宇喜多と浦上の両雄が対立していた。そして、宇喜多はライバルの浦上が信長を頼ったことから、毛利を頼っていた。毛利はこの宇喜多氏におおいに期待していた。というのは、宇喜多氏当主・宇喜多直家は、驍名《ぎょうめい》隠れなき武将だったからだ。

毛利輝元は、「もし毛利が信長と交戦することになっても、宇喜多勢を先鋒《せんぽう》にして防戦すれば、心配はない」と考えていた（「長府毛利文書」、『大日本史料』天正元年九月七日条所収）。だが、毛利は宇喜多の底意《そこい》まで知ることはできない。もし毛利が信長との戦いで劣勢になった場合、宇喜多は毛利から離反するかもしれない。そうなれば、毛利は信長軍にたちまち大破されよう。

戦いを避けた場合

では毛利氏としては、やはり信長との戦いは回避すべきなのだろうか。毛利はその場合を検討し、生じうることを予測した。そしてその結果得られた結論は、信長との戦争を避けた場合、戦争すること以上に大きな問題が生じうる、ということだった。一体、どのような問題か。

その一つは、毛利のもとに下向した義昭をどうするか、であった。義昭が毛利のもとにある限り、毛利は信長から猜疑《さいぎ》を受け続けることになる。したがって、もし毛利が信長との和談を意望するならば、義昭を毛利のもとから放逐しなくてはならない。だが、毛利としてはそのようなことはできなかった。なぜだろうか。

義昭は将軍家である。天下に隠れもない名士である。しかも、あの強大な信長を向こうに回して奮闘してきた勇士である。その義昭が毛利を見込み、なにもかも捨て、自身で毛利のもとに駆け込んできたのだ。そして、毛利に「頼む」と哀訴してきたのである。

そのような義昭を、もし毛利が「信長との関係悪化が怖い」ということで素気なく放逐したならば、どうなるだろうか。その瞬間、おそらく毛利は宇喜多をはじめとする麾下の諸将から、一斉に「頼もしからず」と指弾され、たちまち諸将に離反されてしまうだろう。なぜならば、「頼む」と哀願し、そのフトコロに駆け込んできた天下の将軍家すら輔護《ほご》できないような毛利が、麾下の諸将を守ることなどできるはずもないからである。

この結果、毛利王国は崩壊する。すなわち、毛利は信長と戦う前に自壊するのだ。毛利側もそのことはよく分かっていた。毛利が信長に対して弱腰な態度を見せた瞬間、諸将が毛利に失望し、一顧だにせずに見捨てることを、である。当主・毛利輝元は「毛利が信長に弱々しい姿勢を見せれば、宇喜多は毛利を見限るだろう」と述べている。毛利は信長に対し、毅然とした態度を貫かねばならなかったのだ（「長府毛利文書」、『大日本史料』天正元年九月七日条所収）。

したがって、毛利としては義昭が毛利領国に来てしまった以上、これを追い出すことはできない。いかに信長が怖くとも、徹頭徹尾、この義昭を保庇《ほひ》しなくてはならない。もし毛利がこの件で何か手を打てたとすれば、それは義昭が鞆に下向してくる前だった。義昭が下向してきたあとでは、毛利としては最早《もはや》どうにもならない。毛利は好むと好まざるとにかかわらず、義昭を輔護し、彼の望む「信長との戦い」を選ばなくてはならなかった。

逆にいえば義昭は、毛利に阻止されることなく毛利領国に駆け込むことができるかどうか、がその命運を分ける岐路だったといえよう。毛利領に入国できれば吉であり、失敗すれば行き場を失い、彷徨《さまよ》うしかない。すなわち凶である。おそらく、義昭はそのことを熟知していた。

だからこそ、彼は毛利に内緒で、とつぜんその領国内（鞆《とも》）に駆け込んで来たのだ。無事に鞆に辿り着けた時点で義昭の勝ち、毛利の負けだった。義昭は、毛利より一枚も二枚も上手《うわて》であった。彼は信長との熾烈な闘争を経験し、その中でいくつかの失策も犯した。しかし、そこから学び、今や老練な政治家になっていた。

この結果、毛利氏はついに決断を下した。「信長と戦う」と決めたのである。時に、天正四年五月六日のことであったという（森脇崇文：二〇一六年）。

もっとも、毛利がこのような決断に至ったのは、義昭をめぐる問題だけが決定的だったわけではない。

毛利挙兵の主因

たしかに、義昭が毛利のもとにいる限り、毛利は「信長と戦う」という道を選ばざるをえなかった。毛利は「公方様（義昭）が毛利領に来てしまったので、信長が毛利に戦いを仕掛けてきた」と認識していた（『戦国遺文』瀬戸内水軍編五四七号）。このように義昭の存在が、信長と戦うことになった大きな要因だったわけである。とはいえ毛利方に、信長との戦いを避ける手立てが皆無だったわけではない。

たとえば、義昭に刺客を放って密かに彼を殺害し、これを「病死」として処理すればよかったのだ。これならば、毛利は諸将に「頼もしからず」という反発を受けることもなく、信長と和し、彼の疑心を解くことができただろう。しかし、毛利はそのような方策を採らなかった。これは、毛利にとって義昭の問題以上に、信長と戦わなければならない理由があったからに他ならない。それこそが、毛利が信長との戦いを決断するに至った主因であった。では、それは何だろうか。

毛利の家に伝わった「弓矢ニ成らざる時の事」と題する史料には「毛利が、信長との戦いを避けた場合に予測されること」として、次のような記述が見える。

宇喜多を信長へ引き成《な》され、五畿内の儀は申す能《あた》わず、一味中相調《あいととの》えられ、手強《てごわ》く成り候て、此方《こなた》へ仕懸《しか》けるべきの時の事。

その意味するところは、こういうことだろう。

毛利が信長との戦いを避けた場合、おそらく信長の勢威は今後ますます増進していくに違いない。五畿内はいうまでもなく、その周辺も信長の完全な管下に置かれてしまうことになろう。さらに、信長は宇喜多氏らをも味方に引き込もうと、盛んに調略してもこよう。そうなれば、毛利は弱体化し、信長との差はいっそう開くばかりになる。そうなったあとで、もし信長が毛利に攻め込んできたらどうしたらよいのか。信長は強大化し、手強くなっている。そのような信長に攻め掛けられたら、毛利としてはもはや成す術がない。毛利の敗亡は必定である――

毛利はこのように予測した。そして、おそらく次のように考えたのだ。

このように予測されるならば、毛利としては今のうちに挙兵し、信長と戦ってこれを封じ込めたほうがよい。なるほど、信長は強盛を誇っている。だが、まだ完全ではない。今ならまだ、信長を封じ込められる可能性は十分にある――このような考えである。

だからこそ、毛利は信長との戦いを決断したのだろう。信長の勢威がこれ以上、増進することは、毛利の生存にとって危険極まりなかった。そしてそのことが、毛利を「信長封じ込め」に立ち上がらせた主因だったといえよう。

義昭の賭け

さて、こうして毛利氏は信長との戦いを決断した。この結果、信長の覇業はその完遂目前で停滞することになる。歴史が一変するのだ。毛利はこの決断に至るまで三カ月もかかった。その間、義昭は鞆にあって毛利からの返事を待った。おそらく、彼は焦燥のうちにあったことだろう。義昭にとっては大きな賭けだった。ここで毛利に拒絶されてしまえば、彼はたちまち行き場を失い、その命運は絶たれてしまう。

そこで、義昭は毛利側に何度か催促した。「各々が相談して返事が遅れているのは理解する。しかし、自分は毛利を頼みに思って下向してきたのだ。主従の間柄を思い出し、良き返事をせよ」と求めた（『吉川家文書』七四号ほか）。そして、ようやく毛利から朗報を得たのだ。義昭はこれを知ってきっと愁眉《しゅうび》を開いたことだろう。彼は賭けに勝ったのだ。

もとより先に述べたごとく、毛利が信長との戦いを決断したのは、義昭の鞆下向が主因だったわけではない。「強すぎる信長」の出現は、毛利にとってその生存を図るうえで危険だった。だから毛利は立ち上がったのだ。しかし義昭の鞆下向が、そうした判断を毛利に促す大きな契機になったことは間違いない。その意味では、義昭はまさに「歴史を動かした」といってよい。

それにしても、義昭はよくぞ思いきって鞆まで下ってきたものである。彼には勝算があったのだろうか。毛利がどう出てくるかは誰にも分からない。毛利が鞆に下ってきた義昭に刺客を放ち、密かにこれを殺害して闇から闇に葬ってしまう、という可能性だって十分にあった。にもかかわらず、義昭は一か八かの賭けに出た。まさに死中に活を求めたわけだ。

これを豪胆といわずして何といおうか。この一事だけをもってしても、義昭という人間が只者ではなかった、ということが分かるだろう。

第九章　信長を包囲せよ——義昭は信長とどう戦ったのか

1　反信長派はいかにして戦ったのか

さて、毛利氏の挙兵に他の大名たちはどう動いたのだろうか。そして、信長はどのように対応したのだろうか。信長はこの頃（天正四年＝一五七六年）、大坂本願寺を攻めていた。信長と本願寺は前年に和睦したが、再び両者の間で戦端が開かれたのだ。そこで、信長は天正四年四月二九日に上洛し、大坂攻伐の準備を進めた。そして、まずは宿将・原田直政に兵を授けて大坂に先発させた。ところが、原田の督率する先鋒隊は五月三日、猛鋭なる本願寺勢に邀撃《ようげき》されてたちまち潰敗《かいはい》し、原田はあえなく討死してしまった（『言継卿記』同年四月二九日、五月四日条ほか）。

上杉も反信長に転ず

すると、上杉謙信がこれを知って喜悦した。彼は（天正四年）五月三〇日付の書状で侍臣にこう述べている。「大坂で本願寺が大勝し、信長が利を失ったという。まことに心地良いことだ」というのである（『上越市史』別編1・一二九〇号）。ここからは、上杉がこの時点ですでに「反信長」になっていたことが分かろう。上杉はこれまで信長と同盟していた。しかし、ここで信長と断交したのだ。でも、なぜ上杉はこのような決断を下したのだろうか。

信長は前年の天正三年（一五七五）八月、大兵を率いて越前国（福井県）になだれ込んだ。そして、越前の本願寺門徒衆を大破し、門徒衆に占拠されていた同国をたちまち奪還した。そのうえ、信長軍はこの時勢いに乗じ、さらに北進して加賀国（石川県）にまで攻め込んだ。信長軍はこのままだと、その隣国である能登国（石川県）や越中国（富山県）にまで攻め込むような勢いだった（『多聞院日記』天正三年九月三日条ほか）。

しかし、この能登や越中は、かねてから上杉謙信も狙っていた国々であった。つまり上杉の利害は、信長のそれと真っ向から対立することになったのである。さすればこのことが、上杉が「信長打倒」に向かった理由の一つだったことは間違いなかろう（柴裕之：二〇一八年）。

とはいえ、たんにそれだけ、というわけでもなかったのではないか。たしかに二つの大名の勢力圏が近接し、緩衝地帯《バッファー・ゾーン》が狭まってくると、両大名の間で紛争が生起しやすい。しかし、それだけでいつも両大名が全面戦争にまで至るわけではない。双方で話し合い、平和裏に境目が決定されたり、たとえ紛争が起きたとしても、それは境目だけの局所的なものに留まることも多い。したがって、上杉謙信が信長との全面戦争を決断した理由としては、境目問題以外に別の要素も考えなくてはなるまい。

そこで想起したいのが、毛利氏のケースである。毛利は、信長の勢威があまりにも強大化していくことに恐怖を抱いた。それゆえ「信長封じこめ」に舵《かじ》を切った。今、信長を封じ込めておかないと毛利にとって危険だ、と判断したわけである。さすれば、上杉もまた同じだったのではないか。

上杉謙信はこれまで信長と同盟していた。しかし、信長の勢力は今や上杉の勢力圏である北陸にまで伸張し、それは際限なく拡大している。このままだと信長は強大化し、いずれ上杉はこれを駕御《がぎょ》することができなくなろう。日本列島に「一強他弱」という状況が生まれるのだ。そうなれば、信長は上杉に背叛《はいはん》し、攻め寄せてくるかもしれない。その可能性が少しでもある以上、今ここで信長を封じ込めたほうがよい――上杉方がそう考えたとしても不思議ではあるまい。

立ち上がる大名たち

こうして、上杉謙信は反信長の兵を挙げた。毛利が挙兵したのに続き（天正四年五月六日）、上杉もまた五月末、信長に戈矛《かぼう》を向けてきたのだ。すると、このことを知って鞆《とも》の義昭が動いた。すなわち、義昭はすぐさま上杉に御内書を遣わし、「毛利と協力し、信長を討つべし」と下命したのだ。これに対して上杉は了解の旨を返答し、準備が整い次第に信長打倒の師旅《しりょ》を動かすことを約束した（『上越市史』別編1・一二九一～三号ほか）。こうして、上杉・毛利同盟が成立した。

一方、甲斐の武田氏（武田勝頼）もまた動いた。武田は、同盟する本願寺から送られた書状によって「毛利が義昭を奉じ、信長封じ込めに挙兵した」と知らされた。すると、武田はおおいにこれに賛同する意を表明し、すぐさま毛利と連絡を取り合った。そしてこのあと、武田・毛利両者は手を組み、

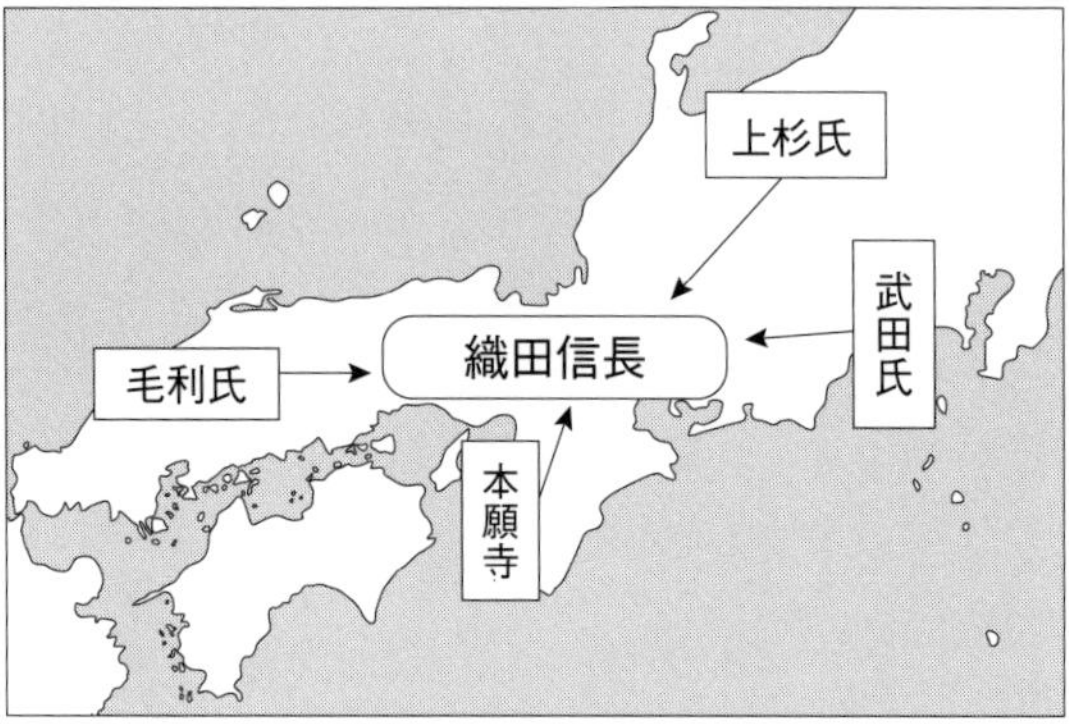

地図11　信長は四隣敵を受け，生地無しとなった。

「公方様（義昭）のため、協力して信長を攻伐せん」と約束し合った（丸島和洋：二〇一六年）。

この結果、日本列島には、反信長派の大同盟が成立することになった。メンバーは毛利・上杉・大坂本願寺・武田などである。いずれも各地方で威勢を敷く有力諸侯であった。彼らは団結し、義昭を奉戴《ほうたい》して信長を打倒することを盟約した。こうして反信長の動きは列島全域に燎原《りょうげん》の火のごとく拡がっていった。信長はまさに四隣敵を受け、生《せい》地《ち》無しとなった。

信長はきっと悪夢を見る思いだったのではないか。彼はほんの半年前、列島のほぼ過半をその影響下に置いていた。しかし、今やその「帝国」は瓦解しつつあった。信長打倒の動きは列島各地に拡大し、抑えようがなかった。

このような反信長派の中心にあったのは、毛利氏である。毛利はただちに信長に対して軍旅を発した。大坂本願寺を救わねばならなかったからだ。本願寺は天正四年五月から信長軍の猛攻に晒され、苦境に喘《あえ》いでいた。それでも懸命に反撃し、信長の宿将（原田直政）を討死させる殊功を樹《た》てた。だが、宿将の討死は信長をたちまち嚇怒《かくど》させた。信長は本願寺包囲の陣をますます重厚にした。すなわち、各所に堅陣を布《し》き、大坂への交通を遮断したのだ。この結果、本願寺は外部からの補給路を断たれ、次第に糧食が欠乏し始めた。

それゆえ、毛利としては本願寺に兵粮を差し入れてやらねばならない。そこで、毛利はその麾下《きか》にある水軍を動かした。毛利水軍の諸将は、淡路島の岩屋（兵庫県淡路市）というところに集結した。そして、紀州雑賀《さいか》（和歌山県和歌山市）から来援した本願寺麾下の雑賀水軍を翕合《きゅうごう》すると、ただちに解纜《かいらん》して海路を大坂に向かった。一方、信長水軍もこれを邀撃せんとして出陣した。信長方は井楼《せいろう》（＝やぐら）を有する大艦数艘以下、二〜三〇〇艘あまりで押し寄せてきたという。これを見た毛利水軍はその中を突進した。

両水軍は大坂を流れる木津《きづ》川の河口付近でたちまち激突した。天正四年七月一三日のことである。そして翌一四日早朝、ついに毛利勢が信長水軍を摧破《さいは》し、これを水底に葬った。この結果、毛利勢は本願寺に兵粮を搬入し、本願寺はこれによってようやく一安を得ることになった（『毛利家文書』三三八号、『上杉家文書』六四六号ほか）。

この勝利で、毛利氏の驍名《ぎょうめい》は天下に轟《とどろ》いた。毛利は偉勲のあった諸将に次のような褒詞《ほうし》を与えている。「この戦いは、公方様（義昭）が毛利のもとに下ってから最初の戦いであった。それに勝利したのは殊勲だ」というのである。毛利氏にとってこの戦いは、義昭を奉戴して初めての戦いだった。だから負けるわけにはいかなかったのだ（『戦国遺文』瀬戸内水軍編四六五号ほか）。

2　反信長派における義昭の役割は何か

ところで、毛利氏は義昭を擁佑《ようゆう》したことによって、どのようなメリットを得たのだろうか。ここで主なものを示しておこう。

まず第一は、信長と対決するうえで不可欠な、他大名を翕合する名分を入手できたことがあろう。毛利にとって信長は難敵である。それゆえ、毛利が単独で信長と戦っても勝機は見出しがたい。したがって、毛利としては多くの大名を味方に引き込むことが不可欠であった。しかし大名たちに、毛利のために合力して欲しい、などと頼んでも誰も応諾してはくれないだろう。何かこれとは別の、大名たちが毛利のもとに趨参《すうさん》してくるような名分、スローガンが必要だった。

正義と正義の戦い

そこで、毛利は義昭を利用した。すなわち、毛利は信長との私的な戦いを「公方様御供奉《ぐぶ》（＝御供）」の戦い、ということにすり替えたのだ。つまり信長との戦いを、将軍家に忠義を尽くすための戦いなのだ、と位置づけたわけである。そしてこれを内外に宣明し、大名たちに合力するよう呼び掛けた（『吉川家文書』八八号、『戦国遺文』瀬戸内水軍編五四七号ほか）。

足利将軍は、長い間、「天下諸侍の御主《おんあるじ》」とされてきた。そして「主君に忠義を尽す」ことは武門の習いであり、この時代の武家社会の根幹を成す基本原理であった（↓序章）。そこで、毛利はこうした忠義の論理を持ち出せば、大名たちの共感を得られると判断したのだろう。そしてこの「将軍家のために」はこのあと毛利だけでなく、反信長派共通のスローガンになっていく。

ちなみに、信長のほうは自らの戦いを「天下のため」と称した。天下という言葉にはいろいろな意味があるけれど、ここでは「世のため、人のため」といった意味だろう。

もとより信長の戦いも、彼の私欲を満たす目的でなされた戦いに他ならない。だが、それをいっては世間の支持は集まらない。そこで、信長もすり替えを行った。自身の戦いを、天下のための戦いということにしたのだ。そしてこれを世間に吹聴し、信長に味方することが「天下に対して大忠だ」とした（『島津家文書』九八号）。そのうえで「信長のみが正しく、それ以外は敵」という単純な、しかし分かりやすい理屈で敵・味方を峻別し、これによって味方を鼓舞し、敵を糾弾した。

このように、毛利氏も信長も、世間から支持されやすいように「すり替え」を行った。見せ方や表現を変えることで、印象というのは変わってくる。そこで、互いに相手との私戦を、毛利ら反信長派は主君（将軍家）に忠義を尽くす戦いとし、信長のほうは天下のための戦いとした。そして、各々これをスローガンに掲げたのである。

この「主君のために」、「天下のため」は、どちらも戦国期の人々にとっては正義と認識しうるものであったろう。両陣営はこの二つの正義を旗印に戦った。さすれば両者の戦いは、正義と正義の戦いだったということもできよう。

知名度上昇と仲介

さて、毛利氏が義昭を擁したことで得られた利点には、毛利氏の名を広く大名たちの間に知らしめた、ということもある。後年、毛利一門の小早川隆景《こばやかわたかかげ》は次のように述懐している。「公方様（義昭）が毛利のもとに下ってきたことで、これまで毛利を知らなかった遠国の大名たちまでが、毛利に挨拶するようになった」というのである（『毛利家文書』八三八号）。

義昭は天下の将軍家であり、第一級の名士だった。その義昭を奉戴したことで毛利氏は、その知名度を一気に高めたのだ。このことは、毛利が信長と戦う中で大きな利点になったに違いない。というのは、毛利が信長と戦うには各地の反信長勢力を翕合しなくてはならず、そしてそのためには、毛利の知名度がそれなりになくてはならなかったからである。

また毛利は義昭を擁したことで、義昭に、他大名との間を仲介してもらえるようになった。そもそも、毛利氏は天正四年以降、上杉氏をはじめ多くの大名たちと連携し、信長と戦うことになったが、同盟大名たちとの間に十分な人脈を有していなかった。たとえば、毛利はこれまで上杉謙信とほとんど接触したことがなかった。上杉の本拠・越後国（新潟県）は毛利氏の本拠・安芸国（広島県）から遠く離れており、それゆえこれまで接点がなかったのだ。

これに対して義昭は、大名たちにさまざまな人脈を有していた。たとえば、義昭は将軍になる前から上杉謙信と交流があったし、彼の侍臣の中には、これまでしばしば使者として上杉のもとを訪れた者もいた。そこで、義昭はこういった人脈を駆使し、毛利氏のために上杉をはじめとする同盟大名との仲介を担った。そして、双方の意思疎通が円滑に進むよう尽力したのだ（「毛利博物館蔵文書」四三号ほか、『山口県史』史料編中世２）。

毛利を代弁する

さらに、毛利氏は同盟する他大名に何かを要求したい時、毛利の「代弁者」として義昭を利用した。毛利は信長と戦うにあたり、同盟する大名たちからの協力を必要としていた。しかし毛利にとって、大名たちに協力をどう頼むか、というのは大きな問題だった。なぜならば、毛利と大名たちとは対等・両敬な関係にあったからだ。したがって、毛利がもし大名たちに上から目線で命令したりすれば、大名たちはたちまち怒り、毛利への協力を拒否するかもしれなかった。

そもそも大名同士の外交で、どちらが格《ステイタス》が上か下か、ということはきわめて重要だった。大名たちは、自分の格にはとても敏感だったからだ。それゆえ、対等な間柄なのに、どちらかが「上から目線」のような態度を取れば、すぐさま外交問題に発展した。大名同士で交換される書状の書き方、贈物の授受作法一つで、すぐさま外交関係に亀裂が走った。したがって、毛利としては同盟する他大名への態度には、細心の注意を払わなければならなかった。

そこで、毛利氏は義昭を利用した。すなわち、同盟大名に何かを要求したい時、義昭に代弁してもらったのだ。義昭は天下の将軍家である。そして、毛利氏と同盟する大名たちは皆、義昭を主君として敬仰《けいぎょう》していた（もっとも、だからといって義昭の命令にいつも従うわけではなかったが）。それゆえ毛利からよりも、義昭から伝えてもらったほうが角が立たない、ということが多かったのである。

ただし、義昭が代弁したからといって、それだけでただちに毛利の要求を大名たちが受け入れたわけではない。受け入れるかどうかは、毛利と大名たちとの交渉次第であった。義昭は毛利の意向を代弁してやることで、こうした交渉開始の「きっかけ」を提供するに過ぎなかった。でも前にも述べたように、交渉事というのは「きっかけ」がなければ何も始まらない。そのことを考えたならば、毛利にとって義昭は、やはり得がたい存在だったといってよかろう（山田康弘：二〇一五年）。

義昭擁佑のメリット

また、義昭は情報の分野でも毛利氏に貢献した。すなわち、義昭は大名たちとの幅広い人脈を通じてさまざまな情報を得ると、これを毛利に伝えたのだ（『小早川家文書』二五二号、『吉川家文書』五一六・五一七号ほか）。さらに、毛利は義昭を擁佑《ようゆう》したことによって、味方諸将の士気を高揚せしめることもできた。

たとえば、毛利一門のある部将（吉川元長《きっかわもとなが》）は信長方の城（上月城《こうづき》）を攻めていた時、親しい僧侶に陣中から書状を送って次のように述べている。「公方様から使者が陣中にお越しになったので、皆、これに感激し、「お役に立とう」と奮い立っている」というのだ（『吉川家文書別集』八二号）。義昭は最前線で戦う毛利将兵のもとに、しばしば侍臣を派遣して激励した。それは、毛利諸将を奮起させていたようだ。

さて、以上のように毛利氏は、将軍たる義昭を擁佑したことによってさまざまな利点を得た。それは、(1)「天下のための戦い」と称する信長に対抗し、「主君（将軍家）に忠義を尽くす戦い」というスローガンを掲げられるようになった。(2)大名たちの間でその知名度を高めた。(3)義昭に他大名との仲介を担ってもらい、これによって諸大名との人脈が乏しいという自身の欠点を義昭に補完してもらった。(4)毛利が直接申しては支障が生じかねないことを義昭に代弁してもらった。(5)義昭からさまざまな情報を伝えられた。(6)義昭によって味方諸将の士気を高揚せしめることにもなった。

デメリットは何か

もっとも、毛利は義昭を奉じたことで、制約もまた甘受した。たとえば、毛利は義昭やその侍臣たちを給養せねばならなかった。鞆《とも》にいる義昭のもとには、主な者だけで侍臣が五〇人以上もいたという。これら侍臣らは義昭方の要望に従い、毛利の宿将たちが分担してこれを養った（『平賀家文書』一四九号ほか）。

また、毛利氏は義昭の上意をそれなりに尊重しなくてはならなかった。義昭は毛利にさまざまな命令を下し、あるいは「助言」を与えた。その内容は毛利の軍事作戦にまでおよんだ。義昭は毛利に対し、作戦について箇条書きでいくつもの命令を下すこともあったようである（『吉川家文書』五〇〇・五〇三・五〇六号ほか）。もとより、こうした義昭の命令に大きな強制力があったわけではない。毛利が拒否することも不可能ではなかった。しかし、毛利としては義昭から便益を得ている以上、彼の意望を完全に無視することもできなかった。

たとえば、毛利氏当主・毛利輝元は属将に「公方様（義昭）から「来春には毛利軍が出陣できるようにせよ」との上意を受けたので、そうするつもりだ」、「公方様がお急ぎなので、来る三月一六日に毛利軍は出陣する」と述べている（『戦国遺文』瀬戸内水軍編四八〇・四八九号ほか）。ここからは、義昭の意望が毛利に一定の割合で受容されていた、ということが看取できよう。

さらに毛利は義昭を擁したことで、毛利家中において毛利と義昭という「二人の主君」を生み出してしまう危険をも抱えることになった。すなわち、毛利の諸将が毛利の頭越しに義昭と直接結びついてしまう、という危険性である。そのようなことになれば、毛利家中は二つに分裂しかねない。もとより、義昭は毛利側の意を汲んだのか、そうしたことにならないよう配慮した。たとえば、毛利諸将に栄典や褒詞《ほうし》を下す際には、毛利を介してこれを賜与した。とはいえ、毛利としては義昭を奉じる限り、この危険性から完全に解放されることはなかった（今岡典和：一九九四年）。

以上のように、毛利氏は義昭を奉じたことで、メリットだけでなく制約や危険性も抱えこむことになった。ただ、義昭は先に示した以外に毛利に大きな贈物《プレゼント》をもたらした。それは荒木村重《むらしげ》である。

荒木村重を調略せよ

荒木村重は信長の宿将である。彼は畿内の一角を占める要衝・摂津国（大阪府）を信長から任されていた。その荒木が信長から離反し、毛利に降を乞うてきたのだ。天正六年（一五七八）一〇月のことである（『信長文書』下巻三八八頁）。

この頃、荒木は信長側近たちとしっくりせず、確執に及んでいたという（藤田達生：二〇〇七年）。また、荒木の差配する摂津国は、東西から反信長派に挟撃されやすい危険な位置にあった（東は大坂本願寺、西は毛利の勢力圏に近い）。それゆえ、荒木は反信長派の隆盛を目の当たりにして前途を悲観し、信長からの離反を決意したのだろう。この結果、摂津国は反信長派のもとに帰することになった。信長にとっては大打撃である。それゆえ、信長は荒木の造反を知って衝撃を受け、嚇怒《かくど》したという（『信長文書』八一一号）。

この荒木の造反に大きな役割を果たしたのが、義昭であった。彼の侍臣（小林家孝《いえたか》）が毛利の属将とともに荒木のもとを訪れ、毛利に帰順するよう荒木を説得したのだ。荒木はこの説得を受け入れ、毛利方に寝返った。毛利はこれを知って喜悦し、当主・毛利輝元は、荒木説得に成功した義昭侍臣（小林）に褒詞を与え、その功勲を讃えている（東京大学史料編纂所架蔵写真帳『古簡雑纂』）。

ところで、荒木村重は信長から離反して毛利に寝返ったことを「公儀（＝義昭）に忠義をいたす」という形で行った。荒木から毛利に提出された、毛利への帰服を誓約した血判神文《しんもん》（＝起請文）にもそのように書かれていたという（『毛利家文書』八三四号）。

荒木にとって信長は主君である。それを裏切ってこれに矛戟《ぼうげき》の刃を向けたとなると、荒木は逆臣との世評を受けかねない。また、荒木にとって毛利はこれまで宿敵であった。それに降を乞うたとなると、荒木の面目も毀損《きそん》する。そこで、荒木は自身の挙動を「将軍（義昭）に忠義を尽くすため」ということにすり替えた。こうすれば彼はその声誉を損なうこともなく、また逆臣ではなく、むしろ忠臣であるという世評を得ることもできよう――こういった計算が荒木側にあったに違いない。

新将軍を擁立せず

さて、義昭は天正四年二月に毛利のもとに趨走《すうそう》し、再び信長にとって深刻な政治的脅威になっていった。このことを信長がいつ頃、知ったのかは定かではないが、かなり早い段階でこれを察知したようだ。そのことを示唆するのは、信長が天正四年九月に、京都の旧将軍御所を徹底的に破壊してしまったことである。

そもそも、将軍御所は天正元年（一五七三）に義昭が信長によって京都を追われた際、信長によって破壊され、また諸人の略奪を受けた（→第七章4）。しかし、門や堀、石垣、建物（の一部）などはなお残っていた（再建されたのかもしれない）。信長はこれらを破壊しなかった。その理由は判然としな

信長に破壊された旧将軍御所の復元石垣
（京都市上京区・京都御苑内）

い。彼はいずれ義昭と和解し、再び京都の将軍御所に招聘しようと考えていたのだろうか。それとも、信長が擁佑《ようゆう》している義尋《ぎじん》（義昭の世子）のために残しておいたのだろうか。

だが、信長は天正四年九月、旧将軍御所を完全に破壊してしまった。石垣は諸人の略奪に任せ、門や建物は安土に移築した（信長はこの頃、安土城を築城していた）。堀は京都の人々に命じて埋めてしまった（『言継卿記』天正四年九月一三・一八・二四日、一〇月二五日条）。おそらく信長はこの頃、義昭が毛利のもとに駆け込んだことを知り、京都における義昭の残《ざん》滓《し》を払拭《ふっしょく》してしまおうとしたのだろう。

ところで、信長はこのあと足利一門の誰かを新将軍に迎立《げいりつ》することはなかった。彼は義尋を擁しており、一時はこれを新将軍に立てるかのような姿勢を見せていた。だが、結局そうはしなかった。また、阿波には足利義助《よしすけ》（一四代将軍・足利義栄《よしひで》の弟）がいたが、これを立てることもなかった。毛利氏ら反信長派は義昭を擁佑《ようゆう》し、将軍家に忠義を尽くす、と称して信長に抗戦していたから、信長がこれに対抗し、義尋らを新将軍に立てても不思議ではなかった。だが、信長はそのような方途をついに選ばなかった。その理由の一つは、義尋らに問題のあったことがあるだろう。

義尋はまだ幼童だった（天正四年当時でわずかに五歳）。これではたとえ義尋を奉じても、反信長派の奉戴する父・義昭に比べればあまりにも見劣りがしてしまう。また、阿波の足利義助は信長と馴染みがなく、そのうえ京都政界でも無名だった。しかもすでに二四歳であり、信長が自由に制御できる年齢ではなかった。こういったことから信長に忌避されたのだろう。

第二の理由としては、信長がもし誰か足利某を擁立してしまうと、反信長派との和睦の道が杜絶してしまう、ということがあったと考えられる。実は、信長は反信長派と激越に戦う一方、彼らとの和睦の道も模索していたのだ。たとえば、天正八年（一五八〇）には対毛利強硬派の宿将（羽柴秀吉）を抑え、毛利との和睦交渉を積極的に進めようとしていたという（山本浩樹：二〇一〇年）。

さすれば、信長としては義昭以外の誰かを新将軍に迎立するわけにはいかない。もし誰か足利某を立ててしまうと、義昭を将軍として奉戴している毛利らは和睦の話に乗ってこないだろうからだ。そこで、信長は義尋らの擁立はこれを控えたのではなかろうか。

三つ目の理由として考えることができそうなのは、足利某などを擁しなくても、反信長派に勝てる、と信長が判断していたのではないかということである。

というのは、反信長派は次第に追い詰められていったからだ。毛利氏をはじめとする反信長派は、最初は信長に大攻勢を仕掛け、優勢に戦いを進めていた。しかし結局、またしても「信長封じ込め」を実現することはできなかった。一体、どうしてだろうか――

3　反信長派はどのように追い詰められていったのか

義昭という奇貨

義昭が毛利氏のもとに駆け込んだ天正四年（一五七六）当時、信長は、すでに列島の過半を占める巨大な勢力圏を築きつつあった。そのような信長を、義昭が打倒することはもとより容易ではない。むろん、いきなり信長を打倒することなどはできない。では、義昭は何をすべきだろうか。大事をなすには優先順位をつけること、が大切である。では、義昭が信長を打倒するうえでまず優先すべき事柄とは何か。それは、多くの大名たちと「信長は脅威だ」という共通認識を育み、最初は緩やかでもよいので、できるだけ幅広い大名たちを翕合《きゅうごう》していく、ということだろう。

そこで義昭は動いた。彼は毛利氏のもとに落ち着くと、その支援を受けつつ持ち前の人脈《ネットワーク》を駆使し、大名たちに「信長封じ込め」を説いた。こうして天正四年、反信長派の面々——毛利（毛利輝元）、大坂本願寺（顕如）、上杉（上杉謙信）、武田（武田勝頼）が義昭を擁佑し、信長を封じ込めるべく挙兵することになった。「信長包囲網」の形成である。義昭の計策は奏功したわけであった。この時における義昭の手腕はやはり見事といわねばなるまい。

もっとも、これらの大名たちが挙兵したのは、たんに義昭に説得されたからだけではなかろう。前年の天正三年に信長の勢威はいよいよ拡大し、日本列島は「一強他弱」という状況になりつつあった

（→第八章1）。だがこのような状況は、当然ながら大名たちにとっては好ましいことではない。そこで、彼らは信長を共通の敵として連携し合い、挙兵することにしたのだろう。

ただし、義昭という存在なくして、彼らの連携がこれほどうまく成立したのか、いささか疑わしい。というのは、大名たちが連携するには旗頭《はたがしら》が必要であり、そして義昭はそうした旗頭としてまさに適任だったからである。

まず義昭は多くの大名たちと人脈《ネットワーク》を持っていた。それゆえ、大名たちを互いに結びつける扇の要の役割を担うことができたのだ。また、義昭は将軍家として武家社会では至尊の立場にあった。それゆえ、大名たちは義昭を旗頭に擁してもメンツを損なうことはなかった。さらに、将軍（義昭）は「天下諸侍の御主」とされていた。さすれば大名たちは、こうした将軍を擁することで世間に対し、信長との戦いを「主君に忠義を尽くす戦い」と称することも可能になったのだ。

そのうえ、義昭は将軍とはいえ、大名たちの自由度を過度に圧迫するような存在ではなかった。したがって大名たちにとって義昭は、旗頭として安心して担《かつ》ぐことのできる人物でもあったのだ。義昭以外の者ではこうはいかない。そう考えれば、反信長に立ち上がった大名たちは、実に得がたい奇貨《きか》を持っていた、といってよかろう。

うまくいかない連携

さて、こうして信長包囲網が形成された。では、義昭が次に優先して実行すべき事柄は何か。それは、大名たちの団結・連携を強化することだろう。信長を皆で封じ込める良策は、互いに連絡を密にし、連携していくことである。たとえば皆で日時を決め、一斉に四方から信長に攻撃を仕掛けるのだ。あるいは、まずは東から信長を攻め立て、信長が東に注意を向けた時に今度は西から攻め寄せ、信長を奔命《ほんめい》に疲れさせる、という策もよいだろう。

このようにすれば、信長はきっと翻弄され、苦悶し、そしてその結果、反信長派は労せずして信長を封じ込めることができるに違いない。義昭もそのことはきちんと理解していた。たとえば、彼は同盟する面々に「諸口御働き相揃《あいそろ》わずにおいては、凶徒御退治、延引たるべく候（＝各方面の戦いが揃わなければ、信長退治は達成できない）」という指示を与えている。連携の重要性を十分に認識していたのだ（『上越市史』別編1・一一三三号）。

しかし、反信長派の間では連携がうまくいかなかった。一体、なぜだろうか。その理由の一つは、反信長派のメンバー同士が互いに地理的に離れ過ぎていた、ということがあろう。メンバー同士が離れ過ぎていると、連携に不可欠な「連絡を密に取る」ことが難しい。

たとえば、毛利氏の本拠（安芸国吉田）は、上杉氏の本拠（越後国春日山）や武田氏の本拠（甲斐国甲府）とは直線距離で約六〇〇キロも離れていた。こうなると、互いに連絡を取り合うのは容易なことではない。戦国時代には、テレビも電話も、インターネットもなかったからだ。この時代の連絡は、使者を往還させ、書状や口頭で伝達することしか手段がなかった。それゆえ、遠方の者同士で通信し合うには、現代では信じられないくらいに時間と手間を要した。

さらに困ったことがあった。たとえば、毛利氏が「某月某日に信長を一斉に攻撃しよう」と考え、それを書状に認《したた》めて使者に託し、武田氏に送ったとしよう。しかし、この書状が武田のもとに無事に届いたのかどうか、毛利としては確認のしようがなかったのだ。

武田から「了解した」との返信が来ればよい。しかし、返信が来なかった場合、毛利は判断に迷うことになった。返信が来なかったのは、武田が毛利の提案を拒否したからなのか、それとも武田は了解したのだが、その返信を携えた使者に途中で変事があり、毛利のもとに到着できなかったのか、遠くにいる毛利にはこのことは分からないし、すぐに確認もできなかった。そうなると、毛利としては軽々しく某月某日に兵を発することはできない。毛利だけが突出すると、毛利が信長軍の主力を一手に引き受けることになってしまうからだ（山田邦明：二〇〇二年、丸島和洋：二〇一六年）。

このように考えてみると、決められた日時に一斉に四方から信長に攻撃を仕掛けて勝利する、などということが、口でいうほど簡単ではなかったことが理解されよう。

互いに信頼できず

また一般的にいって、反信長派のように地理的に離れ過ぎている者同士の間では、信頼関係を醸成することは容易ではなかった。というのは、距離が離れていると、たとえ相手がこちらを裏切っても、こちらとしては遠くにいる相手を罰することができない。そこで、どうしても相手に対して「裏切るのではないか」という疑念が生じてしまうからである。また、相手のほうもたとえ裏切っても罰せられないから、裏切りの誘惑に駆られやすくなる。この結果、互いに疑い合い、裏切り合ってしまうことになるのだ。

そのうえ、距離が離れていると日常的につき合うことはない。もし近隣の者同士であったならば、今後も将来にわたってつき合っていかなくてはならないから、互いに裏切り合ってしまうと、それによって生じたコストは将来にわたって蓄積され、莫大なものになってしまう。だから、近隣の者同士の間では、一般に協力し合おうという動機《インセンティブ》が生じる。

しかし、離れている者同士ではそうしたインセンティブは生じにくい。それゆえ、やはり裏切り合ってしまうことが多くなるのである。反信長派のメンバーたちは互いに距離が離れていた。それゆえ、彼らの間でも「裏切られるのではないか」という猜疑《さいぎ》が生じてしまったようだ。

たとえば、上杉謙信は毛利から畿内への出陣を求められた際、次のように返答したという。すなわち、「貴国（＝毛利）の御出勢を待ち合い、上表（＝畿内）へ出張あるべし」というのだ。毛利勢の出陣を待って畿内へ軍旅を発したい、というわけである。上杉としては自分だけが突出し、信長の鋭鋒を一手に引き受ける愚は犯したくない。そこでこのように返答したのだろう（「毛利博物館蔵文書」四三号、『山口県史』史料編中世2）。

また、武田勝頼は同盟する大坂本願寺に対し、「武田も本願寺に協力し、信長本国（尾張・美濃）に攻め込む」ことを約束した。その際、武田は本願寺に「御疑心あるべからず」と述べている（『戦国遺文』武田氏編二六七九号）。わざわざ「疑うな」と断っているところに、根深い相互不信をうかがうことができよう。このように、反信長派はメンバー同士が互いに地理的に離れ過ぎていたことなどから、連絡を密に取ることができず、また、互いに疑い合って十分に連携し合うことができなかった。

ただし、毛利氏と大坂本願寺の場合、それぞれ地理的に近く、したがって連絡を密に取り合うことが可能であった。また地理的に近いがゆえに、この両者はどちらか一方が信長に屈すれば、もう一方もすぐさま危殆《きたい》に瀕する、ということになった。

それゆえ、本願寺は「もし毛利に見捨てられれば、大坂が一大事になることは必定だ」と認識していた（『戦国遺文』瀬戸内水軍編四五五号ほか）。また、義昭も毛利氏に「もし大坂が信長に占拠されるようなことになれば、毛利が危苦の最中《さなか》に陥ることは明白だ」と警鐘を打ち鳴らしていた（『吉川家文書』五〇六号）。つまり「唇亡びて歯寒し」というわけである。毛利側も、このように本願寺とは唇歯《しんし》輔車《ほしゃ》の関係にあることは熟知していたのだろう、本願寺方と連携して信長に抗戦せんとした。だが、毛利と本願寺との共闘もうまくいかなかった。どうしてだろうか。

共闘は至難のわざ

両者の共闘は、本願寺水軍が毛利水軍に協力し、瀬戸内において信長軍を邀撃《ようげき》する、という形で主としてなされた。本願寺水軍の主力は紀州雑賀《さいか》の門徒衆である。毛利と雑賀の両水軍は、かつて木津川河口の戦いで信長水軍を摧破《さいは》した実績があった。いわば名コンビである（↓第九章1）。だが、雑賀門徒衆は瀬戸内での戦いにあまり乗り気ではなかったようだ。彼らはしばしば毛利勢との集結地点になかなか現れず、本願寺をやきもきさせた。

そこで、本願寺は雑賀衆に叱声《しっせい》を放った。「早く集結地点に来るようにと命じておいたのに、遅れているのはどういうわけか。すでに毛利勢は続々と参集している。雑賀衆だけが遅れているのでは外聞が悪い。少人数でもよいから、早く集結地点に来るように」というのだ。さらに本願寺は「雑賀衆の参陣が遅れていると、毛利方は「これは敵前逃亡だ。本願寺の責任だ」と立腹するだろう。だから本隊はあとでもよいから、先遣隊だけでも早く寄こせ」と求めた。

ところが、雑賀衆は参陣してきても勝手に帰ってしまう者が多かった。そこで、本願寺はさらに雑賀衆を叱責した。「参陣してきたのは殊勝だ。しかし、交代要員が来るのを待たずに、毛利方に断ることもなく、二〇日ほどで帰ってしまう者がいる。どういうことか。これでは、本願寺は面目を失ってしまう。毛利方がこれをどう思うか心配でならない。毛利は怒って「本願寺の協力など、もはや不要だ」と考えるかもしれない」というのである。

このように、本願寺にとって雑賀衆の低い戦意は悩みのタネだった。とはいえ、本願寺といえども雑賀衆に戦いを強制することはできない。なぜならば、雑賀衆に限らず各地の門徒衆は、本願寺に対して自律した存在だったからである（山田康弘：二〇〇七年）。だから、本願寺は雑賀衆に出兵を求める際も、強制ではなく、彼らの信仰心に訴え、「偏《ひとえ》に頼み入り候」と訴願するしかなかった。

さて、本願寺を悩ませたのは雑賀衆の低い戦意だけではなかった。別の悩みもあった。それは雑賀衆同士、あるいは毛利兵と雑賀衆とがすぐに喧嘩・口論をしてしまうことである。共闘すべき者同士がうまく団結できなかったのだ。

そこで、本願寺は次のように訓示した。「毛利兵と門徒衆との喧嘩は、門徒衆同士の喧嘩と同じく禁止する」としたのである。そのうえで雑賀衆に次のような訓戒を授けた。「仲間同士で対立していると、毛利は呆れ、本願寺を見捨てるかもしれない。毛利に見捨てられたら一体誰を頼ればいいのか」、「このように毛利勢と喧嘩ばかりしていては、毛利と本願寺との関係まで悪化してしまう。そうなったら一大事ではないか」というのだ。

さらに本願寺は、「今後は、毛利兵と喧嘩したら理由の如何《いかん》を問わず、門徒側の責任とし、破門とする」とまで定めた。かなり厳しい命令だが、こうまでしないと門徒衆が毛利勢と団結することができなかったのだろう（以上、『戦国遺文』瀬戸内水軍編五六二〜五六四・五六八・五七一・五七四・五七六号ほか）。

以上のように、反信長派は大きな勢威を有しながら、うまく連携し合うことができなかった。彼らはなるほど、地図上では信長を四方から囲繞《いじょう》した格好にはなっていた。しかし、それはあくまで「地図上だけ」のことであった。実体としてはバラバラだったのだ。彼らは結局、大まかな協力のもとにはあったものの、実際は孤軍のまま信長と戦わざるをえなかった。それゆえ、信長をうまく封じ込めることができなかった。

そしてこうした中、反信長派にとって衝撃的な凶事が起きた。上杉謙信が死んだのだ。天正六年（一五七八）三月一三日のことだったという。

本願寺が力尽きる

上杉謙信は二年前の天正四年、信長との同盟を破棄し、反信長派に転じた。そのあと、彼は加賀門徒衆らを翕合《きゅうごう》して西進し、越中・能登・加賀で信長方と戦ってこれを次々に大破した。しかし、その最中に急逝《きゅうせい》してしまったのだ。享年、四九歳であったという。謙信の死はあまりにも突然だった。それゆえ、上杉家中では謙信後継をめぐって抗争が生じ、家中は攪乱《こうらん》した。そしてこれにより、上杉氏は急速にその勢威を失っていく。

こうしたこともあって、反信長派は次第に苦境に立たされていった。各地で信長方の反撃が始まり、頽勢を盛り返しがたくなってきたのだ。それゆえ、毛利に頼りにされていた備前の宇喜多氏（宇喜多直家）が、ついに信長に降を乞うた。天正七年（一五七九）一〇月のことである。次いで一二月には、信長に背叛《はいはん》して毛利に味方していた、荒木村重の一族も信長に屈従した。荒木一族は信長によってこのあと無惨に族滅された。

荒木は毛利方からの来援を信じ、信長に抗戦していた。しかし、毛利の援軍は来なかった。荒木は毛利に支援を求めたが、毛利は「兵粮が集まる七月になったら支援しよう」といい、七月になると「八月になったら」と遁辞《とんじ》を述べるばかりで、結局荒木を支援しなかったという。この結果、荒木方は無縁の孤軍となり、ついに信長に屈した（『信長公記』巻一二）。毛利は当初は荒木を手厚く支援していた。兵粮米なども優先して荒木のもとに送っていたようだ。だが、信長方が優勢になるにつれて、毛利は本国防衛に精力を傾注することに舵《かじ》を切った。

それゆえ、毛利は大坂や摂津といった最前線から兵員を引き揚げ始めた。これを見た最前線の毛利属将は「毛利から来援がないので、下々の兵が「我らは見捨てられた」と疑い始めている」と苦情を述べている（『戦国遺文』瀬戸内水軍編六〇六号ほか）。荒木もこれら前線の兵と同様、毛利に見捨てられ、命運を絶たれてしまった。これは、毛利にとって「自らの生存」こそが最も優先すべき死活的利益であったからだろう。そのため、毛利は荒木を見捨てたのだ。

この結果、大坂本願寺もまた無縁の孤城となった。大坂防衛を担っていた毛利将兵が、続々と大坂から本国に撤退し始めたからである。本願寺は毛利将兵を必死で引き留めていたが、どうにもならない。とはいえ、本願寺としては簡単に信長に降参するわけにはいかない。信長は本願寺に「大坂の寺地を明け渡せ」と求めていたからだ。また、本願寺はこれまで一〇年にもわたって信長と激越に闘争し続けた。この間、実に数多《あまた》の門徒衆が信長に捕斬《ほざん》された。そのような仏敵・信長に屈従し、しかも大坂の寺地まで奪われたとあっては、宗主・顕如としては門徒衆に顔向けできない。

戦国時代の禁裏（天皇の住まい）
「上杉本洛中洛外図屛風」（米沢市上杉博物館蔵）右隻部分

すると、信長はこうした本願寺の事情を察知したのだろう、本願寺との戦いの早期解決を図るべく、本願寺が降参しやすい環境を整えていった。すなわち、彼は朝廷を動かし、「信長と和睦せよ」と本願寺に命じる勅書を出させた。こうすることで、信長は本願寺の降参を「勅命《ちょくめい》ゆえに信長と和睦した」という形にしたのだ。

こうすれば本願寺は、信長に強いられたからではなく、天皇の勅命ゆえに信長との和睦に応じた、という言い訳ができるようになる。それならば、本願寺・顕如としても門徒衆に顔向けでき、メンツも保たれて信長に降参しやすいだろう。信長はそう計算したに違いない。妙計というべきであろう。朝廷・天皇というのは、このようにして使われたのだ（『信長文書』下巻四七五頁）。

この結果、本願寺は「勅命ゆえに」ということで信長についに降参した。そして、信長の要求に従い、大坂の寺地を彼に明け渡した。天正八年（一五八〇）閏三月のことである。次いで四月には顕如が大坂を出て、紀州に下った（『信長文書』八五二号ほか）。

なお、顕如の嗣君・教如《きょうにょ》は徹底抗戦を欲し、その後も大坂に籠城した。だが、頼みの綱である毛利諸将が本国に撤退しつつあった。教如はこれを引き留めようとした。義昭も毛利に侍臣を遣わし、教如への支援を下命した。だが、毛利は承知しなかった。この結果、教如もまたほどなくして信長に屈した（以上、『信長文書』八七八号、『戦国遺文』瀬戸内水軍編六五〇・六五一号、『毛利家文書』三三七号ほか）。こうして、信長は大坂本願寺を降《くだ》した。次に狙うのは毛利氏であった。

信長はこの頃、島津氏に書を下し、「来年（＝天正九年）には自身で出馬し、毛利を討つつもりだ」と告げている（『信長文書』八八六号）。いよいよ、本格的な毛利攻伐が始まろうとしていた。

敗亡寸前の反信長派

もっとも、信長はこの時、毛利氏に対して和戦両様の構えを見せていた。毛利氏と和睦する道も模索していたのだ。すなわち、信長は和平の使者を毛利のもとに派遣した。どうやら、この時彼は「毛利が信長に降伏する。その代わりに信長の息女が毛利一門のもとに嫁娶《かしゅ》する」ということで毛利側と折り合いをつけ、和談しようとしていたらしい。

またこの時信長は、毛利のもとにあった義昭について「西国の公方」ということならば問題ない、との意向を示したという。これは、信長自身が義昭を主君として奉戴するわけにはいかないが、毛利が義昭を擁するることは容認する、といったことだろうか。毛利は自分のもとに駆け込んで来た義昭を見捨てられない。そこで、信長は毛利のこうした立場を斟酌《しんしゃく》し、寛大な意向を示したといえよう（「巻子本厳島文書」、『広島県史』古代中世資料編Ⅲ、一一二頁、山本浩樹：二〇一〇年）。

先にも述べたように、信長には敵対した者を情け容赦なく誅伐するという「強面《こわもて》」の顔と、無闇に戦争に邁進《まいしん》するのではなく、他大名とはできるだけ共存共栄を図っていく、という「やさしくて合理的」な顔とがあった。ここでは、後者の顔が現れたわけである。しかし、信長はこのあと次第に強面の顔のほうを見せていく。ひょっとしたらこちらのほうが、信長の本性だったのかもしれない。彼は強大な力を手に入れ、もはや忌憚《きたん》すべき敵は皆無になりつつあった。その結果、タガが外れ、その本性が剝き出しになっていったのではあるまいか。

信長は次第に酷虐さを見せ始めた。その犠牲になったのが、武田氏（武田勝頼）である。天正一〇年（一五八二）二月、信長は馬首を東に転じ、武田攻伐に着手した。武田勝頼はこの少し前、信長に和を乞うた（天正七〜八年）。しかし、信長はこれを一蹴し、ついに大兵を発した。信長軍は破竹の勢いで進撃し、武田領国になだれ込むやその属城を落としていった。

すると、武田麾下《きか》の諸将は信長を「勝ち馬」と見て、次々に武田から信長に寝返った。彼らの多くは、自前の城館と領土を持つ領主たちであり、自家の存続こそを死活的利益としていた。それゆえ、彼らは武田の敗績が明白になってくると、武田をあっさり見捨て、信長という「勝ち馬」についたのだ。かつて朝倉氏滅亡の際に生じたのと同じ現象が、ここでも起きたわけである（↓第七章4）。この結果、名門・武田氏も朝倉氏と同様、あっけなく滅亡した。当主・武田勝頼は自刃《じじん》して果て、その首は三月二二日に京都で獄門に懸けられたという（『言経卿記』同日条ほか）。

信長にとって、残る大敵は毛利と上杉だけとなった。信長は彼らに牙を剝き始めた。信長軍の中で毛利対策を担当していたのは宿将・羽柴秀吉であった。彼は左右の者に次のように述べたという。「信長は武田を滅ぼし、関東はいうまでもなく奥州まで平定した。近日、信長自身が毛利を討つために出馬してくるだろう」というのだ（『戦国遺文』瀬戸内水軍編七二二号）。

武田滅亡は事実だが、信長が関東、ましてや奥州まで平定したというのは「はったり」である。秀吉はこういった情報を周囲にばらまくことで、「信長はもはや勝ち馬だ」という認識を毛利方諸将にまで広め、信長への寝返りを促そうとしたのだろう。

また、信長は土佐（高知県）の大名・長宗我部氏《ちょうそかべ》（長宗我部元親）にも牙を剝いた。実は、信長は長年にわたって長宗我部とは同盟関係にあった。しかし、長宗我部は四国全土を席巻するかのような勢いを示しつつあった。このような者は信長にとって脅威になりかねない。そこで、信長は同盟を破棄し、長宗我部攻伐に乗り出したのだ。

一方、北陸でも信長の大兵が上杉氏の本拠・越後国に迫っていた。その指揮者は信長の宿将・柴田勝家である。上杉の当主・景勝《かげかつ》（謙信の後継者）は、この状況に次のように豪語したという。「私はいい時代に生まれた。弓箭《きゅうせん》を携え、日本全国の兵を越後一国の兵で迎え撃ち、一戦を遂げて滅亡するとは実に本望だ」というのだ（『上越市史』別編2・二三六六号）。すでに死を覚悟していたといえよう。

もはや、反信長派は壊滅寸前だった。反信長派の大名たちは、またしても信長を封じ込めることができなかったわけである。一体、その原因は何だったのだろうか。なぜ、こうも失敗を重ねたのだろうか。ここで、この失敗の「メカニズム」について少し考えてみよう。

第十章　力戦するも、ついに及ばず――義昭・反信長派の敗因は何か

1　合従《バランシング》・連衡《バンドワゴニング》とは何か

信長は永禄一一年（一五六八）に義昭を奉じて上洛した。そしてそのあと畿内、さらにその周辺地域を席巻し、威勢を敷いた。これに対して周辺の大名たちは、互いに団結してこの信長を封じ込めようとした。こういった大名たちの挙動は、有名な「合従《がっしょう》・連衡《れんこう》」の故事を想起させよう。

蘇秦と張儀

司馬遷《しばせん》の『史記』（蘇秦列伝・張儀列伝）によれば次のようにある。紀元前四世紀頃の中国では、七つの大国が割拠していた（秦・斉・韓・魏・趙・燕・楚）。その中で次第に秦《しん》が勢力を拡げてきた。それゆえ他の六カ国は秦に震慄《しんりつ》し、どうすべきか対応に迫られた。

そこで、蘇秦《そしん》は六カ国の王たちに「六カ国は、協力して秦を封じ込めるべきだ」と献策した。さら

に彼は次のように述べて王たちを説得した。「六カ国は「秦に従おう」などと考えてはいけない。秦に従えば、虎狼のごとき秦は図に乗り、領土割譲などを求めてこよう。そうなると六カ国は、秦に誠意を見せなければならないから、その要求を拒否することができず、その結果、六カ国は戦わずして国力を失い、秦が天下を侵略しようとしても成す術がなくなってしまうだろう」というのだ。

一方、張儀《ちょうぎ》は六カ国の王たちに「秦に、進んで従うべきだ」と献言した。さらに彼は次のように述べて王たちを説得した。「決して「六カ国が協力して秦に対抗しよう」などと考えてはいけない。なぜならば、団結を保つことができないからだ。親子兄弟でも団結することができないのに、他人同士の六カ国がどうして団結することができようか。それに、そもそも羊（＝六カ国）同士がいくら群れになっても、猛虎（＝秦）には勝てるはずがない」というのである。

さて、蘇秦が主張した戦略を合従《がっしょう》策という。弱者たちが協力し合い、強者を封じ込めることで生き残りを図っていく、という戦略だ。英語でいうバランシング（balancing）である。これに対し、張儀が主張した戦略は連衡《れんこう》策という。弱者が自ら進んで強者の軍門に降《くだ》り、それによって生き残りを図っていく、という、いわば「勝ち馬につく」という戦略である。英語でいうバンドワゴニング（band-wagoning）に当たるだろう。

信長が勢威を拡大していくにつれて、周辺の大名たちは団結し、協力し合って信長を封じ込めようとした。この戦略は、蘇秦のいう合従策と同じである。

すなわち、毛利氏は「信長との戦いを回避すれば、信長はますます手強くなる。その時になって信長に攻められたらどうするのか」と危惧し、この合従策を選択した（↓第八章2）。こういった危機感は毛利だけでなく、信長封じ込めに立ち上がった大名たちすべてに共通していたことだろう。そして、この危機感は蘇秦の考えと近似している。彼は一強他弱の危険性を指摘した。「もし秦に連衡などすれば、秦はより強盛となり、危険だ」と述べ、合従策を王たちに勧めていたからである。

しかし結局、反信長派の大名たちは合従策《バランシング》＝「信長封じ込め」に失敗した。なぜだろうか。その理由は二つあるだろう。一つは、反信長派の大名たちがうまく団結し合うことができなかったこと、そしてもう一つは、信長のほうが連衡《バンドワゴニング》を促す戦略を採り、これが奏功したことである。それぞれを簡単に考えてみよう。

団結できない理由

そもそも、合従策には重大な欠点があった。それは、張儀（連衡論者）が指摘したように、団結が保てないという欠点である。でも、なぜ反信長派の大名たちは団結することができなかったのだろうか。彼らにとって、互いに団結して信長を封じ込めることは大きな利益になったはずだろう。大名たち自身も、そのことを十分に承知していたはずである（だから、互いに同盟したのだ）。しかも、「共通の敵」（信長）がいる場合、通常はメンバー同士で団結はしやすくなるものである。ところが、反信長派の大名たちはうまく団結できなかった。どうしてだろうか。

彼らが団結できなかった理由として、互いに距離が離れ過ぎていた、ということを以前に示した。距離が離れていると互いに連絡が取りにくい。また、相手が裏切っても罰することができないので、疑心暗鬼になりやすい。さらに、近隣の者同士で裏切り合ってしまうと、そのコストは将来にわたって積み重なって膨大なものになるが、離れている者同士ではそうしたことは少ない。これらのことが団結を阻害していたといえよう。

さらに、こうしたことに加え、反信長派の大名たちが有する三つの要素も、彼らがうまく団結できなかったことに関係していたといえる。では、三つの要素とは何だろうか。

自己中心的メンバー

まず一つは、反信長派の大名たちがいずれも自己中心的だったことである。たとえば、彼らは元亀元年（一五七〇）に最初の信長包囲網を形成した。そして信長を包囲し、土俵際まで追い詰めた。ところが、そのあと彼らはめいめい勝手に信長と和睦してしまった。そしてその結果、信長を封じ込める最大のチャンスを逸した（↓第六章2）。

また、浅井氏は共闘する本願寺の近江門徒衆に対し、最も危険の多い先陣の仕事を押しつけた。さらに、朝倉氏は勝手に兵の過半を帰国させ、武田信玄を激怒させた。くわえて朝倉氏は、義昭から何度も支援を下命されてもこれを拒否し、本国防衛を優先させてしまった（↓以上、第七章3）。また毛利氏も、信長に苦戦すると本願寺の要請を拒み、大坂から撤兵して本国防衛に注力した（↓第九章3）。

こうした数々の事例を見るならば、反信長派の大名たちは、いずれも自己中心的だったといえよう。彼らにとってまず優先すべき課題は「自身の生存」だった。これが、彼らの死活的利益であったのだ。そしてこの利益を確保するためには、同盟する他大名を犠牲にすることも厭《いと》わなかった。これでは団結を保つことは難しい。

相手の真意分からず

次いで第二の要素は、反信長派の大名たちが互いに相手が何を考えているのか、その真意を正確に知ることができなかったことである。大名たちは「信長の封じ込め」という共通利益を実現すべく同盟した。だが、所詮は赤の他人同士である。互いに同盟相手の真意を正確に把握することはできない。そして、このように相手の真意が分からないと、疑心暗鬼が生じやすい。すなわち、相手は自分を裏切るのではないか、こちらにだけ仕事を押しつけ、自分はただ乗り《フリーライド》するつもりではないか、といった疑念である。

たとえば、武田信玄は朝倉氏の勝手な戦線離脱を知ると驚愕し、その真意を計りかねた。また、本願寺は浅井が門徒衆に先陣を押しつけていると知り、不信感を抱いた。これらはいずれも、相手の真意が分からないことから来る疑念といえよう。こうした「相手はフリーライドするのではないか」という疑念は、互いに距離が離れるほど亢進《こうしん》していく。そしてこのことは、当然ながら団結を蕩揺《とうよう》させずにはおかない。

この問題を解決するには、互いに相手に対し、自分は決してフリーライドしないことを伝え、信じさせるしかない。だが、相手にこちらの真意を伝え、理解してもらう、ということは簡単でない。このことに苦悶したのが本願寺だろう。本願寺は天正四年（一五七六）以降、毛利氏と共闘して信長に抗戦した。この頃の本願寺にとって毛利が頼りであった。したがって、本願寺には毛利を裏切る気持ちなどは皆無だったに違いない。

だが、本願寺勢の主力・雑賀衆の戦意は低く、これを知って本願寺は慌てた。雑賀衆の低い戦意は、毛利に「本願寺は毛利に仕事を押しつけ、フリーライドするつもりではないか」と疑心させ、「ならば本願寺を見捨てよう」という行動に向かわせかねない――そう本願寺側は考えたからである。そこで、本願寺は雑賀衆を叱責した。もし毛利兵と喧嘩に及んだら、理非を問わずに雑賀衆の罪として破門に処す、とまで下命した。ここまで極端な措置を講じなければ、本願寺の真意（毛利と共闘したい、裏切る気持ちはない）が毛利方に理解されなかったからだろう。他人同士で理解しあうことは、簡単ではないのだ。

強力なリーダー不在

　第三の要素は、反信長派に強力なリーダーが不在だったことである。ここでいう「強力なリーダー」というのは、(1)もし同盟する大名たちの間でフリーライドなどの裏切り行為が生じた場合、これをただちに罰して矯正《きょうせい》せしめ、(2)「誰がどれだけの負担を負い、どれだけの報酬を得るか」を決め、これを実行しうるだけの強制力を持つ、そのようなリーダーのことである。そうしたリーダーが反信長派に存在していれば、たとえ大名たちが自己中心的であろうとも、あるいは、互いにその真意を正確に知ることができなくても、反信長派は団結を維持することが可能だったろう。

毛利輝元の花押

　だが、反信長派にはそのようなリーダーはいなかった。たとえば、毛利氏（毛利輝元）はこうしたリーダーではなかった。毛利は天正四年以降、義昭をその領国において保庇《ほひ》し、自らを「副将軍」と認識していた（『石見吉川家文書』一〇三号）。だがこれは、毛利側のあくまで自己認識に過ぎない。毛利が他の反信長派大名たち（上杉や武田、大坂本願寺ら）より上位にあったわけではないし、大名たちに上位と認識されていたわけでもない。もとより主君に準じた立場にあったのでもない。

したがって、毛利がこれら同盟大名たちに命令を下せたわけではなく、大名たちの師旅《しりょ》を直接動かすことができたわけでもない。さらに、大名たちがフリーライドした場合、毛利がこれを矯正しうる強制力を有していたわけでもなかった。したがって、毛利は「強力なリーダー」ではない。では、義昭はどうだったのだろうか。

義昭はリーダーか

義昭は、天正四年に毛利領国に下向し、そのあと反信長派の一員として活動した。そして義昭は将軍家として、大名たちに軍事的な指令を下すことはできた。大名たちは義昭から命令を下されても、「彼にはその資格なし」などといって反発することはなかった。また、義昭の命令は大名たちに一定の影響力を有していた。大名たちにとって、義昭はさまざまな便益をもたらしてくれる存在であった。それゆえ、彼らは義昭の意向をそれなりに尊重したのだ。

したがって、義昭は決して「無力」だったわけではない。とはいえ「強力」だったわけでもない。なぜならば、大名たちは義昭の命令すべてに服したわけではないからである。大名たちは「自身の生存」という死活的利益を損なうものであったならば、義昭の命令であってもこれを拒否した。そして、義昭はそうした大名たちに自身の命令を強制することはできなかった。強制するだけの武力を、彼は有していなかったからである。

つまり、義昭は大名たちに命令を下すことのできる「立場」を保持しているだけで、この命令を強制することはできなかったのだ。彼が保持していたのは、上から目線で大名たちに命令を下しても反発されない、という「立場」に過ぎなかった。もちろん、これはいかなる強豪大名といえども容易には入手することのできない、義昭独自の武器ではある。しかし、所詮は「立場」に過ぎない。義昭が大名軍を自由に動かせたわけではなかった。義昭の命令を受諾するか否かは、下命を受けた大名たちがあくまで自身で決定しえたのである（だからこそ、大名たちは安心して義昭を擁立することができた）。

したがって、義昭も「強力なリーダー」とはいえない。研究者の中には、義昭には大名に対する軍事指揮権や動員権があったなどと論じる者がいるけれど、義昭の「軍事指揮権」なるものの内実というのは、実にこういったものであった。ちなみに、このようなあり方は彼の父祖たち――兄の義輝や父・義晴らも同じである。それゆえ、すでに第I部で述べてきたように、彼らもまた軍事力の不足に悩み、そこで有力大名との連携を模索して辛労を重ねたのだ。義昭はこういった父祖たちの地位を引き継いでいた。義昭だけが何か極端に特別だったわけではない。

ところで近年、学界では信長研究が盛行を見せている。そして、それに伴って義昭の「見直し」論も進んだ。かつて義昭については、信長のたんなる傀儡《かいらい》（＝あやつり人形）に過ぎず、また信長によって京都を追放されたあとは「セミの抜け殻」のごとき存在に顚落《てんらく》した、とされてきた。しかし近年では、義昭は必ずしもそうした存在ではなかったことが指摘されている。そして、この見方は研究者の間で次第に共通認識になりつつある。

だが、こういった義昭見直し論の中には、義昭を過大評価してしまっているものも少なくない。それゆえ、最近ではこの反動からか「義昭はやはりセミの抜け殻のごとき存在に過ぎなかった」といった具合に、義昭を過小評価してしまう議論も再び出始めている。しかし、この二つはどちらも極論である。正解はこの二つの中間にあるのだ。

義昭を過大に、あるいは過小に評価してしまう論者には共通点がある。それは、義昭しか視野に入っていないことである。彼らの多くは、義昭——というより信長に関心があるのだ。足利将軍ではない。それゆえ、義昭以前の将軍には注意が向かない。

だが、義昭の将軍としての立場や権能は、全部ではないもののその多くは彼の父祖たちから継承したものである。ならば、こうした父祖たる戦国期足利将軍のあり方——彼らは「強力」ではなかったが、大名たちに一定の影響力を有するなど「無力」でもなかった——を参照せずに、義昭を適切に評価することはできまい。「はしがき」でも書いたように、義昭を知るには、義昭を見ているだけでは不十分なのである。

シカ狩りの寓話

さて、以上のように反信長派には三つの要素があった。すなわち、(A)自己中心的なメンバー、(B)メンバー同士が互いに相手の真意を正確に知ることができない、そして(C)メンバーの裏切りを抑止しうる強力なリーダーが不在、という要素である。反信長派とはかくのごとき集団だった。こういった集団は団結するのが難しい。そのことを示す喩《たと》え話として、ジャン・ジャック・ルソー著『人間不平等起原論』に所載される「シカ狩りの寓話《ぐうわ》」を、分かりやすくアレンジして紹介しよう。それは以下のようなものである（岩波書店、一九七二年、八九頁）。

飢えた二人の男が初めて出会い、協力してシカを狩ることにした。そこで、彼らは罠を仕掛け、別々のところで待ち伏せた。すると、そこに小さなウサギが現れた。これを見た男の一人はこう考えた。「今、ここで私がウサギを獲ろうと飛び出せば、私だけは小さなウサギを獲って食べ、餓死しないで済む。しかし、もう一人の男は餓死する。なぜならば、小さなウサギは一人分しか飢えを満たせないし、また、私が飛び出したせいでシカに罠がバレてしまい、もはやシカを獲ることができなくなるからだ。さて私はどうすべきだろうか」と。

そして男は考えた末、ウサギを獲ろうと飛び出した。男はこう考えたのだ。「たとえ私がウサギを獲るのを控えても、あの男はきっと私を裏切り、ウサギを獲ろうと飛び出すだろう。そうなればシカは獲れず、したがって私は餓死してしまう。ならば、私がウサギを獲ったほうがよい」と。しかし、もう一人の男もまさに同じことを考えたため、二人ともウサギを獲ろうと一斉に飛び出してしまった。その結果、ウサギは獲れず、当然シカも獲れず、二人とも餓死した――

この喩え話は、反信長派のような集団ではメンバー同士が団結し、協力し合うのがいかに難しいか、ということをうまく表現している（グレイ他：二〇一二年、二九頁）。ここに出てきた二人の男は、反信長派の持つ(A)・(B)・(C)の三要素をすべて併せ持っている。こうした集団は団結し続けることが難しい。たとえ、協力し合えればより大きなメリットを得られる（＝シカを獲ることができ、二人とも餓死しないで済む）と分かっていても、眼前の利益（＝ウサギ）を手にしなければ相手に出し抜かれ、大損しててしまうかもしれない、という疑心が生じ、団結を揺るがしてしまうのである。

団結は無理なのか

では、反信長派の大名たちの間では互いに団結し、協調し合うことなどは不可能だったのか。否、必ずしもそうとはいえない。なぜならば序章でも論じたように、戦国時代にはしばしば大名たちが互いに戦争を回避し、共存共栄という共通利益を図るべく協調し合う、という場面が見られたからである。さすれば、反信長派の大名たちも互いに信頼し、協力しあうことは可能であったといえよう。

ただし、彼らには不利な点があった。それは、時間がなかったことである。赤の他人である大名たちが互いに信頼を醸成し、協力し合うためには、時間が必要であった。信頼の醸成は一朝一夕にはいかないからだ。信頼は長い時間をかけて生まれる。最初は小さなことから成功事例を積み重ねていき、それによって少しずつ生成されるものなのだ。だが、反信長派の大名たちにはその時間がなかった。彼らは信長の勢威拡大を前にして急遽、連携することになった。それゆえ、信頼醸成に必要な時間がなかった。

しかも反信長派の大名たちは、もともと疎遠であったり、対立し合っていた者が多かった。たとえば、天正四年に毛利氏は上杉・武田・大坂本願寺らと連携して信長を封じ込めようとした。しかし、毛利はこれまで上杉・武田とは、互いに距離が離れていることもあって親しく交際したことがなかった。またこの時、加賀の本願寺門徒衆と上杉は手を組んで信長に抗戦しようとした。しかし、加賀門徒衆は長年にわたって上杉とは対立し、「年来、越後（＝上杉）は怨敵」だった（『金沢市史』資料編2

（中世二）・六四四号）。

こうした間柄では、互いに信頼し合うにはよりいっそうの時間が必要である。でも、反信長派にはその時間はなく、結局、彼らは十分に信頼を醸成し、協力し団結し合うことができなかった。この結果、彼らの合従《バランシング》策はうまく機能せず、信長封じ込めに失敗したのである。

ただし、失敗の原因はこれだけではない。信長が連衡《バンドワゴニング》（進んで勝ち馬につく）を促す戦略を採り、これが奏功したことも一因だった。では、信長はこの戦略をどのように進めていったのか。

2　信長側に問題はなかったのか

勝ち馬をアピールす

信長が採っていた、連衡を促した方法として考えることのできるものを、ここでは三つほど示そう。まず一つは、自らが「勝ち馬」であることを盛んにアピールしたことである。信長は上洛以来、自身の威勢が大なることを頻繁に内外に顕示した。すなわち、彼は戦いに勝利した場合はもちろんのこと、敗北であっても「勝った」と号し、これを内外に積極的に喧伝した。とりわけ上洛直後でまだ立場が不安定だった頃は、この手法を多用した。元亀元年の越前遠征失敗を「負けてはいない」と強弁したこと、また、その後になされた姉川の戦いでの辛勝を「大勝利だ」と盛んに同盟相手に伝えていたことなどは、その好例といえよう（↓第六章1）。

また、信長は「自分こそが勝ち馬だ」、「すでに信長には無数の同調者がいる」といったことを示すデモンストレーションを繰り返した。たとえば、彼は自身の軍団を美々しく飾り立て、戦争に臨む際には常に大軍で行軍した。信長軍のあり様を見たある者は「信長軍は一七カ国もの兵から成っている。全部で何万騎いるのか見当もつかない」と称嘆の声を上げている（『中務大輔家久公御上京日記』天正三年四月二一日条）。また、晩年に信長によって築城された安土城は、絢爛豪華でその威容は壮観だったという。さすれば、この城も信長の威勢を内外に見せつける道具《ツール》だったと考えることもできよう。

このように、信長は自分に都合のよい情報を盛んに流し、また、自身の威勢を内外に喧伝することによって「信長は勝ち馬だ」という認識を広く世間に浸潤《しんじゅん》せしめようと図った。こうすることで彼は、まだ自分に順服していない者たちに「早く信長に味方したほうがよい」という心理的な圧力を掛け、進んで信長という勝ち馬につくことを促していったのだろう。

恐怖を与える

第二は、信長に随従しない者には強烈な制裁を加え、彼らに多大な恐怖を与えたことである。恐怖によって、信長への連衡を促したわけだ。

天正八年（一五八〇）、本願寺はついに信長に屈従し、大坂の寺地も信長に明け渡した。その際、宗主・顕如は信長に降を乞うた理由を門徒衆に次のように説明した。すなわち、「これ以上、信長に抗戦し続けたならば、信長から誅滅の兵を向けられ、有岡や三木と同じようなことになるのは明白だ。そうなれば浄土真宗の教えが滅んでしまう」というのである（『信長文書』下巻四九三頁）。

ここにある「有岡」というのは荒木村重、「三木」は別所長治《べっしょながはる》のことである。この二人の武将は信長に臣従していたものの、その後反旗を翻した。しかし、最後は二人とも信長に敗績した。そしてこの結果、彼らの一族は信長によってことごとく惨殺された。これに顕如は恐怖し、震慄《しんりつ》した。この恐怖が、顕如をして信長への降伏を決断せしめた要素の一つだったわけである。

さすれば、信長の与える恐怖もまた、信長への連衡を促していったと考えることができよう。信長は反抗する者には強烈な制裁を加え、内外に恐怖を与えた。彼はこうすることで、信長に不服従の場合、きわめてコストが高い、ということを内外に示した。そして日和見《ひよりみ》主義者らに対し、信長に早く随従したほうがよい、と思わせ、信長へ連衡することを促していったのである。

なお、先に取り上げた顕如は、恐怖を、信長に降参することの言い訳に使った。すなわち、彼は「荒木や別所のようになったら一大事だ」という言い方で門徒衆に対し、自分が信長に降伏したことの理解を求めている。おそらく荒木一族らの悲惨な末路を知っている門徒衆たちは、この顕如の言説に納得したのではないだろうか。そう考えれば信長の与えた恐怖は、大名たちが信長に連衡しやすい状況を生み出していた、ということもできよう。

順服すれば庇護す

さて、信長への連衡を促した第三の点は、信長が自分のもとに順服してきた大名には、原則としてその本領を安堵してやったことである。そもそも、信長に連衡しようとしている大名にとって最大の懸念は、連衡したあとに信長によって所領を奪われるのではないか、ということであったろう。というのは、信長に連衡するということは、信長に自分の生殺与奪の権をすべて委《ゆだ》ねてしまう、ということを意味したからである。

信長を勝ち馬だと思ってこれに順服し、すべてを委ねてしまうのだから、そのあとで信長から無理難題を突きつけられても成す術がない。したがって、連衡策というのはきわめて危険な選択肢であった。合従論者の蘇秦《そしん》はこの点で連衡策を批判した。彼は六カ国の王たちに次のように警告した。「秦に連衡すれば、秦は図に乗り、そのあと無理難題を次々に突きつけてくるだろう。その時に後悔しても手遅れだ」というのである。

しかし信長は、自分に連衡してきた大名にはその所領を奪うようなことはせず、原則として本領をきちんと安堵してやった（例外もあったが）。彼はこうすることで、信長に連衡することに対する大名たちの懸念を払拭しようとしたのだろう。信長というと、あらゆる大名の討滅を目指していた、などといったイメージがあるが、そのような評価は一面的である。最近の研究では、信長は大名たちとの共存を意望していた、といった意見すら出されている（神田千里：二〇一四年）。

そもそも、信長といえども、あらゆる大名を討滅することは不可能であった。そのようなことをすれば際限のない征戦となってしまい、信長は途中で力尽きて斃仆《へいふ》しよう。またあらゆる大名たちを、たんに武力だけで永遠に統制し続けることも難しい。とするならば、順服してきた大名にはきちんと本領を安堵してやり、いわば適度に「パイ」を与えることで彼らを手懐《てなず》けたほうがずっとよい。

つまり大名たちとの関係を、信長がすべてを手にする「ゼロサム」（＝勝者総取り）とするのではなく、大名たちの利益もきちんと図ってやる、というわけである。さすれば、こういった信長の「勝ち過ぎない」という姿勢も、彼に対する大名たちの連衡を促していった可能性があろう（ちなみにこの姿勢は、このあと豊臣や徳川将軍にも引き継がれた。たとえば徳川将軍は、列島の四分の一を占める広大な直轄領を保有したが、残りの四分の三は大名たちに分け与え、その支配のあり方については過度に干渉しなかった。こうした姿勢が、徳川に対する大名たちの連衡をもたらし、徳川長期政権を生み出した大きな要因だったといえよう。笠谷和比古：一九九三年、終章）。

なぜ合従を選んだのか

ところが、有力大名たちの多くは当初、なぜか連衡策を選択しなかった。皆で団結し、信長を封じ込める合従策のほうを選択した。これは一体、どうしたわけだろうか。もし信長が、自分だけで「パイ」を独占するのでなく大名たちにもこれを分け与え、彼らとの共存共栄を意望していた、とするならば、もっと多くの有力大名たちがすぐさま信長に連衡してもよかったはずだろう。しかし、実際は有力大名たちのほとんどは信長に激越に抗戦した。皆で戮力《りくりょく》し、信長を封じ込めようと必死になって籌策《ちゅうさく》をめぐらした。なぜだろうか。

これは、信長に二面性があったからに違いない。彼には大名たちとの共存を図る「やさしくて合理的」な顔が確かにあった。しかし、同時に彼にはあらゆる大名を敵と見なし、これを徹底的に攻伐していくという「強面《こわもて》」の顔もあったのだ。毛利氏が「今、何もしなければ、このあと信長はますます強大化し、手強くなる。その時になって信長に攻めかけられたらどうするのか」と恐怖を抱いたのは、信長にこうした凶暴性があったからに他なるまい。

信長には「やさしくて合理的」な顔と「強面」の顔があった。信長がどちらの顔を見せるかは、大名たちには分からない。ひょっとしたら信長は、大名たちが信長に順服したあと、「強面」の顔のほうを見せるかもしれない。わずかな瑕瑾《かきん》を捜し、これをネタに大名たちの領土を取り上げたり、僻地《へきち》に国替えを命じるかもしれない。その可能性は否定できないのだ。

もしそうなっても、信長に順服してしまったあとでは、まさに「あとの祭り」である。さすれば有力大名たちにとって、強大な勢威を有する信長を信用し、これに安易に連衡することは危険極まりない行為だったといえよう。それよりも皆で協力し合い、信長がこれ以上強大化しないように封じ込めたほうがずっとよい——そう考えたのは当然であろう。

まさにマキャベリが『君主論』（第二一章）で述べたように「ここで注意すべきは……万やむをえない場合を除いて、君主は自分よりも強力な者と同盟しないように気をつけるべきだということである。それというのも、勝利したとしても彼の虜《とりこ》になるからで、君主は他人の思いのままになることはできる限り避けるべき」なのだ（マキャベリ：二〇〇四年）。

しかも有力大名たちには、団結し合えば信長を封じ込められるだけの武力もあった。そこで、彼らは連衡策ではなく、合従策のほうを当初選んだのだろう。信長は自らが勝ち馬であることを盛んに喧伝し、また、敵対者を徹底的に打倒することで恐怖を撒き散らした。そのことは、信長への連衡を促す効果を有したわけだが、同時に有力大名たちに警戒心を抱かせ、彼らをして連衡ではなく合従に向かせてしまったといえよう。

しかし、大名たちの合従策＝信長封じ込めは奏功しなかった。彼らには「団結できない」という問題があったからである。では、信長側には問題はなかったのだろうか。

羽柴秀吉の花押

柴田勝家の花押

独断専行する信長宿将

信長の勢力圏は、彼の晩年頃になると広大なものになっていった。こうなると、いかに信長といえども、この広大な「帝国」を一人ですべて統御することはできない。そこで、彼は自身の帝国をいくつかのブロックに分け、それぞれを宿将たちに担当させていった。たとえば、宿将・羽柴秀吉には播磨国（兵庫県）などを預けて中国方面を任せ、柴田勝家には越前国（福井県）を預け、北陸方面を担当させる、といった具合である。

ただし信長にとって、これら宿将たちはあくまで自分の代理人に過ぎなかった。したがって信長は、宿将たちが独断専行することを許さなかった。たとえば、彼は宿将・柴田勝家に越前国を預けた。その際に柴田に対し、「越前は柴田に預け置いている（つまり、柴田に与えたわけではない）」としたうえで、「何事も信長の指示に従え。信長を崇敬し、決して疎《おろそ》かにせず、信長のほうに足を向けてはいけない」との訓戒を授けている。信長は柴田に、自分への絶対服従を求めたわけである（『信長文書』五四九号）。

また、『信長公記』（巻一二）には次のようなエピソードが所載されている。すなわち、信長の宿将・羽柴秀吉は中国方面を担当していた。

そうした秀吉のもとに、毛利の有力部将・宇喜多《うきた》直家が降を乞うてきた。天正七年（一五七九）九月のことである。そこで、秀吉はこの降参を受け入れ、信長には事後承諾を求めた。すると信長はこれを知って秀吉に赫怒《かくど》した。「信長の意向も伺わず、勝手なことをして曲事《くせごと》だ」というのである。ここからも、信長が宿将の独断専行を許さなかったことが分かろう。

しかし、宿将たちとしては、ある程度は独断専行しなくては仕事にならない。いちいち安土にいる信長に指図を仰いでいては、時間も手間もかかってしまい、応変《おうへん》の措置が取れないからである。それゆえ、宿将たちはしばしば独断で諸事を裁断した。場合によっては、自分の管轄領域における利益を図るべく、信長の意向に反した形で事案を措置するということもあったという（戦国史研究会：二〇一一年）。

そして、信長のほうも宿将たちのこういった独断専行を、ある程度は容認せざるをえなかった。そうしないと広大な帝国を統御することができなかったからであるが、それだけではない。家臣の独断専行を容認する慣行が武家社会にはあったからである。

そもそも、武門の世界では名臣・良将というのは、主君の命令をただ墨守《ぼくしゅ》するのではなく、主命がなくても己《おのれ》の責任のもと、自分の才覚で自発的に行動し、成果を上げていく、というものであった（山本博文：二〇〇三年、七九頁）。このことを示すエピソードを一つ紹介しよう。

信長は天正一〇年（一五八二）、甲斐の武田氏征伐を決定し、主力軍を督率して甲斐への征途についた。その際、羽柴秀吉は中国方面担当だったことから、信長の命令によって播磨国（兵庫県）に残された。しかし、秀吉は播磨に安座することはせず、果敢に打って出て備中国（岡山県）における毛利方の営塁を次々に攻伐した。

これについて、秀吉は親しい者に次のように述べている。「今度、東国御動座の刻《きざ》み、西国面《おもて》御手当として播州に残し置かれ候といえども、そのままあるべきの儀に非《あら》ず候と存じ、備中内へ押し入り……」（＝自分は、信長の命令で毛利氏の抑えとして播磨国に残された。しかし、何もしないままではいけないと思い、備中国内に押し入った）というのだ（『戦国遺文』瀬戸内水軍編七三六号）。

ここからは、武門の将たる者は主君が命じる以上のことを自ら行い、成果を上げるべきだ、という思潮の存在をうかがい知ることができよう。このような思潮は信長としても無視できない。それゆえ、宿将たちの独断専行を認めざるをえない場合もあった。一例を示そう。

信長は天正八年に大坂本願寺を降参させた。その際、彼は本願寺に対し、加賀国四郡のうち二郡は寺領として安堵する、と約束した（『信長文書』八五二号）。ところが、宿将・柴田勝家はこの直後に加賀に侵攻し、全土を占領してしまった（『上越市史』別編1・一九三六号）。そして結局、このあと本願寺に加賀二郡が返還されることはなかった。

柴田の加賀侵攻は、おそらくは信長の意思ではなかったろう。というのは、信長は本願寺の降参を受けて柴田に加賀衆との停戦を命じていたし、本願寺には二度にわたって加賀二郡の安堵を確約していたからである（『信長文書』八五八・八六三～四号）。また、加賀二郡の安堵は、信長から本願寺に出された大坂退去の条件であったから、これを信長が破れば本願寺は怒り、再び信長に挑んでくるかもしれなかった。それは信長にとって好都合とはいえまい。おそらく、信長は柴田の加賀侵攻を苦々しく思っていたのではないか。

しかし、信長は柴田の加賀侵攻を事後承諾したうえ、柴田に褒詞《ほうし》を与えた。すなわち、信長は「柴田は、他の宿将たちが殊功を樹《た》てているのに、越前一国を任されていながら自分だけ功がないのは外聞が悪いと思い、加賀に攻め込んでこれを平定した」として柴田の功績を称揚した（『信長文書』八九四号）。これは、柴田の行為が決して非難されるべきものではなかったからに他なるまい。

信長政権の欠陥とは

さて、こうして羽柴秀吉や柴田勝家といった宿将たちは、信長から預け置かれた各地を、信長から自律的に運営していった。しかしそうなると、これら信長宿将たちと各地の有力者たちとの間に、次第に緊密な関係が構築されるようになることは避けられない。各地の有力者たちは遠方の安土にいる信長よりも、自分たちの住んでいる地域を預け置かれた信長宿将らのほうを、どうしても頼りにするようになるからである。

こうしたことが続けば、宿将たちが信長から預け置かれた領域は、いずれ信長から半分独立した、各宿将たちの「王国」のようなことになりかねない。実際、すでにそうなりつつあった。たとえば、信長が本能寺の変で斃仆《へいふ》したあとも、宿将たちの王国はそのほとんどが健在だった。羽柴秀吉の王国も、柴田のそれも、すぐに瓦解することはなかった。このことは、彼ら宿将らの王国がすでに信長とは別個に屹立《きつりつ》し、信長から半分独立した色彩を帯び始めていたことを示していよう。

こういったことは、信長にとっては由々しき事態であった。というのは、もし宿将王国の自立化が今後ますます亢進《こうしん》していくと、いずれ信長の帝国は、宿将たちの王国ごとに分裂しかねなかったからである。それは、足利将軍の覆轍《ふくてつ》を踏むことに他ならない。

序章でも述べたごとく、足利将軍は一門の部将たちを守護に任じ、各地域を預け置くことで広大な列島全体を支配しようとした。しかし、守護たちは次第に将軍から自立して大名化し、将軍から預け置かれた各地域も、守護たちの私領＝領国のごとき色彩を帯びるようになってしまった。その結果、足利将軍は次第に弱体化していったのだ。さすれば信長政権も、このままでは将来そうなりかねない危険性を孕んでいたといえよう。

このように、信長政権には組織上の欠陥があった。そこで、信長は晩年に至り、この欠陥を修正し、自らの帝国支配の仕組みを大きく改変しようとしていたらしい。それは、宿将たちに任せない、信長自身が直接差配する広大な直轄領を畿内近国などに新たに設定する、ということであったようだ（谷口克広：一九九八年、一九五～八頁）。信長のあとに「天下人」になった豊臣政権は、畿内を中心に二二二万石もの直轄領を設定した。その次に天下人になった徳川将軍もまた、四〇〇万石ともいわれる広大な直轄領を有した。一方、信長の場合、まだそのような整備が十分になされていなかった。そこでこれを修正し、畿内などに広大な直轄領を設定しよう、というわけである。

だが、このような改革が進めば、宿将・明智光秀は痛手を受けることになる。なぜならば、彼は信長から畿内の丹波国（京都府）に加えて近江国の一部などを預け置かれ、ここを自身の王国としていたからである。これらの地域は、いずれ信長によって収公されるかもしれなかった。このことは明智

本能寺跡
（京都市中京区油小路通蛸薬師下ル元本能寺町）

にとって悩みのタネであったろう。しかも、明智は別の問題も抱えていた。

明智はこれまで土佐の長宗我部氏に昵近《じっきん》し、信長と長宗我部氏との仲介役を務めていた。明智の胸裏には、将来、信長から四国方面の担当を任されたい、という計図《けいと》があったかもしれない。だが、天正九～一〇年初旬、信長はとつぜん長宗我部氏と断交し、その攻伐を決定した。しかも、四国攻伐の主将には織田信孝（信長子息）が任命され、副将には明智ではなく、同じ信長の宿将・丹羽長秀らが擢用《てきよう》された。この結果、明智が四国担当となる、という可能性は皆無になった。

つまり、明智は信長によって貶斥《へんせき》された格好になったわけである（藤田達生：二〇一五年）。おそらくこうしたことが背景の一つにあったのだろう、この直後、明智は信長に背叛《はいはん》し、これを本能寺に襲った。天正一〇年六月二日のことである。

この結果、一世の傑人・織田信長は、「天下統一」目前で斃死《へいし》した。享年、四九歳であった。

3　信長の死後、義昭はどうしたのか

この頃、羽柴秀吉は毛利氏と対戦すべく備中国（岡山県）にあったが、信長横死の凶報に接するとすぐさま毛利方と和議を結んだ。次いで秀吉はすぐさま馬首を東に向け、京都に猛進した。いわゆる「中国大返し」である。そして京都郊外の山崎で明智勢を摧破《さいは》し、ついに明智光秀を討死せしめた。天正一〇年（一五八二）六月一三日のことであった（『言経卿記』同日条ほか）。

毛利氏は動けず

一方、義昭は「信長死す」との吉報を得ると、毛利氏に対し、ただちに挙兵して義昭の帰京実現に尽せと下命した。たとえば、義昭がこの頃に毛利氏属将に与えた御内書には「信長を討ち果たしたうえは、義昭の帰京をすぐさま手配せよと毛利に命じたので、おまえも協力せよ」とある（「本法寺文書」、『大日本史料』天正一〇年一〇月二一日条所収）。だが、毛利はすぐには動けなかった。

というのは、毛利はその家中に数多くの同盟者を抱えていたからである。それゆえ、毛利は大きな決断を下す際には同盟諸将らの同意を取りつけねばならず、決断に時間を要した。そうしたことから、毛利は信長横死という吉報に接しても、すぐには動けなかった。

また、毛利のもとには正確な情報も入っていなかった。たとえば、毛利は本能寺の変直後に出した書状で「信長父子（信長と嫡男・信忠）に加えて信孝（信長三男）までが殺害された」とか、「信長殺害

犯は、明智光秀や柴田勝家らだ」などと書いていた。信孝は存命していたし、柴田が明智に与同した事実はないから、毛利のもとには正確な情報が入っていなかったことが分かる（「岡家文書」五二・五三号、『山口県史』史料編中世3）。これでは、信長横死に乗じて雄飛しようとしても、時宜を得た措置を取ることはできないだろう。

さて、こうして秀吉は明智光秀を討ち果たした。しかし秀吉がこれによって、すぐさま信長後継となったわけではない。柴田勝家が秀吉の前に立ちはだかったからである。

柴田の義昭接近

こうした中、柴田勝家は毛利氏のもとにあった義昭に接近した。柴田は義昭に帰京支援を約束し、「手を組もう」と義昭を誘ってきたのだ。義昭はこれを承諾した。そして、柴田の要請を受けて越後上杉氏（上杉景勝）に「柴田と和睦せよ」と下命した。本能寺の変からわずか半年後、天正一〇年一一月のことであった（『上越市史』別編2・二六〇四〜二六〇五号）。

柴田にとって、秀吉と対決するうえで上杉氏との和睦は欠かせなかった。なぜならば、柴田が秀吉を攻めるべく西に派兵するには、柴田の本拠地・越前国（福井県）が上杉に北から襲われない、ということが不可欠だったからだ。それゆえ、柴田は上杉との和睦を模索した。しかし、柴田にとって上杉との和睦はハードルが高かった。というのは、柴田はこの直前まで信長軍の北陸担当として上杉と直接干戈《かんか》を交えていたからである。いわば、柴田と上杉は宿敵同士だったのだ。

そこで柴田は義昭に接近したのだろう。というのは、義昭は上杉とは長い間交流し、人脈を有していたからだ。おそらく、柴田は次のように考えたのではないか。すなわち、義昭から上杉に「柴田と和睦せよ」と命じてもらえれば、上杉と和睦交渉を始める「きっかけ」を摑めるのではないか、という考えである。そこで柴田は義昭に近づき、協力を訴願した。

義昭はこれを受け入れた。こうして、義昭は本能寺の変後、柴田勝家と結んだ。このことは義昭に帰京への期待を抱かせた。たとえば、義昭は親交のあった薩摩島津氏に次のように述べている。「信長は天命遁《のが》れがたきによって自滅した。このあと、相残《あいのこ》る輩《ともがら》（＝柴田のことだろう）が義昭の帰京を切々と求めてきたので、すぐに帰京するつもりだ」というのだ（『島津家文書』九〇号）。もはや、仇敵・信長はこの世には存在しない。そして実力者・柴田勝家とは連携したのだから、義昭が帰京の望みをもったのは当然だろう。だが、この望みは実現しなかった。なぜだろうか。

義昭は柴田と連携すると、その要請を受けて、今度は毛利氏に「急ぎ柴田に合力せよ」と下命した（「徳山毛利文書」、『大日本史料』天正一一年四月六日条所収）。もし毛利がこの時、義昭の命に従って柴田に合力していたならば、どうなっていただろうか。ひょっとしたら柴田が秀吉を撃破し、「天下人」となっていたかもしれない。そうなれば、義昭の帰京もすぐに実現したことだろう。

だが、毛利は動かなかった。例によって、すぐには動けなかったということもあったが、柴田と秀吉のどちらが勝利しそうなのか、判断がつかなかったからでもあった。それゆえ、毛利は柴田・秀吉のどちらをも積極的に支援せず、様子見を決め込んだ（『毛利家文書』三四九号）。この結果、柴田は毛利の合力を得ることができず、秀吉に完敗した。そして、最後は秀吉によってその居城・北庄《きたのしょう》城（福井県福井市）に追い詰められ、ついに自刃して果てた。天正一一年（一五八三）四月二四日のことであった（『小早川家文書』三九八号ほか）。そのため、義昭は帰京できなくなってしまった――

秀吉も義昭に接近す

さて、柴田を討滅した秀吉は、このあと「天下人」の地位を着々と築いていった。彼は信長以上に、順服してきた大名には原則としてその本領を安堵した。それゆえ、毛利氏も、上杉氏も秀吉に随従した。こうして秀吉の威望は高まり、信長以上の「勝ち馬」になった。その結果、大名たちは次々に秀吉に連衡《バンドワゴニング》した。秀吉という勝ち馬に乗ろうとしたわけである。しかし、徳川家康ら一部の有力大名は秀吉に抵抗した。秀吉に連衡し、生殺与奪の権を彼に委《ゆだ》ねるのは危険だ、と判断したのだろう。彼らは互いに同盟し、秀吉の封じ込め、すなわち合従《バランシング》を試みた。

こうした中、秀吉はなぜか義昭の帰京に前向きな姿勢を見せていく。義昭の侍臣は天正一二年（一五八四）二月、薩摩島津氏に次のように述べている。「秀吉の尽力により、今年の春には公方様（義昭）が帰京できそうだ」というのである（『上井覚兼日記』同一四日条）。かつて義昭は秀吉のライバル・柴田勝家と手を組んだ。にもかかわらず、秀吉はここで義昭に近づき、その帰京に手を貸そうとしていたのだ。なぜだろうか。

これはおそらく、秀吉が反秀吉派との対立が深まる中で、義昭の存在を警戒したからだろう。かつて柴田勝家は義昭に接近し、義昭を通じて上杉や毛利らを味方に引き込もうとした。さすれば、家康ら反秀吉派もまた同じような挙に出るかもしれない。

前にも述べたように、義昭は上杉氏をはじめ多くの大名たちと幅広い人脈《ネットワーク》を有していた。そして、この人脈を使って大名間の仲介を担ったり、大名の代弁者となったりして、大名間外交交渉の「きっかけ」を提供する能力を保持していた。また、こうした能力を使ってこれまで毛利氏にしばしば貢献し、それゆえ毛利氏に対して（絶対的ではむろんないが）一定の影響力を有していた（→第九章2）。当時の秀吉にとってこのような義昭は、なお不測の事態を引き起こしかねない危険な存在だったに違いない。そこで秀吉は義昭を帰京させ、これを掌中《しょうちゅう》に収めておこうとしたのではないか。

だが、義昭の帰京は結局、今回も実現しなかった。義昭はすぐに帰京できるものと考えていたらしく、侍臣を京都に先発させるなど、帰京の準備を進めていた。もとより、毛利氏も義昭の帰京を容認していた。天正一二年九月には、義昭の上使と毛利氏の使僧とが、親交のあった島津氏に義昭の帰京を知らせるべく、揃って薩摩に向けて出発している（『大日本史料』天正一三年正月二四日、四月二六日条）。ところが、義昭の帰京は果たされなかった。

おそらくこれは、反秀吉派がこの頃、秀吉によって解体せしめられたからだろう。反秀吉派の領袖というべき徳川家康は、小牧《こまき》・長久手《ながくて》の戦いで秀吉軍に善戦した（天正一二年四月）。しかし、ついに秀吉に屈した。すなわち、家康は天正一二年一二月に秀吉と和睦し、子息（後の結城秀康《ゆうきひでやす》）を秀吉のもとに差し出したのだ。事実上の降伏である。こうして、秀吉は最大の政敵・家康を一応麾下《きか》に下すことに成功した（『多聞院日記』同二二・二六日条ほか）。

それゆえ、家康らが義昭を使って反秀吉の味方を増やす、という可能性はゼロになった。その結果、秀吉にとって義昭は脅威でなくなった。そうなると、義昭を掌中に収めておく必要もなくなる。むしろ、いまだ「天下人」の地位を完全に固めていない当時の秀吉にとって、かつて「武家の王」だった義昭を帰京させ、身近に置くことは危険ですらあったかもしれない。

こうしたことから、秀吉は義昭の帰京に前向きでなくなってしまった。この結果、義昭はこのあとも、毛利領国の鞆《とも》で逼塞し続けることになった。彼はこのまま鞆で枯死し、歴史の闇の中に消え去る運命であるかに見えた。

義昭の政治的価値

ところで、柴田勝家や秀吉が本能寺の変後、義昭に接近していた、という事実を、私たちは改めて注目しておく必要がある。柴田も秀吉も当代一流の英雄である。その彼らが義昭に接近していた、ということは、義昭がこの時点でもなお政治的に利用しうる存在であり、無視しえなかったことを物語っている。義昭は忘れられた存在などでは決してなかったのだ。

してみると、ここで考えたくなるのが、明智光秀も本能寺の変直後に敗滅していなければ、やはり義昭に接近していたのではないか、ということであろう。今日、本能寺の変をめぐってはさまざまな見解が示されている。そしてその中には、明智と義昭との連携を指摘する説もある（藤田達生：二〇一八年など）。この説には反対する論者もいるのだが、柴田や秀吉の挙動を考えたならば、今後十分に検討に値するといえよう。

ただしここで強調しておかなくてはならないのは、義昭の政治的な価値は一定ではなかった、ということである。彼の価値は周囲の政治情勢によって左右され、いわば可変的であった。すなわち、戦雲が湧き上がり、大名たちの間でさまざまな外交交渉がなされるようになれば、義昭の価値は上昇する。なぜならば、彼には大名間交渉の「きっかけ」を提供しうる能力などがあったからである。

しかし、戦雲が消え、政情が安定すればその価値は縮減せざるをえない。秀吉が義昭の帰京に消極的になったのも、こうした事情が多分に関係していたといえる。秀吉にとって家康を麾下に収めた今、義昭の利用価値はあまりなかったのだ。だが、政情が再び蕩揺《とうよう》してくれば、義昭の政治的価値はまた上昇してくることになろう。そしてこのあと、そうした事態が惹起《じゃっき》しつつあった。戦雲が再び湧き上がってきたのだ。その場所は九州である。

戦雲湧き上がる九州

秀吉は家康をその麾下に加えると、次いで天正一三年（一五八五）六月に四国に派兵し、四国の雄・長宗我部《ちょうそかべ》氏をも降《くだ》した。そして、そのあと秀吉の眼は西の九州に向けられた。九州では、薩摩島津氏と豊後大友氏とが長らく覇権を争っていた。そして、この頃は島津氏が大友氏を次第に凌駕しつつあった。こうした状況を知った秀吉は、天正一三年八月頃から大友氏に肩入れし始めた。というのは秀吉にとって、島津が大友を滅ぼし、九州全域を席巻することは好ましくなかったからだ。九州にあまりにも巨大な大名が出現することは、秀吉の利益に反した。

そこで、秀吉は天正一三年一〇月、まずは島津以下九州の大名たちに「戦闘を停止せよ」と下命した。そのうえで島津氏に対し、大友領との境界を定めた秀吉の裁定案を下して「期限までに諾否を回答せよ。拒否すれば攻伐する」と申し渡した。だが、この裁定案は大友に有利、島津には不利な内容であった。したがって、島津がこれを拒否するかもしれなかった。そうなると、秀吉による島津攻伐が開始されることになろう。こうして、九州ではにわかに戦雲が湧き上がってきた――

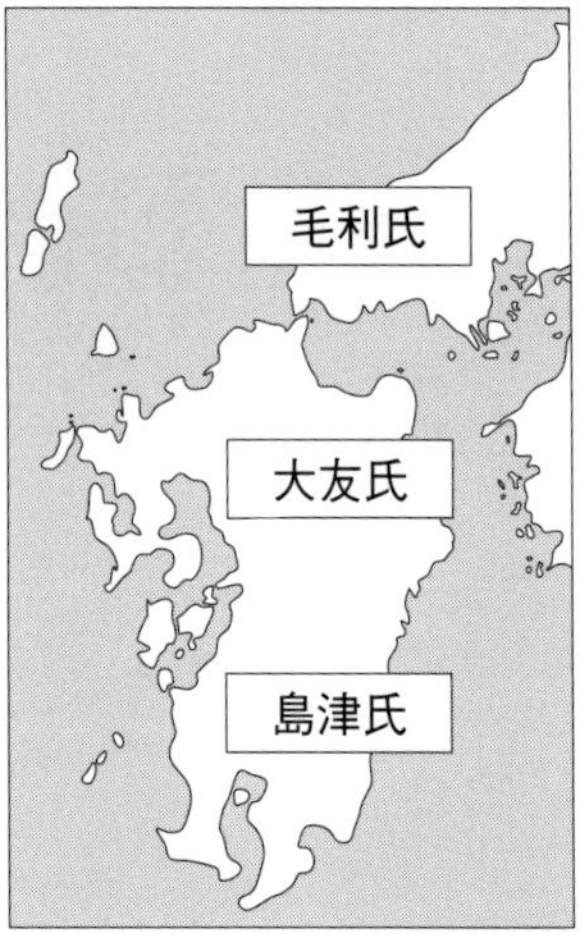

地図12　毛利氏はかつて島津氏と連携し，宿敵・大友氏を攻めたことがあった。

だが、秀吉には島津攻伐にあたって懸念があった。島津を討ち、大友を支援するには、西日本最大の大名・毛利氏の協力が欠かせない。すなわち、毛利が九州において大友ときちんと連携し合う、ということが、なによりも重要であったのだ。ちなみに毛利も大友も、この頃はすでに秀吉麾下の大名となっていた。しかし大きな問題があった。というのは、この二大名は険悪な関係にあったのだ。

そもそも、毛利にとって大友氏は長い間、宿敵であった。北九州の支配権をめぐり、これまで何度となく干戈《かんか》を交えてきたからである。したがって、毛利としては大友ではなく、島津のほうに味方したいくらいだったろう。毛利にとって、島津はこれまで共通の敵・大友と戦ってきた友邦であり、ずっと交誼《こうぎ》を結んできたからだ。

この頃の毛利と大友がいかに険悪だったか、ということを示唆する事例を示そう。先に述べたように、秀吉は天正一三年一〇月、九州に関係する大名たちに停戦を命じた。その約一カ月後の一一月、いまだ毛利のもとにあった義昭は、島津義弘（島津氏当主・義久の弟）に対し、「義」の偏諱《へんき》（＝名前の一字）を授けた。その際、義昭は次のような指示を島津義弘に与えている。「もし毛利が大友領に出勢した際には、お前は兄の島津義久に対し、（毛利と）相談するようにと助言せよ」というのだ。これは、毛利が大友を攻めるようなことになった場合には島津はこれに協力せよ、という意味だろう（「島津家文書」ほか、『大日本史料』天正一三年一一月一八日条所収）。この義昭の指示は、おそらく彼を擁佑《ようゆう》する毛利側の意向を反映したものだろう。毛利氏は秀吉から九州停戦令が出されていたにもかかわらず、大友を討つ可能性をいまだ排除してはいなかったのだ。

こうした事態に秀吉は懸念した。これでは島津攻伐に踏み切ることはできない。そこで、秀吉は侍臣を遣わして毛利と大友とを和解させようと図った。天正一三年一二月頃のことである。さらに毛利に対し、「大友とよく談合せよ」と説諭したりした。この結果、天正一四年（一五八六）半ばになって、毛利と大友はようやく和解におよんだ。これを見て秀吉は一安を得た。こうした中、島津側から期限が過ぎても、秀吉の裁定案を受諾する表明がなされなかった。そこで、秀吉はついに島津氏攻伐を決定するに至った。天正一四年七月頃のことであった（尾下成敏：二〇一〇年）。

さて、こうして島津攻伐の火蓋が切られた。秀吉軍は陸続と九州に上陸した。しかし、秀吉にとって島津は難敵である。島津兵は剄強《けいきょう》であったからだ。実際、秀吉軍の先鋒隊は、島津の剄兵《けいへい》に痛撃され、九州で敗績におよんでいた。天正一四年一二月のことである。このあと秀吉自身の出陣も予定されていたが、島津勢に思わぬ苦戦を強いられるかもしれなかった。

するとここで義昭がにわかに動いた――

義昭は島津のもとに侍臣を遣わした。そして島津に対し、「秀吉軍が島津領に殺到していると聞いた。実に心配している。ついては、自分が秀吉との和睦を周旋《しゅうせん》してやってもよい。是非これを承知せよ」と伝えた。天正一四年一二月のことである（『島津家文書』一〇四〜六号）。

義昭最後の一手

この義昭による和睦勧告も、毛利方の意向を受けてのことだったろう。この頃、毛利勢は秀吉軍の主力として北九州に上陸し、大友を支援して島津と交戦していた。しかし、先にも述べたように毛利にとって島津は友邦である。したがって、本音では島津との全面闘争は好むところではなかったに違いない。とはいえ、今や毛利は島津と敵・味方に別れてしまった。それゆえ、毛利が島津に直接、秀吉に和を乞えとはいえない。そこで、毛利は義昭に代弁を頼んだのだろう。すなわち、義昭を通じて島津に対し、秀吉と和睦せよという毛利側の意望を伝えてもらったのだ。

また、この義昭による和睦要請には秀吉も関与していた。というのは、義昭は島津側に「羽柴秀長（秀吉の弟）の存念を伝えよう」と申していたからだ（『島津家文書』一〇七号）。ここからは、義昭が秀長と連携し合っていたことを知ることができよう。義昭の背後には、実は秀長、そしてその兄である秀吉がいたのだ。でも、なぜ秀吉側は島津との和睦を望んだのか。

秀吉の「天下人」の地位は、まだまだ盤石ではなかった。それゆえ、秀吉としてはここで島津を圧倒し、自分の武威を内外に見せつけて「秀吉は勝ち馬だ」ということを諸大名や世間に改めて痛感させなくてはならない。そしてそれには、島津が秀吉に恐懼《きょうく》し、自分から進んで秀吉に降を乞う、といった形になることが最も望ましい。

そこで、秀吉は義昭を利用しようと思い立ったのではないか。というのは、島津はこの時点でも義昭と親交があり、彼をなお主君として敬仰《けいぎょう》していたからである。むろん、だからといって島津が義昭の上意をすべて採用するわけではなかったが、義昭から勧告してもらえれば島津も傾聴し、降伏を考慮するのではないか――秀吉はそう判断して、義昭に要請したのではないだろうか。

これまでもたびたび指摘してきたように、戦国時代の足利将軍は、その人脈《ネットワーク》を生かして大名間外交交渉の「きっかけ」を提供する能力を有していた。この能力ゆえに、多くの大名たちは戦国期に至っても将軍と交誼を結んだ。信長も、毛利氏も、さらに柴田勝家も同じ理由から義昭に近づいた。そして、秀吉もまた島津との和平交渉の「きっかけ」を得るべく、義昭に近づいたのだ。

こうして、義昭は秀吉からの要請を受けて動いた。秀吉に協力したわけである。これを知った秀吉は、義昭の協力を嘉《よみ》したのか、このあと義昭にとくに面謁《めんえつ》を許した。時に天正一五年（一五八七）三月のことであった。

秀吉に謁を賜う

秀吉は島津攻伐のため、天正一五年三月一日、大兵を引率して大坂を出陣し、島津の本拠・南九州を目指した。その途次、備後国赤坂（広島県福山市）というところに立ち寄ると、ここに義昭を召したのだ。赤坂は義昭の起居する鞆《とも》（同福山市）から近かった。義昭は秀吉からの召命を受け、その軍営に参上した。そして秀吉と贈り物を交換し、親しく酒を酌み交わしたという（九州史料叢書『九州御動座記』同年三月一一日条）。

義昭と秀吉はいつ以来の対面だったのだろうか。天正元年（一五七三）末、義昭は信長と対立し、京都を追放されて堺に滞在していた。そして、信長側と帰京をめぐって交渉をしていた。その際、信長側の交渉担当だったのが秀吉であった。当時、秀吉はまだ信長属将の一人に過ぎなかったが、義昭との交渉に強硬姿勢で臨んだ。その結果、交渉はたちまち決裂した。それゆえ、義昭は帰京を果たせなくなり、これ以降、長い地方生活を余儀なくされることになったのだ（↓第七章4）。

この時、義昭と秀吉が直接面談した可能性はある。そうだとすれば、一五年ぶりの対面ということになろう。だが、両者の立場は大きく変転していた。もはや信長はこの世にはいない。そして、秀吉は今や「天下人」の地位を固めつつある英雄になっていた。官位も関白太政大臣・従一位である。義昭より数段上であった。義昭はこの秀吉に謁を賜い、何を思ったであろうか。

もっとも、義昭は卑屈になっていたわけではない。この頃、キリスト教の宣教師コエリュが義昭を訪問したことがあった。その際、義昭は次のように述べたという。「自分が当初の将軍職に復帰した暁には、当日本六十六カ国のすべてにおいて、デウスの教え（＝キリスト教）以外にはいかなる教えも説いてはならぬと厳命するであろう」というのだ（フロイス『日本史』第一五章（第二部九六章））。

義昭はいまだ足利将軍家再興の企望を捨て去ってはいなかった。もとより、将軍家の零落は明らかである。もはや頽勢《たいせい》を挽回する策は皆無といってよい。しかし、俗に「一寸策は闇」という。今後、何が起こるかは誰にも分からない。ひょっとしたら義昭に回天の好機が訪れるかもしれない。であるならば、その時に備え、準備しておくのが武将としての嗜《たしな》みというものだろう。幸運は準備された心に宿る、のだから――

さて、秀吉の島津攻伐は天正一五年五月、島津氏が秀吉に降を乞うたことで終結した。秀吉にとっては大成功だったといえよう。この勝利に、義昭の和睦勧告がどの程度貢献したのかは不明である。しかし、秀吉は義昭に「功あり」と認めた。そして、秀吉はこのあと義昭の帰京を認める決断を下した。毛利氏に対し、義昭帰京の際に使う船を調達せよと命じたのだ。これはきっと、島津攻伐に協力した義昭への功賞ということだろう（『小早川家文書』五三三号）。

興福寺の大乗院跡（奈良市高畑町）
写真は復元された大乗院庭園。

また、この直後に義昭の子息・義尋《ぎじん》が、奈良の大寺・興福寺大乗院《だいじょういん》門跡になることが決まった。天正一五年八月のことである。義尋は、父・義昭が信長に敗れて京都を追放された際に、人質として信長に差し出された（↓第七章4）。その時は二歳の幼童だったが、今や一六歳の青年になっていた。こうして、義尋は天正一五年八月二八日に奈良に下って大乗院に入り、次いで得度《とくど》（＝僧侶になる）した（『多聞院日記』同日条）。

この義尋の大乗院入室には、秀吉の意思があったと見るべきだろう。秀吉は島津攻伐に協力してくれた義昭への功賞として、義昭の意向に従ってその子息・義尋を優遇したのだと考えたい。そしてこうした中、いよいよ義昭の帰京が近づいていった。

この頃、義昭は外護者である毛利に願い、鞆から内陸の津之郷《つのごう》（広島県福山市）に居を移していたようだ（『吉川家文書』五〇一号ほか。なお時期は不明だが、鞆に近い山田常国寺を御座所にしていたこともあった。「常国寺文書」二号、『広島県史』古代中世資料編Ⅳ、八八三頁）。その義昭御座所を珍客が来訪した。旧臣・細川藤孝（幽斎《ゆうさい》）である。天正一五年七月のことであった。

藤孝は島津攻伐から凱旋する秀吉を出迎えようと、この少し前に領地のある丹後から西に向かった。そして、秀吉に面謁して戦勝の慶賀を献じると、各地を遊覧しながら戻った。その途次、義昭の御座所を訪問したのだ。藤孝は、帰京が間近になった義昭に賀辞を述べるために参上したのかもしれない。かつて藤孝は義昭から離反し、信長に与同した。しかし、わざわざ義昭のもとを訪ねて慰問していることから考えて、もはや過去の一事から来るわだかまりは、藤孝にも義昭にもなかったのだろう（群書類従第一八輯『九州道の記』）。

武将の血が騒ぐ

そして、この直後の天正一五年一〇月頃、義昭は毛利兵に護衛されながらついに帰京した。実に一五年ぶりの京都だった（『小早川家文書』二四五号）。次いで一二月には大坂に祗候し、秀吉に臣従した（『多聞院日記』同二二日条）。秀吉は義昭に一万石の所領を授け、これを麾下《きか》に収めた。

こうして、義昭は秀吉の臣下となった。彼は五一歳となっていた。このあと、義昭は秀吉に厚遇された。天正一六年（一五八八）正月一三日には秀吉と一緒に参内し、秀吉の奏請によって天皇から「准三宮《じゅさんぐう》」（＝天皇の后妃などに準じる身位）の位を賜与された（『御湯殿上日記』同日条、『公卿補任』天正一六年条）。さらに、秀吉からは徳川や毛利、上杉といった錚々たる大大名より上位の席次を与えられた。

だが、義昭が政治の表舞台に立つことは、もはやなかった。彼は出家して「昌山《しょうざん》」と号し、以後、一〇年ほどの余生を静かに送った。後継者も定めなかった。義昭には子息・義尋がいた。しかし、この子息は僧侶（興福寺大乗院門跡）となっていた。したがって、義昭は足利の家を保つためには義尋を還俗《げんぞく》（＝僧から俗人に戻すこと）させるか、誰かを養嗣子とせねばならない。だが、義昭はそうした措置を取らなかった。なぜだろうか。

秀吉の意思だったとは思えない。秀吉は今や天下の政柄《せいへい》を握り、権勢並ぶ者ない身となっている。その彼が、すっかり凋落《ちょうらく》した足利旧将軍家の後継問題に関心があったとは思えない。さすれば、嗣《し》君《くん》を最後までついに定めなかったのは、おそらく義昭の意望だったのだろう。足利は「武家の王」であるべきで、その王座から顚落《てんらく》してしまった以上、足利の家は自分の代で終焉とすべきだ――義昭はそのように考えていたのではあるまいか。

もっとも、彼は枯れ果ててしまったわけではない。時には血が騒いだようだ。

天正二〇年（文禄《ぶんろく》元年。一五九二年）三月二六日、秀吉は「文禄の役《えき》」（第一次朝鮮出兵）を指揮すべく京都を出陣し、九州へ向かった。この時、義昭もまた秀吉に随従し、出陣することになった。そこで、彼は数日前に京都に入り、相国寺鹿苑院《ろくおんいん》に止宿して武具などを揃えて出陣の用意をした。その際、鹿苑院の門前には兵たちの甲冑が日に映え、旌旗《せいき》が風に翻り、その威容はこれを見た者をして「騎卒《きそつ》戦袍《せんぽう》（の）光彩、目を奪う」と感心させるほどであったという。どうやら義昭は晴れの出陣を前にして、できうるかぎりの準備をしていたようだ。きっと、武将としての血が騒いだのだろう（『鹿苑日録』同年三月二〇～二六日条）。

慶長二年（一五九七）八月、義昭は病に倒れた。

そして、その後病床を払うことができず、八月二八日についに薨《こう》じた。享年、六一歳であった。父や兄と同じく、武将としてふさわしい、まさに戦いの生涯であった。

エピローグ——義昭はなぜ回天の望みを果たせなかったのか

義昭は愚将だったか

足利義昭は前半生を僧侶として過ごした。奈良の興福寺にあって、僧侶として平穏に暮らしていた。しかし、彼は兄・義輝の横死によっていきなり権力闘争の荒波に放り込まれることになった。そして、将軍家を再興するという使命を担うことになった。

義昭はこの使命を果たすべく奮闘した。多くの大名たちに書状を下し、あるいは侍臣を遣わして協力を求めた。信長が接近してくるとこれに応じ、信長のもとに趨走《すうそう》した。そして、信長と手を組んで政敵を摧破《さいは》し、上洛を果たして一五代将軍の栄位を得た。その後、信長と対立して京都を追放されたが、諦めずに衰運を挽回せんとした。そして、危険も顧みずに西国の雄・毛利氏のもとに駆け込み、たちまち信長包囲網を作り上げて信長を苦悶させた。完成目前だった信長の「帝国」は、義昭の死中に活を求める行動により、ついに攪乱《こうらん》することになったのだ。

しかし、義昭は回天の望みを果たしえなかった。この結末ゆえに、義昭を「愚将だ」といって冷笑する者がいる。信長に挑戦した義昭の行動は、所詮は蟷螂《とうろう》の斧に過ぎず、無駄な努力だった、と揶揄《やゆ》する者も今日、少なくない。

しかし、はたしてそうだろうか。たしかに、信長に挑んだことは無謀だったかもしれない。信長に逆らわず、これに順服していれば、ひょっとしたら義昭は一〇万石くらいの所領を有する中堅大名として生き残れたかもしれない。だが、難敵であっても容易《たやす》くは屈従せず、果敢に立ち向かっていく——これもまた、武将としての「生きざま」ではないのか。不屈の精神を持ち、いかなる艱難辛苦があろうとも諦めずに挑戦《チャレンジ》し続け、勝てばよし、負けてもまた本望、ということこそ、武門の将というのではないのか。

そうだとすれば、義昭もまた彼の父祖たちと同じように、武門の将だったといえるだろう。

なぜ再興しなかったか

足利将軍家はこれまで何度となく滅亡の危機に遭遇した。しかしその都度、強靭な生命力を発揮して再興した。だが、義昭の代に至ってついに凋落し、再興することはなかった。どうしてだろうか。

こうなった最大の理由は、義昭が信長封じ込めに失敗したことにあるだろう。義昭は反信長を標榜する大名たちと手を組み、信長を封じ込めようと画策した。だが、義昭ら反信長派は十分な団結を保つことができなかった。それゆえ、強大な「力」（＝軍事力とそれを支える経済力など）を持つ信長政権が生まれることになり、次いでこれを継承した秀吉の政権が出現し、大名たちを次々に服属させていった。この結果、さしもの義昭も刀折れ、矢尽き、ついに最後は秀吉政権の一従臣として寂寥の中で生涯を終えることになったのだ。

しかし、足利将軍家が再興しなかったのは、義昭が信長の封じ込めに成功せず、信長に「力」の面で凌駕されたことだけが原因だったわけではない。では、他に何があったのだろうか。

「利益」で凌駕される

序章でも論じたように、戦国社会（＝〈天下〉の次元）は「力」の強弱が政治を左右するという、「力」の論理がモノをいうだけの世界ではなかった。「損か得か」ということもまた政治に大きな影響を及ぼす、「利益」の論理が働く世界でもあった。したがって「力」が乏しくても、他者に利益を与えることのできる者は、他者に対して影響力を有し、結果として一定の政治的役割を担いえた。そして、そうした者の代表が足利将軍であった。

将軍は「力」は乏しかったが、大名たちにさまざまな便益を供与しうる存在であった。とりわけ大名たちにとって将軍は、対大名外交を円滑に遂行していくうえで有用な存在であった。それゆえ、大名たちは将軍を利用した。そして、将軍との関係が安定するのを志望し、一定の制限のもとではあったものの、将軍を支え、上意を尊重する姿勢を取り続けた。その結果、将軍家は幾度も危機に瀕しながら、その都度、大名たちの支援を受けて再起したのである。

ところが、信長や秀吉は足利将軍以上の便益を大名たちに供与していった。すなわち、彼らは大名たちが服属してくれれば、原則としてその所領を安堵してやった。また、とりわけ秀吉は、強制力を伴う裁定を下すことで大名間での紛争を解決に導いていった。この結果、大名たちは強力な軍事力を持つ秀吉によって、領土を安定的に保ちうるようになったうえ、近隣の大名との間で紛争が惹起《じゃっき》した場合、足利将軍と違って強制力を有する裁定を下しうる秀吉により、その問題解決を図ることも期待できるようになった。

こうしたことは、大名たちにとって大きな便益であったといえよう。そもそも、これまで大名たちは、自分の力量だけで領土保有や近隣大名との紛争解決を図らねばならなかった。それゆえ、彼らは多大な精力を費消する臨戦態勢を常に強いられてきた。しかし、秀吉の登場によって大名たちは、従前までのこうした臨戦態勢に伴う過重な負担からとりあえずは解放されることになったからである。

もちろん、大名たちはその代わり、秀吉から課された軍役《ぐんやく》（＝秀吉への軍事的奉仕）などを十全に果たさなくてはならなかった。だがこういった軍役も、大名たちにとっては負担となる一方で、彼らが領内を把握する契機となるなど、利益をもたらすこともあった。

このように、秀吉は大名たちに実効性のある領土保有の保証や紛争裁定、領内把握の契機といった、さまざまな便益をもたらしていった。こういった便益は、軍事力の乏しかった足利将軍がこれまで大名たちに与えられなかったものであった。それゆえ、大名たちは足利よりも秀吉のほうに靡《なび》くようになった。この結果、義昭は大名から必要とされなくなり、将軍家再興の夢を果たしえなくなったといえよう。もっとも、将軍家再興が実現しなかったのは、これだけが理由だったわけでもない。

「価値」でも凌駕される

戦国社会は「力」や「利益」の論理だけがモノをいう世界ではなく、社会の価値観や規範・世論・信条といったものが政治のあり方に大きな影響を及ぼすという、「価値」の論理が働く世界でもあった（→序章）。したがって、社会の価値観や世論に反した行動を取れば、世間をたちまち敵に回し、大きな不利益を受けることになった。つまり、いかに強豪大名であっても、何でも自由に振る舞えたというわけではなかったのだ。

それゆえ、大名たちは足利将軍に対してもあからさまに逆意を示す行動は取りにくかった。なぜならば、戦国社会には「主従関係は重要」という価値観がなお色濃く残っており、そして足利将軍は、世間からなお「天下諸侍の御主」として敬仰《けいぎょう》されていたからである。さすればこうしたこともまた、将軍家がすぐには殄滅《てんめつ》せず、戦国時代百年にわたってしぶとく存続しえた一因だったといえよう。

しかし、信長や秀吉はこうした従来の「足利＝天下諸侍の御主」という価値観にも攻撃を加えた。たとえば、信長は義昭と対立すると、その非違なるものを一七カ条にわたって公表し、これによって義昭がいかに陋劣《ろうれつ》な人物であるか、すなわち、「天下諸侍の御主」としていかに不適格であるかを世間に示した（→第七章2）。また、信長は朝廷（天皇）に接近し、これを擁立することで義昭を相対化した。すなわち、天皇を持ち出すことで、義昭だけが特別な存在ではないことを示したのだ。

さらに、信長は高いランクの官位を手に入れた。天正三年（一五七五）には義昭と同じ権大納言《ごんのだいなごん》（兼・右近衛権大将）となり、天正四年には義昭を超えて内大臣、天正五年には右大臣になった。こうした官位は、それを得たからといって何か新たな権限を入手できたわけではなかったが、これまで縷《る》説《せつ》してきたように、社会的なステイタスを示す「ものさし」として世間からなお認知されていた。したがって、信長が義昭を遙かに凌駕するような高位を得たことは、信長が義昭と同格以上の存在であり、義昭はもはや「天下諸侍の御主」として唯一特別な存在ではない、ということを内外に改めて示すことになっただろう。

さらに、信長の跡を継いだ秀吉は、大坂に参礼してきた義昭を受け入れてこれを臣下とした。そして、義昭を准三宮とし、有力大名以上の高い礼遇を彼に与えた。だが、それはあくまで秀吉が主君、義昭はその従臣としてのものであった。こうすることで秀吉は、もはや足利は豊臣の「下」である、ということを世間に示したのである。

そのうえ、秀吉は大名たちを新たに序列化《ランキング》し、その頂点に秀吉が立つことで、秀吉こそが「天下諸侍の御主」であることを大名以下の世間に示した。また、秀吉は天皇を効果的に使った。すなわち秀吉は、天皇には日本全国の支配権があり、秀吉はその天皇からこの全国支配権を委ねられているのだから特別な存在なのだ、という論理を持ち出した。そして、これによって自らが別格であることを主張したのだ。さすればこうしたこともまた、足利を「天下諸侍の御主」として特別視してきた、これまでの世間の見方＝価値観を改変せしめることに役立ったに違いない。

以上のように、信長や秀吉は「力」で足利を圧倒しただけでなく、足利以上の利益を大名たちに供与し、足利が大名たちから必要とされなくなる状況を生み出していった。そのうえ、足利ではなく自らこそが「天下諸侍の御主」であることを世間に浸透させようとした。こういったことが奏功し、足利将軍家はついにその強靭な生命力を失うことになったのだろう。つまり、足利は信長や秀吉によって「力」で凌駕されただけでなく、「利益」や「価値」においてもまた凌駕されていったわけである（山田康弘：二〇一八年）。その結果、義昭が薨《こう》じた時、

近年、将軍の号、蔑《ないがし》ろなり。有名無実、いよいよもって相果《あいは》ておわんぬ。

といわれるまでになってしまった。
足利将軍家はここに至り、まったく滅亡したのである。

主要参考文献

※紙幅の都合上、本書執筆に直接関わるもののみに限定した。なお、副題は原則として省略した。

史料集・記録類

『大館常興日記』(増補続史料大成、臨川書店)
『蜷川親俊日記』(増補続史料大成、臨川書店)
『蜷川家文書』(『大日本古文書』家わけ二一)
『室町幕府引付史料集成』(桑山浩然校訂、近藤出版社)
『室町幕府文書集成・奉行人奉書編』(今谷明・高橋康夫編、思文閣出版)
＊右の五つは、戦国後期の足利将軍を知るために不可欠な基本史料である。
『言継卿記』(続群書類従完成会)
『天文日記』(真宗史料刊行会編『大系真宗史料』文書記録編、法藏館)
＊右の二つは、公家・山科言継と本願寺宗主・証如の日記である。戦国後期の将軍に関する記述が多い。
『大日本史料』第十編
＊義昭・信長に関する基本史料が網羅され、整理して掲載されている。

書籍

池上裕子『織田信長』（吉川弘文館、二〇一二）
大石学『徳川吉宗』（教育出版、二〇〇一）
笠谷和比古『近世武家社会の政治構造』（吉川弘文館、一九九三）
金子拓『織田信長・不器用すぎた天下人』（河出書房新社、二〇一七）
鴨川達夫『武田信玄と勝頼』（岩波書店、二〇〇七）
神田千里『織田信長』（筑摩書房、二〇一四）
木下聡『中世武家官位の研究』（吉川弘文館、二〇一一）
桐野作人『織田信長』（新人物往来社、二〇一一）
コリン・グレイ、ジェームズ・ウィルツ、ジョン・ベイリス『戦略論』（石津朋之監訳。勁草書房、二〇一二）
黒田基樹『戦国大名』（平凡社、二〇一四）
小島道裕『信長とは何か』（講談社、二〇〇六）
佐藤進一『日本中世史論集』（岩波書店、一九九〇）
清水克行『室町社会の騒擾と秩序』（吉川弘文館、二〇〇四）
戦国史研究会『織田権力の領域支配』（岩田書院、二〇一一）
高木昭作『将軍権力と天皇』（青木書店、二〇〇三）
谷口克広『信長の親衛隊』（中央公論社、一九九八）
西島太郎『戦国期室町幕府と在地領主』（八木書店、二〇〇六）
羽田正『新しい世界史へ』（岩波書店、二〇一一）
＊「研究の細分化」が進む歴史学を再生させよう、という意欲的な著作。議論は「世界史」が中心だが、やは

り「細分化」が進み、全体像を見失って漂流しつつある日本史学を考えるうえでもおおいに参考になる。
浜口誠至『在京大名細川京兆家の政治史的研究』(思文閣出版、二〇一四)
藤田達生『織田信長』(山川出版社、二〇一八)
マキャベリ『君主論』(佐々木毅訳。講談社、二〇〇四)
＊知の巨人による名著。戦国政治を考えるうえで多くの示唆に富む。
ジョン・ミアシャイマー『大国政治の悲劇』(奥山真司訳。五月書房、二〇〇七)。
＊現実主義の立場に立つ国際政治学者による著書。「力」の論理を考えるうえで示唆を与えてくれる。
山口啓二『幕藩制成立史の研究』(校倉書房、一九七四)
山田邦明『戦国のコミュニケーション』(吉川弘文館、二〇〇二)
山田邦明他『日本軍事史』(吉川弘文館、二〇〇六)
山本博文『武士と世間』(中央公論新社、二〇〇三)
山家浩樹『足利尊氏と足利直義』(山川出版社、二〇一八)
山田康弘『戦国期室町幕府と将軍』(吉川弘文館、二〇〇〇)
同『戦国時代の足利将軍』(吉川弘文館、二〇一一)
同『足利義稙——戦国に生きた不屈の大将軍』(戎光祥出版、二〇一六)

論　文

天野忠幸「織田信長の上洛と三好氏の動向」(『日本歴史』八一五、二〇一六)
今岡典和「戦国期の地域権力と官途」(上横手雅敬監修『古代・中世の政治と文化』思文閣出版、一九九四)
尾下成敏「九州停戦命令をめぐる政治過程」(『史林』九三—一、二〇一〇)

金子拓「長篠の戦い後の織田信長と本願寺」(『白山史学』五三、二〇一七)
木下聡「「足利義昭入洛記」と織田信長の上洛について」(『禁裏・公家文庫研究』五、二〇一五)
木下昌規「戦国期足利将軍家の任官と天皇」(『日本歴史』七九三、二〇一四)
久保尚文「和田惟政関係文書について」(『京都市歴史資料館紀要』創刊号、一九八四)
黒田日出男「政治秩序と血」(黒田『歴史としての御伽草子』ぺりかん社、一九九六)
小谷量子「上杉本洛中洛外図屏風注文者　近衛氏の生涯」(『日本女子大学大学院文学研究科紀要』二三、二〇一六)
柴裕之「足利義昭の「天下再興」と織田信長」(戦国史研究会編『戦国期政治史論集　西国編』岩田書院、二〇一七)
同「織田・上杉開戦への過程と展開」(『戦国史研究』七五、二〇一八)
長谷川賢二「阿波足利氏の守札」(伏見稲荷大社社務所編『朱』四九、二〇〇六)
藤田達生「織田政権と謀叛」(『ヒストリア』二〇六、二〇〇七)
藤田達生「織田停戦令と派閥抗争」(藤田達生・福島克彦編『明智光秀・史料で読む戦国史』八木書店、二〇一五)
堀新「信長公記とその時代」(堀編『信長公記を読む』吉川弘文館、二〇〇九)
丸島和洋「武田・毛利同盟の成立過程と足利義昭の「甲相越三和」調停」(『武田氏研究』五三、二〇一六)
村井祐樹「幻の信長上洛作戦」(『古文書研究』七八、二〇一四)
森脇崇文「天正初期の備作地域情勢と毛利・織田氏」(『ヒストリア』二五四、二〇一六)
山本浩樹「織田・毛利戦争の地域的展開と政治動向」(川岡勉・古賀信幸編『西国の権力と戦乱』清文堂出版、二〇一〇)

山田康弘「戦国期本願寺の外交と戦争」（五味文彦・菊地大樹編『中世の寺院と都市・権力』山川出版社、二〇〇七）
同「戦国期幕府奉行人奉書と信長朱印状」（『古文書研究』六五、二〇〇八）
同「戦国期将軍の大名間和平調停」（阿部猛編『中世政治史の研究』日本史史料研究会、二〇一〇）
同「戦国政治と足利将軍」（藤田達生・福島克彦編『明智光秀・史料で読む戦国史』八木書店、二〇一五）
同「戦国期足利将軍存続の諸要因――「利益」・「力」・「価値」」（『日本史研究』六七二、二〇一八）

あとがき

伝記は年表ではない。伝記は、辞書でも史料集でもない。もとより、その人物をあとで調べようとする場合、年表や辞書であったほうが至便である。でも、それは伝記とはいわない。それは年表であり、辞書である。

では、伝記とは何か。

伝記とは、年表でも辞書でもない、何ものかである。この「何ものか」は伝記の作者によって異なる。私は、伝記に取り上げた人物の「生きざま」が描かれていることだと考える。そして、その人物や周辺の人たちが、なぜそのような行動を選択したのか、その「メカニズム（仕組み）」が書かれていることだと思う。

考えてみれば、そもそも、歴史学とはこうしたことを論じる学問であるはずだろう。歴史学とは、正確な年表をつくることではない。史料集を編《あ》むことでもない。歴史学の本質はそうしたことの先にある。歴史学とは、過去の人物の生きざまやその行動のメカニズムを論じ、そしてその成果を現代と比較することによって、過去だけでなく、私たちが生きている現代をよりよく知る――これこそが歴史学の本質である。

本書において、私は足利義輝・義昭という二人の人物の生きざまや、行動のメカニズムを語ろうとした。もとより、これらを文章にして語ることは困難な仕事であった。しかし、努力してきたつもりである。

この二人の生きざまやメカニズムが、本書によって少しでも読者諸賢に伝えられることを、私としては願ってやまない。

山田康弘

二〇一九年一二月一日

足利義輝・義昭年譜

和暦	西暦	義輝	義昭	関係事項	一般事項
天文 三	一五三四			6月義晴と御台所近衛氏が近江国桑実寺で結婚す。9月義晴が近江から七年ぶりに帰京し、南禅寺を御座所とす。	5月織田信長が生まれる。
五	一五三六	1		3月義輝が生まれる。幼名は菊幢丸。4月義輝が父・義晴と南禅寺門前御所に移る。8月父・義晴がマジナイのため、形式的に義輝に将軍家の家督を譲る。12月義輝が父と洛中の伊勢貞孝（政所頭人）邸に移る。	7月天文法華の乱。
六	一五三七	2	1	正月義輝が父・義晴とともに初めて参内す。11月弟・義昭が誕生す。	
八	一五三九	4	3	2月父・義晴が洛中に今出川御所を建設し始める。6月義晴御台近衛氏が息女（後の入江殿）を産む（『常興日記』）。	
一一	一五四二	7	6	11月義昭が興福寺一乗院の僧侶になるべく京都か	12月徳川家康が生まれる。

				ら奈良に下り、「覚慶」と称す。**12月**義輝が単独で参内す。以後、義輝がしばしば父・義晴に代わり、正月に参内して天皇に賀辞を献ず。
一二	一五四三	8	7	**4月**将軍家一門の足利義維が四国から京都をうかがう。
一四	一五四五	10	9	この頃、父・義晴が有力大名・細川晴元と次第に対立す。またこの年、弟の周暠が生まれる。
一五	一五四六	11	10	**9月**細川晴元が同族の氏綱に敗れて凋落す。よって義輝は父・義晴と東山・慈照寺へ移る。**12月**義輝が近江坂本で元服し、第13代将軍となる。初名は「義藤」。六角定頼が烏帽子親となる。またこの頃、義晴・義輝父子は細川晴元と訣別し、細川氏綱と結ぶ。
一六	一五四七	12	11	**正月**細川氏綱の宿将・細川国慶が義輝の逆鱗に触れ、京都を出奔す。**2月**足利義維が四国より京都を狙う。**3月**細川晴元が頽勢を挽回して京都に迫る。よって義晴・義輝父子は晴元を恐れ、北白川城に避難す。**7月**六角定頼が北白川城を包囲し、細川晴元との和解を義晴に強要す。その結果、義晴・義輝父子は坂本に下り、六角定頼の仲立ちで

一七	一五四八	13	12	細川晴元と和解す。11月足利義維が堺に上陸するも、12月に四国に撤退す。	
一八	一五四九	14	13	6月義晴・義輝父子が坂本から帰京す。3月義晴息女（義輝妹）が尼寺の名刹、京都・宝鏡寺に入室し、「理源」と号す（『鹿苑日録』）。6月細川晴元の宿将・三好長慶が同政長を討つ。よって政長を支持していた細川晴元は窮地に立たされる。その結果、義晴・義輝は細川晴元に伴われ、六角定頼を頼って京都から坂本に疎開す。12月頃父・義晴が坂本で病に苦悶す。	7月ザビエルが鹿児島に上陸す。
一九	一五五〇	15	14	2月義輝が慈照寺近くに築城す。3月義輝が坂本から近江穴太に移座す。4月義輝が北白川に城を築く。5月父・義晴が穴太で薨去す（40歳）。11月義輝が細川晴元の兵らとともに三好長慶と戦うも大敗し、京都から近江堅田に撤退す。以後、京都は三好長慶がこれを掌管す。	
二〇	一五五一	16	15	正月伊勢貞孝（政所頭人）が義輝を拉致しようとして失敗す。伊勢は京都に奔り、三好長慶と連携す。2月義輝が近江朽木に移座す。3月三好長慶が京都の伊勢貞孝邸で暗殺されかかる。12月六角	9月大内義隆が陶隆房に弑逆さる。

				定頼が死す。	
二一	一五五二	17	16	正月義輝が細川晴元と訣別し、三好長慶と和解して朽木から帰京す。10月この頃、細川晴元が頽勢を挽回し、義輝のいる京都に迫る。11月頃義輝が霊山城を築城し、晴元の攻勢に備える。	
二二	一五五三	18	17	正月義輝の一部近臣が細川晴元に通謀す。2月義輝が三好長慶と清水寺で会見し、連携を確認し合う。3月義輝が三好長慶と訣別し、霊山城に籠城す。7月義輝が細川晴元と連携し、三好長慶を攻伐せんとす。8月義輝が三好勢に大敗し、細川晴元と一緒に京都から近江に遁走す。10月三好長慶が四国の足利義維を京都に迎立せんとす。	
二三	一五五四	19	18	2月義輝が義藤から「義輝」に改名す。	8月本願寺証如が死に、顕如が継ぐ。
弘治 二	一五五六	21	20	4月義輝が越前朝倉氏と大坂本願寺・加賀衆との和平を仲介し、これを実現せしむ。この結果、朝倉勢に苦戦していた本願寺は危機を脱す。またこの年、義輝息女の総持寺殿が生まれる。	
三	一五五七	22	21	4月細川晴元息女が大坂本願寺宗主・顕如の夫人となる。これにより、義輝派と本願寺が連携し、	9月後奈良天皇が崩御す。次いで正親町天皇が践祚す。

和暦	西暦	齢	齢	事項	一般事項
永禄元	一五五八	23	22	3月義輝が朽木において三好打倒の兵を挙げる。6月義輝勢が京都に侵攻し、三好勢と激戦に及ぶ。次いで義輝は勝軍山城に籠城す。12月義輝が三好長慶と和解し、五年ぶりに帰京して二条法華堂を御座所とす。次いで義輝は母の姪にあたる近衛氏を御台所とす。	
二	一五五九	24	23	5月上杉謙信が上洛して義輝に謁し、篤い忠誠心を披歴す。この年、織田信長や斎藤義龍も上洛す。	
三	一五六〇	25	24	6月義輝が勘解由小路烏丸室町の新御所に移座す。	5月桶狭間の戦い。
五	一五六二	27	26	3月六角勢の京都侵攻で三好勢が大敗し、三好実休（長慶弟）が討死す。よって義輝は三好勢とともに京都を脱出す。一方、伊勢貞孝は義輝・三好に背叛す。4月義輝に嗣子が生まれる（『御湯殿上日記』。ただし早世す）。5月三好勢が京都を奪還し、次いで義輝も帰京す。9月伊勢貞孝が三好勢によって討死せしめらる。義輝は後任の政所頭人に近臣の摂津晴門を擢用す。	
六	一五六三	28	27	3月義輝息女・総持寺殿が三好方に人質に出される。8月三好義興（長慶嗣子）が死す（この前後、	

				三好一門を支える重鎮たちの死が相次ぐ）。
七	一五六四	29	28	正月義輝の愛妾・小侍従局が義輝息女を産む（『兼右卿記』）。5月頃武田室の姫君（若狭武田氏に嫁いだ義晴息女か）が在京す（『言継卿記』）。この年、安宅冬康（長慶弟）が死に、次いで三好長慶が死す。三好一門の惣領には若年の三好義継（長慶甥）が就く。
八	一五六五	30	29	4月小侍従局が義輝息女を産む（『言継卿記』）。5月義輝が三好義継らに将軍御所を襲撃され、討死す。義輝生母の慶寿院（義晴御台所近衛氏）・弟の周暠も死す。7月義昭（覚慶）が奈良を脱出して近江和田に移座し、打倒三好の兵を挙げる。11月三好一門が内訌によって分裂す。12月義昭が和田から近江矢島に移座す。
九	一五六六		30	2月義昭が矢島で還俗し、「義秋」と名のる（後に「義昭」に改名）。3月義昭が信長と美濃斎藤氏との和平を周旋す。4月義昭が左馬頭に任官す。8月義昭が矢島から若狭を経て越前敦賀に遁走し、越前朝倉氏を頼る。9月阿波の足利義栄が摂津に上陸し、次いで摂津富田を本営とす。

一〇	一五六七	31	**正月**足利義栄が左馬頭に任官す。**2月**三好一門が内訌によって再び分裂す。**夏頃**信長が美濃一国を平定す。	**10月**東大寺大仏殿が戦火で焼失す。
一一	一五六八	32	**正月**これ以前に義昭が朝倉氏の本拠・一乗谷に入る。**2月**足利義栄が摂津富田で第14代将軍となる。**7月**義昭が信長の招聘を受け、越前から美濃岐阜に移る。**9月**信長が京都を制覇せんとし、軍旅を発す。その後、信長軍は六角勢を摧破し、次いで畿内各所における三好三人衆の城塞を攻略す。その結果、義昭が摂津芥川城（三好三人衆の拠点）に入城す。なおこの頃、将軍義栄が病死したという。**10月**信長軍が畿内を席巻し、義昭は芥川から入京す。次いで義昭が第15代将軍となる。その後、信長が義昭を京都に残し、帰国の途につく。	**12月**武田信玄が今川領国の駿河に侵攻す。
一二	一五六九	33	**正月**三好三人衆が京都の本国寺にいた義昭を襲うも、撃退さる。その後、義昭・信長が「殿中掟」を制定・布達す。次いで信長が京都に新たな将軍御所を建設し始める。この頃、信長は周辺に「勝ち馬」をアピールし、信長へのバンドワゴニング（連衡）を促さんとす。**3月**義昭妹の宝鏡寺殿新	

元亀 元	一五七〇		34

御所（理源カ）が三好義継へ嫁ぐ。**4月**義昭が新将軍御所に入る。次いで信長が一時帰国す。その際、義昭と互いに落涙して別離を惜しむ。**10月**信長は伊勢北畠氏を攻伐して京都に凱旋するも、すぐに帰国す。

正月信長が義昭に「五カ条の条書」を突きつけ、苦情を申す。**4月**信長が越前朝倉氏を討つべく軍旅を発するが、浅井長政の背叛によって大敗す。次いで六角氏が浅井と連携して信長に挙兵す。**5月**信長は京都から近江に下り、六角と和睦せんとするもこれを果たせず。次いで信長は岐阜に撤退するも、途中、鉄砲で狙撃さる。**6月**信長軍が六角勢を摧破し、次いで朝倉・浅井を攻伐せんとす。その後、義昭が近江に出陣して信長を支援せんとするも、池田氏の内訌でこれを果たせず。次いで信長が「姉川の戦い」で朝倉・浅井軍に辛勝す。**7月**信長が義昭に姉川での捷報を届けるべく上洛するが、すぐに岐阜に帰国す。これを見て三好三人衆が畿内各地で跋扈す。**8月**義昭が三好三人衆を攻伐すべく、孤軍奮闘す。その後、信長が上洛

			し、次いで三好三人衆を討つべく軍旅を発す。義昭もまた出陣し、三人衆を討たんとす。一方、信長軍は諸士が雲集して大軍団となり、野田・福島の堡塁に籠城する三好三人衆を追い詰める。**9月**大坂本願寺（一向一揆）が三好三人衆に与同し、信長・義昭に反旗を翻す。本願寺はバランシング（合従）戦略を採り、三人衆・朝倉・浅井・六角らと連携して信長を封じ込めんとす。次いで近江坂本が朝倉らに攻められ、信長の宿将・森可成らが討死す。その後、義昭・信長が大坂から帰京し、次いで信長が近江に出陣す。**11月**信長が六角、次いで三好三人衆と和睦す。その後、朝倉・浅井・近江門徒らが近江堅田を襲い、信長宿将・坂井政尚を討死せしむ。**12月**義昭の周旋により、信長と朝倉ら反信長派が和睦す。
二	一五七一	35	**4月**義昭妹の入江殿が死す（『言継卿記』）。
三	一五七二	36	**8月**義昭の嗣子・義尋が生まれる。**10月**武田信玄が甲府を出陣し、徳川領国を侵す。これによって信長と武田信玄は断交す。信長は上杉謙信・徳川家康と連携し、武田信玄は朝倉・浅井・本願寺ら

			と手を組み、互いに厳しく対立し合う。12月武田軍が「三方原の戦い」で徳川軍を摧破するも、このあと朝倉軍が撤兵してしまう。信玄はこれを知って嚇怒す。	
天正　元	一五七三	37	2月義昭が反信長派となり、京都で挙兵す。これを知った信長は義昭に翻意を哀願す。次いで信長が「一七カ条の意見書」を世間に公表し、「義昭＝悪主」説を流布せしむ。3月信長が上洛して義昭を圧迫す。4月武田信玄が死す。信長は上京を焼き討ちにし、義昭をますます圧迫す。その後、信長が勅命をもって義昭を降し、次いで京都を発って近江に転戦す。7月義昭が再び信長に挙兵し、真木島城に籠城するも、信長軍に包囲さる。その後、義昭は信長に降り、次いで京都を追われる。その後、信長は義尋（義昭嗣子）を擁佑し、また朝廷に奏請して「天正」に改元せしむ。8月信長が朝倉氏を攻伐して越前一国を掌握し、次いで浅井氏を攻めてこれを討滅す。11月頃信長は義昭と和解せんとするが、交渉は決裂す。よって義昭は帰京を果たせず、紀伊の興国寺へ移座す。	11月三好義継が信長に討たれる。

二	一五七四		38	4月信長は上洛して大坂本願寺攻めの軍旅を発するも、武田氏の蠢動によってこれを断念す。またこの頃、越前国が本願寺門徒衆によって占拠さる。7月信長が伊勢長島に侵攻し、当地における本願寺門徒衆を惨殺す。	
三	一五七五		39	4月信長は大坂本願寺攻めに出陣するが、再び武田が東方で蠢動したことから岐阜に帰国す。5月信長が徳川と連携して東進し、「長篠の戦い」で武田軍を大破す。8月信長軍が越前になだれ込み、当地の門徒衆を摧破して越前一国を奪還す。10月信長が大坂本願寺を降す。11月信長が権大納言・右大将の官位を朝廷から授与され、官位では義昭に並ぶ。この年、信長は多くの宿敵を屈服せしめ、巨大な「帝国」を築き上げる。一方、義昭は紀伊にあって反信長の大名たちを翕合せんとするも、これを果たせず。	
四	一五七六		40	2月義昭が毛利領国の備後国鞆に下り、毛利氏に信長打倒を下命す。4月信長が上洛し、大坂本願寺攻伐の軍旅を発するが、宿将・原田直政の率いる先鋒隊が大敗す。それゆえ、信長は大坂を包囲	この頃、信長が安土城を築城す。

			し、本願寺を兵糧攻めにす。5月毛利氏が義昭の上意に応じ、信長と同盟していた上杉謙信も反信長に転じ、義昭に協力を約束す。この結果、毛利・武田・上杉・本願寺らが義昭を擁佑し、バランシング（合従）戦略を採って信長包囲網を形成するに至る。7月毛利・雑賀水軍が木津川の河口で信長水軍を摧破し、本願寺に兵粮を搬入す。以後、信長と反信長派との激闘が続く。9月信長が京都に残っていた旧将軍御所を完全に破壊す。	
六	一五七八	42	3月上杉謙信が死す。10月信長の宿将・荒木村重が義昭らの説得に応じ、信長から毛利方に寝返る。	
七	一五七九	43	10月毛利方の勇将・宇喜多直家が信長方に降参す。12月荒木村重一門が信長に降り、次いで信長に刑戮さる。この頃、反信長派は劣勢に立たされ、毛利勢は本国防衛のために最前線から撤兵し始める。	3月山科言継が死す。
八	一五八〇	44	閏3月大坂本願寺が信長に降り、顕如は大坂を出て紀伊鷺森に下向す。	8月信長が宿老・佐久間信盛を追放す。
一〇	一五八二	46	3月信長が甲斐武田氏を討滅す。次いで信長は羽柴秀吉をもって毛利氏を、柴田勝家をもって上杉	5月秀吉が備中高松城を包囲す。

			氏を攻める。また、四国・長宗我部攻伐の軍旅を発せんとし、主将に織田信孝、副将には丹羽長秀らを挙用す。この頃、信長はその「帝国」支配の仕組みを改変し、畿内近国に直轄領を新たに設定せんとす。6月信長が明智光秀によって討たれる（本能寺の変）。次いで秀吉が明智光秀を討つ。11月義昭が柴田勝家と連携し、上杉氏に対して柴田との和睦を下命するとともに、毛利氏に対しても柴田への合力を命ず。	
一一	一五八三	47	4月柴田勝家が秀吉に討滅さる。	
一二	一五八四	48	2月頃徳川家康・織田信雄ら反秀吉派の諸将が秀吉と対立す。よって秀吉は義昭に接近し、その帰京を承諾す。9月義昭が薩摩島津氏のもとへ上使を下し、秀吉の尽力で近々帰京しうることを伝える。12月家康が秀吉に屈従し、子息を人質に差し出す。この結果、秀吉は義昭の帰京に消極的になる。	4月小牧・長久手の戦い。
一三	一五八五	49	6月秀吉が四国に出兵し、長宗我部氏を降す。10月秀吉が島津氏らに停戦命令を下す。11月義昭が島津氏に対し、毛利と連携して大友攻伐を図るべ	7月秀吉が関白になる。

				きことを求む。	
一四	一五八六		50	7月頃秀吉が島津氏攻伐を決断す。12月秀吉軍の先鋒隊が島津軍に大敗を喫す。次いで義昭が毛利・秀吉の意を受け、島津氏に秀吉との和睦を求む。	11月正親町天皇が退位し、後陽成天皇が践祚す。
一五	一五八七		51	3月秀吉が島津攻伐のために大坂を出陣す。途中、秀吉は備後赤坂で義昭に謁を賜う。5月秀吉が島津氏を降す。7月義昭が旧臣・細川幽斎の慰問を受ける。8月義尋（義昭嗣子）が奈良・興福寺大乗院に入室す。10月頃義昭が帰京す。12月義昭が秀吉のもとに参礼し、一万石の所領を下されて秀吉の従臣となる。	6月秀吉がキリスト教禁教令を下す。
一六	一五八八		52	正月義昭が出家して昌山と号す。次いで秀吉と参内し、後陽成天皇から准三宮の位を授与さる。	4月後陽成天皇が秀吉の聚楽第へ行幸す。
文禄 元	一五九二		56	3月義昭が「文禄の役」に出陣する秀吉に扈従し、京都を出陣す。	
慶長 二	一五九七		61	8月義昭が大坂で死す。遺体は京都に運ばれ、等持院で葬儀が催行さる。	この年、「慶長の役」が始まる。

大川周明　山内昌之
西田直二郎　林　淳
*折口信夫　斎藤英喜
シュタイン　瀧井一博
*西　周　清水多吉
*福澤諭吉　平山　洋
成島柳北　山田俊治
福地桜痴　山田俊治
*村山龍平　早房長治
島田三郎　武藤秀太郎
田口卯吉　鈴木栄樹
*陸　羯南　松田宏一郎
*黒岩涙香　奥　武則
長谷川如是閑　織田健志
*吉野作造　田澤晴子
*山川　均　米原　謙
*岩波茂雄　十重田裕一
*北　一輝　岡本幸治
*穂積重遠　大村敦志
中野正剛　吉田則昭
*満川亀太郎　福家崇洋
*エドモンド・モレル　林田治男
*北里柴三郎　福田眞人
高峰譲吉　木村昌人
田辺朔郎　秋元せき
*南方熊楠　飯倉照平
石原　純　金子　務
*辰野金吾　河上眞理・清水重敦
*七代目小川治兵衛　尼崎博正

本多静六　岡本貴久子
ブルーノ・タウト　北村昌史

現代

昭和天皇　御厨　貴
高松宮宣仁親王　後藤致人
*李方子　小田部雄次
吉田　茂　中西　寛
マッカーサー　柴山　太
鳩山一郎　楠　綾子
*石橋湛山　増田　弘
重光　葵　武田知己
市川房枝　村井良太
*池田勇人　藤井信幸
高野　実　篠田　徹
和田博雄　庄司俊作
朴正熙　木村　幹
*田中角栄　新川敏光
宮沢喜一　村上友章
竹下　登　真渕　勝
*松永安左エ門　橘川武郎
鮎川義介　井口治夫
*出光佐三　橘川武郎
*松下幸之助　米倉誠一郎
渋沢敬三　井上　潤
*本田宗一郎　伊丹敬之
*井深　大　武田　徹
*佐治敬三　小玉　武

幸田家の人々　金井景子
*正宗白鳥　大嶋　仁
*大佛次郎　福島行一
*川端康成　大久保喬樹
*薩摩治郎八　小林　茂
坂口安吾　千葉一幹
太宰　治　安藤　宏
松本清張　杉原志啓
安部公房　鳥羽耕史
*三島由紀夫　島内景二
井上ひさし　成田龍一
R・H・ブライス　菅原克也
柳　宗悦　熊倉功夫
バーナード・リーチ　鈴木禎宏
*熊谷守一　古川秀昭
川端龍子　岡部昌幸
藤田嗣治　林　洋子
*井上有一　海上雅臣
*手塚治虫　竹内オサム
古賀政男　藍川由美
*吉田　正　金子　勇
武満　徹　船山　隆
*八代目坂東三津五郎　田口章子
*力道山　岡村正史
*西田天香　宮田昌明
安倍能成　中根隆行
サンソム夫妻　平川祐弘・牧野陽子
*天野貞祐　貝塚茂樹

和辻哲郎　小坂国継
矢代幸雄　稲賀繁美
石田幹之助　岡本さえ
*平泉　澄　若井敏明
*早川孝太郎　須藤　功
安岡正篤　片山杜秀
青山二郎　田野　勲
島田謹二　小林信行
田中美知太郎　川久保剛
前嶋信次　杉田英明
*唐木順三　澤村修治
亀井勝一郎　山本直人
知里真志保　モコットゥナㇱ
*保田與重郎　谷崎昭男
石母田正　磯前順一
*福田恆存　川久保剛
井筒俊彦　安藤礼二
佐々木惣一　伊藤孝夫
小泉信三　都倉武之
*瀧川幸辰　伊藤孝夫
式場隆三郎　服部　正
大宅壮一　有馬　学
清水幾太郎　庄司武史
*フランク・ロイド・ライト　大久保美春
*中谷宇吉郎　杉山滋郎
今西錦司　山極寿一

*は既刊
二〇一九年十二月現在

＊西郷隆盛　家近良樹
＊由利公正　角鹿尚計
＊塚本明毅　塚本学
＊月性　海原徹
＊吉田松陰　海原徹
＊高杉晋作　海原徹
＊久坂玄瑞　一坂太郎
ペリー　遠藤泰生
ハリス　福岡万里子
オールコック　佐野真由子
アーネスト・サトウ　奈良岡聰智

近代

＊明治天皇　伊藤之雄
＊大正天皇　F・R・ディキンソン
＊昭憲皇太后・貞明皇后　小田部雄次
大久保利通　三谷太一郎
山県有朋　鳥海靖
木戸孝允　落合弘樹
井上馨　伊藤之雄
＊松方正義　室山義正
北垣国道　小林丈広
板垣退助　小川原正道
長与専斎　笠原英彦
大隈重信　五百旗頭薫
伊藤博文　坂本一登
井上毅　大石眞
＊井上勝　老川慶喜

＊桂太郎　小林道彦
＊渡邉洪基　瀧井一博
＊乃木希典　佐々木英昭
星亨　小林道彦
林董　奈良岡聰智
＊児玉源太郎　小林道彦
＊高宗・閔妃　木村幹
山本権兵衛　室山義正
＊金子堅太郎　松村正義
高橋是清　鈴木俊夫
小村寿太郎　簑原俊洋
＊犬養毅　小林惟司
原敬　季武嘉也
＊加藤高明　櫻井良樹
牧野伸顕　小宮一夫
田中義一　黒沢文貴
内田康哉　高橋勝浩
平沼騏一郎　堀田慎一郎
＊鈴木貫太郎　小堀桂一郎
宇垣一成　北岡伸一
＊宮崎滔天　榎本泰子
＊浜口雄幸　川田稔
幣原喜重郎　西田敏宏
関一　玉井金五
水野広徳　片山慶隆
広田弘毅　井上寿一
安重根　上垣外憲一
＊グルー　廣部泉
＊永田鉄山　森靖夫
東條英機　牛村圭
今村均　前田雅之

蒋介石　劉岸偉
石原莞爾　山室信一
近衛文麿　庄司潤一郎
＊岩崎弥太郎　武田晴人
伊藤忠兵衛　末永國紀
＊五代友厚　田付茉莉子
大倉喜八郎　村上勝彦
＊安田善次郎　由井常彦
渋沢栄一　武田晴人
中野武営　佐賀香織
益田孝　鈴木邦夫
山辺丈夫　宮本又郎
武藤山治　阿部武司・桑原哲也
池田成彬　松浦正孝
西原亀三　森川正則
小林一三　橋爪紳也
大倉恒吉　石川健次郎
大原孫三郎　猪木武徳
＊河竹黙阿弥　今尾哲也
イザベラ・バード　加納孝代
＊林忠正　木々康子
＊森鷗外　小堀桂一郎
＊二葉亭四迷　ヨコタ村上孝之
＊夏目漱石　佐々木英昭
徳富蘆花　半藤英明
巌谷小波　千葉信胤
樋口一葉　佐伯順子
＊島崎藤村　十川信介
泉鏡花　東郷克美
上田敏　小林茂

＊有島武郎　亀井俊介
北原白秋　平石典子
菊池寛　山本芳明
芥川龍之介　高橋龍夫
＊宮沢賢治　千葉一幹
高浜虚子　坪内稔典
与謝野晶子　佐伯順子
＊種田山頭火　村上護
＊斎藤茂吉　品田悦一
＊高村光太郎　湯原かの子
石川啄木　先崎彰容
萩原朔太郎　エリス俊子・栗原飛宇馬
＊原阿佐緒　秋山佐和子
＊狩野芳崖・高橋由一　古田亮
川村清雄　落合則子
＊小堀鞆音　小堀桂一郎
竹内栖鳳　北澤憲昭
黒田清輝　高階秀爾
中村不折　石川九楊
横山大観　高階秀爾
＊橋本関雪　西原大輔
小出楢重　芳賀徹
土田麦僊　天野一夫
岸田劉生　北澤憲昭
濱田庄司　濱田琢司
山田耕筰　後藤暢子
松旭斎天勝　川添裕
中山みき　鎌田東二
佐田介石　谷川穣
＊ニコライ　中村健之介

＊出口なお・王仁三郎　川村邦光
＊新島襄　太田雄三
新島八重　佐伯順子
木下広次　冨岡勝
海老名弾正　西田毅
嘉納治五郎　クリストファー・スピルマン
柏木義円　片野真佐子
津田梅子　田中智子
＊澤柳政太郎　新田義之
河口慧海　高山龍三
山室軍平　室田保夫
大谷光瑞　白須淨眞
＊久米邦武　髙田誠二
フェノロサ　伊藤豊
井上哲次郎　井ノ口哲也
三宅雪嶺　長妻三佐雄
＊岡倉天心　木下長宏
志賀重昂　中野目徹
徳富蘇峰　杉原志啓
＊竹越与三郎　西田毅
内藤湖南・桑原隲蔵　礪波護
＊廣池千九郎　橋本富太郎
岩村透　今橋映子
＊西田幾多郎　大橋良介
＊金沢庄三郎　石川遼子
＊柳田国男　鶴見太郎
厨川白村　張競
＊村岡典嗣　水野雄司

*護良親王　新井孝重
*懐良親王　森　茂暁
*赤松氏五代　渡邊大門
*北畠親房　岡野友彦
楠正成　兵藤裕己
楠木正行・正儀　生駒孝臣
*新田義貞　山本隆志
*光厳天皇　深津睦夫
*足利尊氏　市沢　哲
*足利直義　亀田俊和
佐々木道誉　下坂　守
細川頼之　亀田俊和
円観・文観　田中貴子
足利義詮　早島大祐
足利義満　川嶋将生
*足利義持　吉田賢司
足利義政　木下昌規
*大内義弘　平瀬直樹
伏見宮貞成親王　松薗　斉
*山名宗全　山本隆志
細川勝元・政元　古野　貢
畠山義就　呉座勇一
足利成氏　阿部能久
世阿弥　西野春雄
雪舟等楊　河合正朝
宗祇　鶴崎裕雄
*満済　森　茂暁
一休宗純　原田正俊
蓮如　岡村喜史

戦国・織豊

北条早雲　家永遵嗣
*北条氏政　黒田基樹
*大内義隆　藤井　崇
斎藤氏四代　木下　聡
*毛利元就　岸田裕之
*毛利輝元　光成準治
*小早川隆景・秀秋　光成準治
*六角定頼　村井祐樹
*今川義元　小和田哲男
*武田信玄　笹本正治
*武田勝頼　笹本正治
*真田氏三代　笹本正治
*三好長慶　天野忠幸
松永久秀　天野忠幸
*宇喜多直家・秀家　渡邊大門
*上杉謙信　矢田俊文
大友宗麟　鹿毛敏夫
島津義久・義弘　福島金治
*長宗我部元親・盛親　平井上総
浅井長政　長谷川裕子
吉田兼倶　西山　克
山科言継　松薗　斉
*雪村周継　赤澤英二
正親町天皇・後陽成天皇　神田裕理
*足利義輝・義昭　山田康弘
織田信長　三鬼清一郎
織田長益　八尾嘉男
*明智光秀・秀満　小和田哲男
豊臣秀吉　藤井讓治
豊臣秀次　矢部健太郎
*北政所おね　田端泰子
*淀殿　福田千鶴
蜂須賀正勝・家政　三宅正浩
前田利家　東四柳史明
山内一豊・忠義　長屋隆幸
*黒田如水　小和田哲男
*蒲生氏郷　藤田達生
石田三成　堀越祐一
*細川ガラシャ　田端泰子
*支倉常長　田中英道
千利休　熊倉功夫
*長谷川等伯　宮島新一
顕如　神田千里
教如　安藤　弥

江戸

*徳川家康　笠谷和比古
本多忠勝　柴　裕之
*徳川家光　野村　玄
徳川吉宗　横田冬彦
*後水尾天皇　久保貴子
後桜町天皇　所　京子
*光格天皇　藤田　覚
*春日局　福田千鶴
宮本武蔵　渡邊大門
*池田光政　倉地克直
保科正之　八木清治
シャクシャイン　岩崎奈緒子
*田沼意次　藤田　覚
*細川重賢　安高啓明
*二宮尊徳　小林惟司
末次平蔵　岡　美穂子
*高田屋嘉兵衛　生田美智子
*林羅山　鈴木健一
吉野太夫　渡辺憲司
熊沢蕃山　川口　浩
*山崎闇斎　澤井啓一
山鹿素行　前田　勉
*北村季吟　島内景二
伊藤仁斎　澤井啓一
貝原益軒　辻本雅史
*ケンペル　B・M・ボダルト＝ベイリー
新井白石　大川　真
荻生徂徠　柴田　純
*雨森芳洲　上田正昭
石田梅岩　高野秀晴
白隠慧鶴　芳澤勝弘
前野良沢　松田　清
平賀源内　石上　敏
本居宣長　田尻祐一郎
杉田玄白　吉田　忠
木村蒹葭堂　有坂道子
*大田南畝　沓掛良彦
菅江真澄　赤坂憲雄
*鶴屋南北　諏訪春雄
良寛　阿部龍一
*山東京伝　佐藤至子
*滝沢馬琴　高田　衛
平田篤胤　山下久夫
国友一貫斎　太田浩司
シーボルト　宮坂正英
本阿弥光悦　岡　佳子
小堀遠州　中村利則
狩野探幽・山雪　山下善也
尾形光琳・乾山　河野元昭
*二代目市川團十郎　田口章子
伊藤若冲　狩野博幸
浦上玉堂　高橋博巳
*佐竹曙山　成瀬不二雄
葛飾北斎　岸　文和
酒井抱一　玉蟲敏子
孝明天皇　青山忠正
*和宮　辻ミチ子
徳川慶喜　大庭邦彦
島津斉彬　原口　泉
横井小楠　沖田行司
*古賀謹一郎　小野寺龍太
*永井尚志　高村直助
*岩瀬忠震　小野寺龍太
*栗本鋤雲　小野寺龍太
大村益次郎　竹本知行
河井継之助　小川和也

ミネルヴァ日本評伝選

企画推薦
梅原　猛
ドナルド・キーン
佐伯彰一
角田文衛

監修委員
上横手雅敬
芳賀　徹

編集委員
石川九楊
伊藤之雄
猪木武徳
今谷　明
今橋映子
熊倉功夫
佐伯順子
坂本多加雄
武田佐知子
竹西寛子
西口順子
兵藤裕己
御厨　貴

上代

*俾弥呼　古田武彦
日本武尊　西宮秀紀
*仁徳天皇　若井敏明
雄略天皇　吉村武彦
継体天皇　若井敏明
*蘇我氏四代　遠山美都男
推古天皇　義江明子
聖徳太子　仁藤敦史
斉明天皇　武田佐知子
*小野妹子・毛人・毛野　大橋信弥
*額田王　梶川信行
弘文天皇　遠山美都男
天武天皇　新川登亀男
持統天皇　丸山裕美子
阿倍比羅夫　熊田亮介
*藤原四子　木本好信
*柿本人麿　古橋信孝
*元明天皇・元正天皇　渡部育子
聖武天皇　本郷真紹
光明皇后　寺崎保広
*孝謙・称徳天皇　勝浦令子
藤原不比等　荒木敏夫
橘諸兄・奈良麻呂　遠山美都男
吉備真備　今津勝紀
*藤原仲麻呂　木本好信
道鏡　吉川真司
*藤原種継　木本好信
*行基　吉田靖雄

平安

*桓武天皇　井上満郎
嵯峨天皇　西別府元日
宇多天皇　古藤真平
醍醐天皇　石上英一
村上天皇　京樂真帆子
花山天皇　上島　享
*三条天皇　倉本一宏
藤原薬子　中野渡俊治
*藤原良房・基経　瀧浪貞子
*紀貫之　神田龍身
源高明　所　功
*安倍晴明　斎藤英喜
*藤原道長　朧谷　寿
*藤原伊周・隆家　倉本一宏
藤原定子　山本淳子
*藤原彰子　朧谷　寿
清少納言　三田村雅子
和泉式部　ツベタナ・クリステワ
大江匡房　小峯和明
*阿弖流為　樋口知志
坂上田村麻呂　熊谷公男
*源満仲・頼光　元木泰雄
平将門　西山良平
藤原純友　寺内　浩
最澄　吉田一彦
円珍　岡野浩二
*空也　石井義長
奝然　上川通夫
*源信　小原　仁
慶滋保胤　吉原浩人
*後白河天皇　美川　圭
*式子内親王　奥野陽子
建礼門院　生形貴重
*藤原秀衡　入間田宣夫
平時子・時忠　元木泰雄
平維盛　根井　浄
守覚法親王　阿部泰郎
藤原隆信・信実　山本陽子

鎌倉

源頼朝　川合　康
*源義経　近藤好和
源実朝　神田龍身
*九条兼実　加納重文
九条道家　上横手雅敬
北条時政　野口　実
熊谷直実　佐伯真一
*北条政子　関　幸彦
*北条義時　岡田清一
曾我十郎・五郎　杉橋隆夫
北条時頼　山本隆志
北条時宗　近藤成一
平頼綱　細川重男
竹崎季長　堀本一繁
西行　光田和伸
鴨長明　浅見和彦
藤原定家　赤瀬信吾
*京極為兼　今谷　明
*兼好　島内裕子
重源　横内裕人
*運慶　根立研介
快慶　井上一稔
法然　今堀太逸
栄西　中尾良信
明恵　西山　厚
*親鸞　末木文美士
恵信尼・覚信尼　西口順子
覚如　今井雅晴
*道元　船岡　誠
叡尊　細川涼一
*忍性　松尾剛次
*日蓮　佐藤弘夫
一遍　蒲池勢至
夢窓疎石　原田正俊
*宗峰妙超　竹貫元勝

南北朝・室町

後醍醐天皇　上横手雅敬

刊行のことば

歴史を動かすものは人間であり、興趣に富んだ人間の動きを通じて、世の移り変わりを考えるのは、歴史に接する醍醐味である。

しかし過去の歴史学を顧みるとき、人間不在という批判さえ見られたように、歴史における人間のすがたが、必ずしも十分に描かれてきたとはいえない。二十一世紀を迎えた今、歴史の中の人物像を蘇生させようとの要請はいよいよ強く、またそのための条件もしだいに熟してきている。

この「ミネルヴァ日本評伝選」は、正確な史実に基づいて書かれるのはいうまでもないが、単に経歴の羅列にとどまらず、歴史を動かしてきたすぐれた個性をいきいきとよみがえらせたいと考える。そのためには、対象とした人物とじっくりと対話し、ときにはきびしく対決していくことも必要になるだろう。

今日の歴史学が直面している困難の一つに、研究の過度の細分化、瑣末化が挙げられる。それは緻密さを求めるが故に陥った弊害といえるが、その結果として、歴史の大きな見通しが失われ、歴史学を通しての社会への働きかけの途が閉ざされ、人々の歴史への関心を弱める危険性がある。今こそ歴史が何のためにあるのかという、基本的な課題に応える必要があろう。評伝という興味ある方法を通じて、解決の手がかりを見出せないだろうかというのも、この企画の一つのねらいである。

狭義の歴史学の研究者だけでなく、多くの分野ですぐれた業績をあげている著者たちを迎えて、従来見られなかった規模の大きな人物史の叢書として、「ミネルヴァ日本評伝選」の刊行を開始したい。

平成十五年（二〇〇三）九月

ミネルヴァ書房

《著者紹介》

山田康弘（やまだ・やすひろ）

1966年　群馬県生まれ。

1998年　学習院大学大学院人文科学研究科博士後期課程修了。

同　年　博士（史学）学位取得。

現　在　小山工業高等専門学校非常勤講師。

著　作　『戦国期室町幕府と将軍』吉川弘文館，2000年。

『戦国時代の足利将軍』吉川弘文館，2011年。

『足利義稙――戦国に生きた不屈の大将軍』戎光祥出版，2016年。

ミネルヴァ日本評伝選

足《あし》利《かが》義《よし》輝《てる》・義《よし》昭《あき》

――天下諸侍，御主に候――

2019年12月10日　初版第1刷発行　〈検印省略〉

定価はカバーに
表示しています

著　者　山　田　康　弘

発行者　杉　田　啓　三

印刷者　江　戸　孝　典

発行所　株式会社　ミネルヴァ書房

607-8494　京都市山科区日ノ岡堤谷町1

電話代表（075）581-5191

振替口座 01020-0-8076

共同印刷工業・新生製本

ISBN978-4-623-08791-4

Printed in Japan

人名索引

※「足利義輝」「足利義昭」は頻出するため省略した。

あ　行

赤松義村　41, 42, 45
明智光秀　215, 324-326, 330
浅井長政　22, 168, 185, 187, 188, 190-192, 197, 198, 202-205, 216, 219-221, 223, 231, 232, 236, 241, 245, 250, 305, 306
朝倉教景　104
朝倉義景　22, 101, 103-105, 128, 133, 159, 164, 165, 184-187, 189-193, 197, 198, 202, 204-207, 209, 219-223, 228-231, 233, 234, 241, 242, 244, 245, 250, 251, 299, 300, 305, 306
足利尊氏　2, 3, 135, 262
足利義詮　2
足利義量　2
足利義勝　3
足利義助　160, 172, 286, 287
足利義澄　39-44, 46, 162
足利義稙　37-44, 46, 130, 171, 243, 262
足利義維　42, 44, 46-49, 58, 59, 67, 68, 72, 73, 102, 128, 160, 162-164
足利義教　2, 3
足利義晴　29, 36, 42, 44-64, 66-73, 76-79, 82, 83, 88, 91, 92, 102, 115, 128, 133, 139, 151, 163, 243
足利義尚　37, 38, 46, 79
足利義栄　128, 131, 134, 137, 152, 159-162, 164, 165, 168, 171, 172, 258, 259, 286
足利義政　3, 36, 37
足利義満　2
足利義持　2
安宅冬康　124
尼子勝久　246, 266
尼子氏　43
荒木村重　284, 285, 296, 314, 315
池田勝正　177, 191, 192
伊勢貞孝　55, 56, 82-87, 91, 92, 94, 98, 116-119, 121
伊丹氏　177
今川氏真　216, 217
今川義元　155
入江殿　129
石成友通　152
上杉景勝　300, 326-328, 339
上杉謙信　123, 124, 128, 133, 183, 217-220, 231, 232, 234, 239, 257, 260, 273-276, 280, 288, 290, 292, 295, 308, 312
上野信孝　92, 93, 95-97, 107, 116
宇喜多直家　264, 266-268, 270, 296, 320
浦上宗景　264, 266
大内義興　41, 43
大友義鎮（宗麟）　101, 245, 266, 331-334
織田信興　204
織田信孝　324-326
織田信長　15, 22-24, 28, 123, 134, 136, 149, 155-158, 160, 165-207, 209-229, 231-248, 250-257, 259-271, 273-282, 284-293, 295-306, 309, 310, 312-328, 335-338, 341-343, 345, 346
織田信治　197

か 行

勧修寺晴右　258, 259
春日局　116, 119
義演　147, 148
義尋　148, 235, 242, 243, 248, 259, 286, 287, 337, 339
北畠氏　211
吉川元長　282
教如　105, 298
九条兼孝　147
慶寿院　33, 92, 113, 116, 127
顕如　104, 105, 108, 200, 230, 231, 233, 288, 297, 298, 314, 315
河野氏　261
コエリュ　336
久我晴通　116
小侍従局　33, 116, 127
後醍醐天皇　2, 135
近衛稙家　116
近衛尚通　52, 53
小早川隆景　279
小林家孝　284, 285

さ 行

斎藤竜興　22, 155–158, 160, 165–167
斎藤義龍　123
坂井政尚　204
佐久間信盛　189, 190
司馬遷　302
柴田勝家　189, 190, 300, 319, 321, 322, 326–328, 330, 335
島津氏（義久・義弘）　261, 298, 327–329, 331–335, 337, 338
ジャン・ジャック・ルソー　310
周嵩（鹿苑寺殿）　33, 127, 150
聖護院道増　116
証如　104
進士九郎　86, 87
進士晴舎　93, 116
摂津晴門　119
総持寺殿　125
曽我助乗　236
十河一存　80, 124
蘇秦　302–304, 316

た 行

大覚寺義俊　116
武田勝頼　22, 250–256, 260, 261, 275, 276, 288, 290–292, 299, 300, 308, 312, 320
武田信玄　14, 123, 216–224, 228–230, 232, 238–242, 254, 305, 306
伊達輝宗　256
張儀　302–304
長宗我部元親　300, 324, 331
徳川家康　190, 193, 216–223, 226, 228, 239, 251, 253, 254, 261, 328, 329, 331, 339

な 行

二条晴良　205, 258
日乗　190, 216
丹羽長秀　324

は 行

羽柴秀長　334
羽柴（豊臣）秀吉　147, 148, 246–248, 287, 300, 319–322, 325–339, 342–346
畠山氏　128
畠山基家　38
波多野稙通　45, 46
原田直政　273, 276
日野富子　37–39
フロイス　336
別所長治　314, 315
北条氏　217, 260, 261

細川氏綱　60, 61, 63-67, 71, 72, 75, 89
細川国慶　64-66
細川澄元　40-44, 46, 74
細川高国　40, 41, 43-48, 90, 243, 244
細川晴元　28, 44-52, 60, 61, 63, 64, 67-77, 79-81, 84, 86-98, 105-108, 131, 133, 140, 163
細川藤孝（幽斎）　225, 338
細川政元　38-40, 90

ま　行

前田玄以　148
前波長俊　251
真木島昭光　148, 238
マキャベリ　95, 318
松田監物　236
松永久秀　97, 107, 110, 112, 113, 117, 125, 126, 150-152, 154, 157-161, 168, 173, 177
松永久通　33, 126-129, 151
三好三人衆　152, 157-161, 168, 169, 171-173, 176-178, 180, 182, 183, 191, 192, 194-199, 202, 204
三好実休入道　110, 117, 124
三好長秀　74
三好長逸　107, 152
三好長慶　28, 73-77, 79-82, 84-99, 101-103, 105-119, 121-125, 136, 140, 163, 175
三好政長　75
三好政康　152
三好元長　74
三好之長　74
三好義興　110, 124
三好義継　33-35, 124-137, 141, 150-154, 161, 168, 173, 177, 242
武藤氏　186
毛利輝元　202, 214, 237, 241, 243, 245-248, 257, 263-273, 275-288, 290-296, 298-300, 303-308, 312, 321, 325-330, 332-335, 337-339, 341
毛利元就　120, 178, 182, 183, 186, 187, 193
森可成　197, 204

や　行

安見宗房　128
柳本賢治　45, 46
山中幸盛　246, 266
結城秀康　329
遊佐長教　63, 65, 72

ら　行

六角定頼　46, 48, 50-52, 60-62, 65, 67-72, 75, 76, 79-81, 88, 89, 133, 134
六角高頼　37, 38, 188
六角義賢　22, 88, 101, 103, 105, 106, 117, 118, 152, 153, 158, 159, 168, 169, 176, 188-190, 197, 202-204

わ　行

若狭武田氏　159
和田惟政　152

事項索引

あ　行

『愛知県史』　157, 158, 167
赤坂　335
「赤見文書」　239
芥川城　171-173
『足利季世記』　33, 132, 133
『足利義昭入洛記』　171, 176
安土城　286, 314, 320
姉川の戦い　191-195, 197, 201, 202, 207, 313
穴太　77, 78
一乗谷　164, 165, 245
「伊能文書」　228
今出川御所　56, 60, 72, 76, 89, 92, 109
石清水八幡宮　118
『石見吉川家文書』　308
岩屋　277
『上杉家文書』　123, 124, 151, 159, 160, 183, 235, 236, 239, 277
『伺事記録』　71
『上井覚兼日記』　261, 328
江口　75
『愛媛県史』　128
烏帽子親（加冠役）　61, 62, 67, 69, 70
延暦寺　198, 205
応仁・文明の乱　1, 3, 8, 9, 36
『大分県史料』　101
『大館記』　118
『大館常興日記』　56, 57, 76, 151
大津　171, 236
「岡家文書」　326
岡山　41, 43
御相判衆　110
「於曽文書」　260
小谷城　245
御供衆　90, 110, 111
『御湯殿上日記』　109, 118, 129, 154, 197, 234, 338

か　行

堅田　81, 204
「価値」の論理　21-23, 140, 344
合従　→バランシング
金ヶ崎　185
『金沢市史』　312
『兼見卿記』　233, 235, 236, 238, 241, 242, 253, 254
『兼右卿記』　49-51, 109
『加能史料』　105
「巻子本厳島文書」　299
観応の擾乱　4
観音寺城　48, 169, 170
観音寺騒動　169
『義演准后日記』　148
北白川城　71, 72, 77, 133
『北野社家日記』　52
北庄城　327
木津川河口の戦い　277, 293
『吉川家文書』　237, 243, 247, 248, 263, 271, 278, 282, 283, 293, 338
『吉川家文書別集』　282
吉祥院　85
木目峠　244
岐阜　166, 168-172, 176-178, 180, 188, 189, 193, 194, 207, 210, 211, 251, 253,

254
『九州御動座記』 335
『九州道の記』 338
清水寺 92, 93, 95, 97, 112, 113, 171, 173
『清水寺史』 113
桐紋 110
『公卿補任』 71, 72, 100, 151, 172, 338
朽木 47, 81, 87-91, 99-102, 104-108, 111, 115, 116, 123, 139
〈国〉の次元 13, 14, 16
桑実寺 48, 52
『君主論』 95, 318
『継芥記』 186
慶長の役 147
『厳助往年記』 54, 55, 72, 77, 82, 94, 98, 100, 105
「顕如上人御書札案留」 230, 231, 233
建武式目 3
小泉城 96
『光源院殿御元服記』 62, 63, 83
興国寺 248, 260
上月城 282
「河野家之譜」 261
甲府 219, 232
興福寺 137, 151, 341
——一乗院 151
——大乗院 148, 337, 339
五カ条の条書 211, 215, 216, 221
『古簡雑纂』 285
「護国寺文書」 203
「古今消息集」 218
御沙汰始 56, 179
越水城 160
御所巻 133, 134
御内書 211, 213, 215, 223, 237, 260-262, 275
『後奈良天皇宸記』 60, 63
「近衛家文書」 223
『小早川家文書』 282, 328, 337, 338
小牧・長久手の戦い 329
『御礼拝講之記』 119

さ 行

雑賀衆 277, 293, 294, 306, 307
堺 46, 59, 72, 73, 128, 163, 245, 246, 248, 336
堺公方・堺大樹 163
坂本 45, 61, 62, 64, 67, 72, 75-78, 80, 107, 118, 197, 231
『雑々聞検書』 109, 116, 117, 126
左馬頭 61, 154, 161
佐和山城 236, 241
『纔拾抄』 118
シカ狩りの寓話 310
『史記』 302
慈照寺（銀閣寺） 60, 61, 64, 77, 79
『私心記』 75
『島津家文書』 279, 327, 333, 334
寂照院 171
『拾芥抄』行基図 10
囚人のジレンマ 15
一七カ条の意見書 226, 227, 345
准三宮 338, 346
『上越市史』 129, 133, 152, 157, 165, 274, 275, 290, 300, 321, 326
勝軍山・勝軍山城 107-109, 176, 177
勝興寺 231
「勝興寺文書」 221, 223, 232
『常興日記』 →『大館常興日記』
相国寺 76, 89, 109, 135
——鹿苑院 339
「常国寺文書」 338
浄福寺 98
勝龍寺城 171, 172, 195
『尋憲記』 194-197, 204, 223, 226
『信長公記』 136, 166, 175, 204, 207, 253,

296, 319
真如堂　129
杉坂（京都）　98, 119
「誓願寺文書」　231
『戦国遺文』　81, 94, 98, 112, 135, 150, 265, 269, 277, 278, 283, 292, 293, 295, 296, 298, 300, 321
「専修寺文書」　113
総持寺　160
『増訂織田信長文書の研究』　178, 186, 187, 193, 211, 219, 224-226, 235, 237, 242, 254-256, 284, 298, 314, 319, 321, 322
「尊経閣古文書纂」　234, 260

た　行

高雄　64
高天神城　251
高屋城　172, 253
「田中義成氏所蔵文書」　253
『多聞院日記』　60, 127, 153, 157, 159, 161, 164, 166, 172, 173, 176, 177, 181, 211, 250, 254, 255, 274, 329, 337, 338
知恩院　233
『親俊日記』　→『蜷川親俊日記』
「力」の論理　17, 18, 21, 23, 24, 140, 343, 344
「長府毛利文書」　267, 268
津田　242
津之郷　338
敦賀　159, 160, 164, 244
〈天下〉の次元　13, 14, 16-18, 21-27, 343
殿中掟　178-180
天王寺　195, 196
『天文日記』　59, 60, 70, 71, 73, 87, 88, 102
東寺　171
等持院　135, 148
「道成寺縁起」　248
東大寺　161
『言継卿記』　33, 56-58, 63-65, 70, 72, 77-82, 87, 89-92, 94-100, 108, 109, 123, 125-130, 135, 152, 154, 159-162, 168, 169, 171, 172, 174, 175, 177, 178, 181, 182, 186, 188-191, 193-199, 204, 210, 211, 259, 273, 286
『言経卿記』　300, 325
徳川将軍　7, 8, 316, 317, 323
「徳山毛利文書」　327
鞆　262, 263, 268, 271, 272, 275, 283, 330, 335, 338
豊臣政権　7, 8, 316, 323
富田　161, 162, 172

な　行

内談衆　79
中尾城　77, 81
長篠城　254
長篠の戦い　254-256
長島　204, 251-253
『中務大輔家久公御上京日記』　314
『中原康雄私記』　62
奈良　72, 137, 138, 148, 150-152, 155, 156, 161, 173, 174, 181, 211, 257, 337, 341
南禅寺　49, 50, 55
『二条宴乗日記』　187, 242
『二水記』　48, 49
『蜷川家文書』　84, 117
『蜷川親俊日記』　57, 83, 151
「日本学士院所蔵文書」　262
『日本史』　336
如意ヶ嶽　107
『人間不平等起原論』　310
仁和寺　178
「根岸文書」　248
野田・福島　195-197, 200, 202
『宣胤卿記抜書』　243

『信長文書』 →『増訂織田信長文書の研究』
「乃美文書」 246

は 行

バランシング 198, 217, 302-304, 313, 316-318, 328
『晴右記』 126, 162
バンドワゴニング 184, 195, 223, 302-304, 313-318, 328
比叡辻 80, 89
『尚通公記』 53, 55, 56
日吉大社 61, 62
比良 89
『平賀家文書』 283
枚方 195
平島 173
『広島県史』 299, 338
枇杷庄 242
藤戸石 182
府中（越前） 244, 255
船岡山 97
フリーライド 231, 232, 306-308
文禄の役 339
「別本士林証文」 261
偏諱 26, 110, 111, 126, 132, 137, 332
宝泉寺 80
「保阪潤治氏所蔵文書」 252
細川屋形 173, 177
本願寺 59, 70, 72, 101-106, 108, 196-198, 200-205, 207, 216, 219, 220, 228, 230-233, 240-242, 245, 250-256, 260, 262, 273-277, 284, 292-298, 305-308, 312, 314, 321
本国寺（本圀寺） 112, 113, 173, 177
本国寺の変 178, 180, 182, 183, 191, 192, 195
本誓寺 107
本能寺 177
本能寺の変 324, 326, 327, 330
「本法寺文書」 325

ま 行

真木島城 236-238, 240-242, 245
「牧田茂兵衛氏所蔵文書」 230
『益田家文書』 183
政所頭人 82-85, 98, 116, 117, 119, 121
三井寺 205
——光浄院 171
三方原の戦い 220-224, 228, 232, 240
御台所 37, 52, 70, 92, 116
箕作城 169
御牧城 198
宮崎 248
妙覚寺 109
妙満寺 135
三好包囲網 103, 106, 108
明応の政変 39, 41, 130, 131
「明照寺文書」 201
『毛利家文書』 120, 202, 266, 277, 280, 285, 298, 327
「毛利博物館蔵文書」 280, 292

や 行

矢島 152-154, 156, 158-160, 164
「柳沢文書」 240
『山口県史』 280, 292, 326
山国庄 98
山崎 80, 171, 325
「吉江文書」 239
淀 92

ら 行

「利益」の論理 18, 22, 23, 140, 343, 344
龍花 98, 99, 107
立政寺 166

霊山城　92, 95, 97
連衡　→バンドワゴニング
『鹿苑日録』　52, 53, 55, 68, 75, 76, 148, 340

わ　行

若江城　242, 245
和田　152, 153, 156
「和田惟政関係文書」　152, 155, 158
和邇　107